W0187374

LA TRAQUE FISCALE

Vincent Nouzille

LA TRAQUE FISCALE

Albin Michel

© Éditions Albin Michel S.A., 2000
22, rue Huyghens, 75014 Paris

www.albin-michel.fr

ISBN 2-226-11409-2

A Dominique et Mathilde

1.

Rendez-vous avec Kafka

Certains contribuables ont rendez-vous avec Kafka. Et ils ne le savent pas. Ils mènent une vie tranquille, avec ses heurts et ses bonheurs, sans se douter qu'un jour ils vont vivre un véritable cauchemar : plonger dans un labyrinthe bureaucratique ; devoir s'orienter dans un maquis de textes, avec des dizaines de courriers et d'imprimés sur les bras ; se heurter à des murs ; se bagarrer pour sauver leurs biens ou leur moral. Tout cela parce qu'ils ont, consciemment ou non, commis quelques erreurs ou simplement tenté de résister à la pression d'une administration fiscale qui leur réclame — à tort ou à raison — quelques milliers de francs... ou quelques millions. Qu'ils soient ou non formellement dans leur droit ne change rien à l'engrenage infernal qui les a saisis, parfois broyés et souvent appauvris. La plupart se sont bagarrés et s'en sont sortis. D'autres peinent. Mais tous ont gardé de cette expérience des souvenirs froissés. Et l'étrange sentiment d'être tombés dans un piège. Certains de ces enchaînements — exemplaires, surréalistes, douloureux — valent la peine d'être contés. Ce sont des histoires vraies, tout juste légèrement masquées afin de protéger l'identité de ceux qui les ont vécues.

La révolte pour 10 000 F de redressement

Ariane est publicitaire à Paris. Un beau jour de 1994, un de ses oncles, sans enfant et peu argenté, décède. Avec huit autres neveux et nièces, elle hérite de ses modestes biens, qui comportent notamment un box de garage et un petit appartement — en mauvais état — situé à Besançon. Pas de quoi devenir milliardaire. L'appartement est mis en vente. Le marché déprimé de l'immobilier rend cette cession difficile. Mais les héritiers insistent et finissent par lâcher leur bien pour la somme de 510 000 F. Ils s'acquittent des taxes correspondantes et partagent à neuf le produit de cette petite vente. Rien de mirifique. Ils croient être tranquilles. Erreur. « C'était le début de nos ennuis », dit cette jeune femme au visage volontaire, qui ne s'attendait pas à ce que le fisc lui tombe dessus pour si peu.

En mai 1997, soit à la limite des trois ans de prescription fiscale des faits, chacun des neuf héritiers reçoit une lettre recommandée émanant des services fiscaux du département qui leur réclame à chacun environ 6 000 F d'impôts, auxquels s'ajoutent les pénalités de retard. Soit une ardoise supplémentaire de 10 000 F par personne.

La raison de ce rappel ? Le fisc conteste le prix de cession, jugé trop bas, de l'appartement. Vendu à 510 000 F, il est évalué à 610 000 F par l'administration, qui réclame donc des impôts sur son manque à gagner. « On nous demandait de payer sur la base d'un revenu que nous n'avions pas touché ! C'est aussi absurde qu'hallucinant », raconte-t-elle. En réalité, le fisc craint toujours que les transactions trop bon marché masquent des compléments de versements au noir, qui échappent évidemment aux taxes. Mais cette suspicion, parfois légitime, conduit certains services départementaux à redresser la moindre opération immobilière où les prix paraissent bradés. Ils n'hésitent pas, pour s'en convaincre, à relever des prix de biens soi-disant comparables, de standing et d'emplacement équivalents. Au risque de frapper aveuglément des contribuables qui ont dû solder leurs biens et sont déjà peu ravis de devoir encaisser une moins-value. Même si c'est théoriquement au fisc de prouver la mauvaise foi du vendeur, ce dernier se retrouve bien souvent dans la position d'accusé, devant justifier son prix de vente et prouver qu'il n'a pas touché d'argent au noir...

Surprise par ce courrier, Ariane décide de ne pas se laisser faire. Craignant qu'un des héritiers ne craque en recevant la lettre, elle les contacte, afin de les inciter à ne pas payer. Certains sont tentés de transiger, pour éviter d'éventuelles poursuites. Mais elle finit par les convaincre de l'absurdité de ce redressement et du bien-fondé de sa résistance. Une lettre identique est renvoyée par chacun des neuf héritiers à l'inspecteur des Impôts, qui convoque tout le monde à Besançon pour une explication. Certains des héritiers sont impressionnés par ce courrier qui semble impératif. Mais Ariane se démène pour leur dire qu'ils n'y sont pas contraints. Elle refuse de se déplacer, arguant qu'elle n'est pas disponible ce jour-là. Elle précise même qu'en cas de venue ultérieure, les frais de voyage — qu'elle a minutieusement calculés pour neuf personnes — seraient de toute façon à la charge du fisc... L'inspecteur ne lâche pas prise. Il envoie une deuxième, puis une troisième lettre de relance, où il reproche aux héritiers leur absence, mais semble disposé à se montrer plus conciliant. Entre-temps, Ariane a pris conseil auprès d'une association de défense des contribuables et a commencé à agiter plusieurs médias autour de ce qui lui semble être « un cas aberrant de harcèlement fiscal ».

Craignant sans doute des vagues ou sentant sa position peu solide, le fisc finit, en octobre 1998, par envoyer aux héritiers une lettre recommandée pour leur expliquer que les poursuites sont abandonnées et que les redressements ne sont pas maintenus. Ariane, qui s'est débattue pendant dix-huit mois comme une tigresse pour éviter de payer une somme qu'elle estimait ne pas devoir, a obtenu gain de cause. Elle en tire la leçon suivante : « Ce fut pénible et cela m'a pris un temps fou pour me débarrasser de cette histoire ridicule. Mais cela vaut vraiment le coup de se battre pour le principe. Nous n'avions rien détourné, ni volé. Nous n'avions pas triché. Nous avons finalement gagné. Moi, je n'ai pas eu peur de m'opposer au fisc. Mais beaucoup de gens n'osent pas, impressionnés de recevoir une notification de redressement. C'est un engrenage infernal. »

La guérilla contre une fonctionnaire trop zélée

René est du genre placide. Solide gaillard de 52 ans, il est cadre commercial dans une entreprise de transport de la région brestoise. Un salaire correct, un mode de vie confortable, sans être luxueux. Issu d'une famille où la morale catholique imprégnait la vie quotidienne, il a toujours pris soin de remplir ses déclarations de revenus et d'acquitter ses impôts sans sourciller. Il n'a jamais songé à frauder quoi que ce soit, ni à contester le principe de ces taxations, qu'il juge « normales pour un citoyen ». Il n'imaginait pas qu'un jour, le fisc finirait par hanter ses nuits durant une année, le conduirait à « fabriquer des faux » pour se justifier.

C'était en 1992. « Nous avons acheté un appartement à Brest, un trois-pièces dans un immeuble ancien, pour un prix moyen, environ 400 000 F, raconte-t-il. Pour réunir cette somme, je devais emprunter 200 000 F à la banque et céder un autre appartement, ce qui a pris plus de temps que prévu, parce que le marché immobilier n'était pas au plus haut. Comme j'avais signé mon achat, j'ai demandé à ma mère de me prêter temporairement 200 000 F en attendant d'avoir le produit de ma vente. Le genre de prêt familial banal auquel tout le monde a recours sans se poser de questions. Je n'ai pas rempli de documents pour faire ce prêt, mais j'ai immédiatement commencé à rembourser mois par mois. »

C'est le début des ennuis. À peine trois ans plus tard, les Impôts demandent à René des explications sur cette somme « mystérieuse » arrivée sur son compte. Il répond naturellement qu'il s'agit d'un prêt de sa mère. Mais le fisc lui rétorque aussitôt que ce prêt n'a pas été enregistré comme il se doit à sa recette des Impôts. Bien sûr, René ignorait que cette démarche était la seule preuve pouvant tempérer les ardeurs du fisc. Sans cette déclaration officielle, l'argent reste donc suspect. Qualifiés officiellement de « revenus d'origine indéterminée », ces sommes finissent par être taxées d'office. Avec pénalités de retard en supplément. L'ardoise est salée : le fisc réclame soudainement 250 000 F d'impôts à René : « J'ai failli tomber à la renverse quand j'ai reçu ce courrier comminatoire. Puis, je me suis dit que ce n'était pas possible, qu'il y avait bien quelque chose à faire. »

Alors, René se ressaisit. Il produit des attestations de sa mère, des relevés bancaires prouvant qu'il a bel et bien remboursé ce prêt mensuellement, que la cession de son premier appartement est venue par la suite remplacer ce financement familial. « Cela n'a pas suffi. La vérificatrice qui traitait notre dossier était en pleine période de formation. Elle avait l'air de faire du zèle pour être bien notée et obtenir sa promotion. Alors, elle s'est mise à nous bombarder de dizaines de courriers, en nous demandant de justifier absolument toutes nos rentrées sur nos comptes bancaires. Très vite, c'est devenu l'horreur. J'ai demandé conseil à un ami qui travaillait aux Impôts pour savoir comment faire. Il m'a dit que, sans justificatif, ma situation était éminemment précaire. Il m'a surtout déconseillé vivement de prendre un avocat, qui risquait de décupler la méfiance de la vérificatrice. Alors, avec ma femme, nous avons décidé de nous plonger dans toute cette paperasse. Nous passions nos soirées à appeler nos amis, nos frères, nos sœurs, nos cousins. Évidemment, nous avions le plus grand mal à retrouver l'origine exacte de tous les chèques remis sur nos comptes. Sur plusieurs années, cela représentait des dizaines de virements. Il y avait des remboursements de cadeaux, des repas au restaurant dont on règle la facture pour six, des avances faites pour tel achat, des sommes déposées ici et virées là, bref tout ce qui fait la vie d'une famille. Jamais nous n'aurions pensé devoir fournir des justificatifs pour tout cela. Mais il a bien fallu demander des attestations à droite et à gauche. Et quand il en manquait, eh bien, on les fabriquait ! Notre maison est devenue une usine à délivrer de fausses attestations. Même nos parents s'y mettaient, pour nous aider à nous sortir de là. À chaque fois que nous pensions avoir gagné la partie, la vérificatrice nous écrivait à nouveau pour avoir d'autres papiers. Cela a duré un an. Un an de guérilla et de cauchemar. À la fin, n'en pouvant plus, nous avons demandé un rendez-vous au supérieur de cette fonctionnaire pour obtenir grâce. Il a reconnu que nous étions dans notre droit depuis le début et que nous n'avions pas de chance d'être tombés sur un mauvais numéro. Le redressement initial de 250 000 F a été réduit à 4 500 F, pour une broutille que nous avions omis de déclarer. On a payé sans discuter. Nous étions contents de mettre fin à ce harcèlement. Cette année de paperasse et de soucis a compté double. On a gagné, mais le fisc nous a pourri la vie. » René n'a plus de haine. Mais son crâne s'est dégarni. Et il craint désormais par-dessus tout de retomber sans raisons dans les pattes d'une fonctionnaire en cours de formation...

On ne choisit pas ses parents

Sophie n'y peut rien. Elle est la fille de sa mère et de son père. C'est au nom de ce principe génétique imparable qu'elle se retrouve aujourd'hui menacée de saisie sur son salaire de juriste dans un grand cabinet d'avocats lyonnais où elle a été embauchée comme stagiaire depuis un an. Son frère vit avec la même épée de Damoclès au-dessus de la tête. Sa sœur aînée, cadre dans une banque renommée de la place, se voit déjà ponctionner chaque mois de 8 000 F depuis 1996. Cette année-là, ils ont tous les trois reçu des commandements de payer 600 000 F chacun pour une dette fiscale réclamée à leur mère... en 1981. « On m'a dit à la perception que nous devons payer pour les fautes de nos parents. Je trouve cela injuste et humiliant », lâche cette frêle jeune femme, qui a du mal à contenir ses émotions.

Les faits remontent aux années 1970. La mère de Sophie, Anne-Marie, professionnelle de l'immobilier, multiplie les opérations de marchand de biens, à travers une petite société. Un beau jour de 1975, elle acquiert un immeuble lyonnais pour une bouchée de pain. Les trois premiers niveaux sont achetés par la société et les deux derniers par Anne-Marie parce qu'elle veut s'y loger à titre personnel. Après d'importants travaux, l'ensemble est toutefois revendu en 1980, avec une plus-value de plusieurs centaines de milliers de francs. Théoriquement, ce gain n'est pas imposable lorsqu'il est réalisé sur la résidence principale du contribuable. Dans ce cas, la confusion des intérêts professionnels et personnels d'Anne-Marie est avancée par le fisc pour refuser cette exonération. Pire : elle est redressée en 1981, avec des pénalités de mauvaise foi de 80 %, sur ces « bénéfices commerciaux ». La facture s'élève à près d'un million de francs. Par malheur, le mari d'Anne-Marie est en train de s'éteindre lentement, victime d'un cancer.

Il décède en 1985, laissant une veuve et trois enfants en train de commencer leurs études supérieures. La succession du père est réglée chez le notaire, sans mention de la dette fiscale de la mère. Personne ne songe à ajouter cette dette au passif du défunt, puisque les époux ont vécu sous le régime juridique de la séparation de biens et que le redressement fiscal est contesté devant le tribunal administratif.

C'est alors que la machine s'emballe. Les recours ont été mal ficelés. Anne-Marie n'obtient pas gain de cause devant le Conseil d'État. Le cumul des intérêts de retard a, entre-temps, fait grimper l'ardoise à 2 millions de francs. Comme elle n'a pas les moyens de payer, le fisc ponctionne chaque mois sa pension de réversion sur son compte en banque, ne lui laissant que quelques milliers de francs pour vivre. Mais cela ne suffit pas. Arguant de la solidarité fiscale entre époux, quel que soit le régime matrimonial (art. 785 du Code général des impôts), l'administration finit par se retourner également contre les héritiers du père ! En 1996, les trois enfants reçoivent les fameux commandements de payer. Alors qu'elle aurait pu s'opposer à cette injonction en évoquant une éventuelle prescription, l'aînée, sûre de ne rien devoir au fisc, ignore le courrier fiscal. Six mois plus tard, elle est piégée : toute contestation lui est désormais interdite... et le fisc envoie des avis à tiers détenteur (ATD) à son employeur pour ponctionner directement son salaire... « Ma sœur est tombée des nues, poursuit Sophie. Elle a appris par son patron que son salaire était partiellement saisi. Ces ennuis avec le fisc la rendait soudainement suspecte aux yeux de sa boîte. Sa promotion a été bloquée. Comme elle était en train de divorcer, avec deux enfants à charge, cette saisie et ces ennuis lui ont créé des problèmes financiers. Depuis, la catastrophe continue. Le fisc lui retire une grosse partie de son salaire. Elle est devenue dépressive.

Ma mère, se sentant coupable de tout, n'arrête pas de pleurer. Mon frère a décidé de vendre son appartement pour aider financièrement ma sœur. Quant à moi, je fais des heures supplémentaires pour soutenir tout le monde et j'essaie d'organiser notre défense. Mais c'est difficile. Et j'ai toujours cette menace au-dessus de moi, avec ces 600 000 F que le fisc me réclame. Je risque une saisie à tout moment. » Sophie n'arrête pas de se battre. Mais elle trouve que l'héritage est lourd. « On fait mieux pour démarrer dans la vie, non ? »

Plus dure sera la chute

Patrick fait partie de ces cas étranges, où l'absurde croise le pitoyable. Il a le visage perdu d'un naufragé de la vie. La cinquantaine fatiguée, des pommettes creuses, le phrasé lourd. Il parle de son plongeon comme d'un mauvais coup qu'il n'a pas vu venir. Ancien cadre dans l'immobilier, il a été licencié au début des années 1990, quand la crise a frappé de plein fouet ce secteur où les fortunes se faisaient naguère en un jour. En 1995, Patrick a bêtement accepté qu'une somme de 600 000 F transite sur son compte en banque. L'argent est venu, puis reparti. « J'ai simplement rendu service à un ami », précise-t-il. Complice ou naïf ? Patrick n'a, semble-t-il, retiré aucun bénéfice financier de ce « service ». Du moins, c'est ce qu'il affirme.

Mais le mal était fait. La somme se remarque sur son compte, lui qui affiche alors des revenus annuels inférieurs à 350 000 F. Vivant encore dans un appartement bien meublé, dans un quartier cossu de Paris, l'ex-vendeur immobilier fait l'objet d'un contrôle fiscal. « Comme j'étais au chômage, je n'ai pas répondu au courrier de l'administration. Toutes ces choses-là me dépassaient complètement. » À la première légèreté s'ajoute donc une maladresse qui va aggraver son cas.

Dès lors, le cercle vicieux se met en place : le fisc considère que ces 600 000 F sont des revenus cachés. Ils doivent être taxés. L'absence de déclaration et de réponse aux courriers majore le redressement d'une pénalité de mauvaise foi de 80 %. Et, comme les mois ont passé, la facture est encore alourdie des traditionnels intérêts de retard de 0,75 % par mois. Au total, le redressement notifié atteint 2,8 millions de francs ! Patrick ne comprend toujours pas ce qui lui arrive. Chômeur, il n'a, dit-il, pas le moindre sou d'avance. Impossible de régler ne serait-ce que le dixième de la somme réclamée !

Incapable de se défendre, fuyant même tous contacts, l'ex-cadre « laisse couler » le temps. Sans réagir. Il s'enferre ainsi dans un piège fatal. Le fisc obtient la saisie de ses maigres ressources sur son compte en banque. Il se retrouve interdit de chéquier. Les meubles de son appartement sont vendus à l'hôtel Drouot. Il n'a plus de quoi payer son loyer. « Je me suis retrouvé à la rue. Quand cela vous tombe dessus, vous êtes assommé. » Pourchassé par les huissiers, Patrick demande un peu d'argent à son ex-épouse afin de subvenir à ses besoins. Soupçonnée, elle aussi, de versements suspects, elle se voit réclamer de son côté la somme faramineuse de 1,7 million. Sa banque exécute trop rapidement une saisie ordonnée par le fisc, qui se révélera infondée. Sans avoir été avertie que son compte est désormais à découvert, l'ex-épouse a malheureusement fait quelques chèques qui s'avèrent donc « sans provision ». Elle se retrouve inscrite sur la liste noire de la Banque de France, interdite de chéquiers pendant dix ans. La banque s'excuse de la fausse manœuvre. Trop tard.

La poisse continue. Le dossier de Patrick est ensuite transmis par le fisc au tribunal correctionnel, qui invoque l'évidence d'une fraude fiscale. De plus en plus secoué, l'homme ne comprend toujours pas qu'il est en train de sombrer. Sans pouvoir se payer un conseiller fiscal compétent, il se retrouve à la barre du tribunal, flanqué d'un avocat commis d'office qui n'a évidemment pas eu le temps d'étudier le dossier. En quelques minutes, sur la seule base du dossier du fisc, la condamnation tombe, comme le couperet d'une guillotine : huit mois de prison avec sursis. Patrick n'en revient pas. Peut-être a-t-il commis une faute, oui. Sans doute n'aurait-il pas dû s'empêtrer dans son silence. Mais, en quatre ans, sans avoir vraiment eu les moyens de se défendre, il a perdu son boulot, son logement, son chéquier, son argent, son honneur. L'ardoise a été réduite, on ne sait pourquoi, de 2,8 millions à 2,1 millions. Faute de pouvoir régler quoi que ce soit, il est toujours à la merci du fisc. Et faute de payer les amendes pénales, il risque « la contrainte par corps ». Autrement dit : la mise en détention. Il ne lui reste qu'à quémander une grâce présidentielle. Et à s'en remettre à une association de défense pour faire traîner les procédures et sauver sa peau. « Je vis chez un membre de ma famille. Sans cela, je serais SDF », conclut ce chômeur de longue durée, qui n'a même plus le courage de se révolter. Piégé par ses propres errements et prisonnier des règles impitoyables du fisc.

2.

Une traque fiévreuse

Le bureau est recouvert d'une épaisse couche de dossiers à traiter en urgence, qui forment autant de fragiles pyramides blanches. Le téléphone résonne sans discontinuer d'appels de contribuables alarmés, qui interrompent des rendez-vous perpétuellement retardés. Le siège parisien de l'association La Protection fiscale, qui revendique plus de 80 000 adhérents, est une véritable ruche. Les murs sont jaunis, la moquette passée, les étagères encombrées. Mais Jean-Pierre Cardot, son animateur bénévole, barbe de professeur et voix de centaure, s'est habitué à ce tourbillon. L'homme est entier, remonté. Il aime s'emporter. Et ne cache pas les origines droitières de son association, issue de la mouvance du CID-Unati du turbulent Gérard Nicoud. Mais il se souvient avec presque un brin d'émotion de discussions franches avec Michel Charasse, quand ce trublion mitterrandien occupait les fonctions de ministre du Budget : « Lui, au moins, il écoutait et finissait parfois par reconnaître que le fisc s'était trompé ! »

Car le militant Jean-Pierre Cardot n'a qu'une obsession : régler les contentieux fiscaux qui se présentent à lui. « Nous faisons tout ce que nous pouvons pour inverser la situation au profit du contribuable, qui est souvent piégé malgré sa bonne foi. » Confrontés à des situations souvent incroyables, celui que d'aucuns surnomment le « Robin des Bois », ou le « pit-bull » du fisc, ne cesse de dénoncer le harcèlement dont, selon lui, l'État fait preuve en matière de contrôles. « C'est vrai que nous sommes surtout confrontés aux cas extrêmes. Mais tout de même, je suis frappé de voir que depuis deux ou trois ans, nous sommes submergés de demandes de gens embêtés pour des choses insensées. »

Pour ne pas être accusé de pure invention, Jean-Pierre Cardot saisit un dossier récent qui trône sur une pile de son bureau : « Tenez, dit-il, ce couple de commerçants du Var a reçu plus de 80 lettres recommandées. Entre autres choses, le fisc lui reproche d'avoir vendu en deux ans trois vieilles voitures. Il l'accuse d'exercer une activité occulte de vente de voitures d'occasion et lui réclame de restituer la TVA correspondante. Soit 54 000 F, auxquels s'ajoutent 36 670 F de pénalités ! C'est du délire total ! Le principe d'action des agents du fisc est simple : toute situation *a priori* normale doit cacher une fraude. Alors ils s'acharnent. Comme ils ont pour consigne de faire rentrer l'argent coûte que coûte, certains font n'importe quoi ! »

Les autres cas récents de Jean-Pierre Cardot paraissent aussi extravagants : la tenancière d'un bar de nuit de Versailles menacée de 3,3 millions de francs de redressement, au motif qu'elle ne peut fournir la liste détaillée de tous ses clients de passage qui paient en espèces ; un PDG perquisitionné à tort dans les Alpes ; des prostituées taxées d'office sur la base d'un nombre de passes évalué par des rapports de police... « Je vois de tout, ici, raconte le militant. Des smicards dont on saisit les meubles parce que le fisc s'est trompé de chiffre avant la virgule. Des pauvres gens qui n'y comprennent rien. Des stars du *show-biz* qui ont trop fait confiance à leur manager indélicat et se retrouvent poursuivis par le fisc. » Pour tenter de démêler les écheveaux et de sauver quelques cas de la faillite, voire de la dépression, l'animateur de La Protection fiscale ne dispose que de peu d'armes : « Quelques astuces de procédures, les recours gracieux, la médiatisation, l'expérience. Mais comme les journées n'ont que 24 heures et que nous sommes débordés, nous ne pouvons pas faire face à tous les malheurs du monde. J'ai connu des cas de suicides suite à des redressements fiscaux... »

Des chiffres en hausse constante

Jean-Pierre Cardot force évidemment le trait. Mais il n'est pas le seul à dénoncer l'activisme croissant du fisc. Tous les spécialistes qui suivent ces questions — avocats, experts-comptables, universitaires, associations, magistrats — constatent ce raidissement. « Il y a incontestablement un zèle plus marqué de la part des vérificateurs », estime Jean-Pierre Casimir, professeur de droit fiscal à l'université de Bourgogne. « C'est cyclique, mais le climat s'est tendu depuis quatre ans, renchérit Robert Baconnier, l'ancien directeur général des Impôts devenu le patron du Bureau Francis Lefebvre, l'un des plus importants cabinets de juristes. Certains agents du fisc se prennent pour des Zorros et redressent à tour de bras. Et toute la maison est formée à faire du chiffre, parfois de manière artificielle. »

Pour mesurer ce durcissement fiscal, il suffit de consulter les statistiques officielles de la direction générale des Impôts (DGI), au ministère de l'Économie, des Finances, du Budget et de l'Industrie. Celui-ci revendique ouvertement des résultats « encourageants ». Les quelque 2,5 millions de « contrôles sur pièces », les simples vérifications des déclarations, touchent chaque année 6 % des ménages et 15 % des entreprises. Ces examens, relativement simples et souvent impercep-

1. Des contrôles fiscaux toujours plus nombreux...
Nombre de contrôles fiscaux « sur place ». *Source DGI.*

	Total	*dont vérification de comptabilité*	*et examen de situation fiscale personnelle (ESFP)*
1989	41 953	39 280	3 066
1990	40 100	37 237	3 406
1991	38 099	35 020	3 355
1992	42 359	38 858	3 501
1993	43 036	39 413	3 623
1994	45 456	41 488	3 968
1995	48 303	43 874	4 429
1996	50 767	46 101	4 666
1997	52 180	47 473	4 707
1998	52 537	47 879	4 658

2. ... qui rapportent officiellement de plus en plus gros
Montant des redressements notifiés (droits simples, sans les pénalités) suite aux contrôles fiscaux.
En milliards de francs. *Source DGI.*

	Total	*Contrôles sur pièces*	*Contrôles sur place*	*dont vérifications de comptabilité*	*et ESFP*
1989	31,5	11,8	19,7	18,1	1,6
1990	33,9	14,9	19	17,3	1,7
1991	38,4	15,9	22,5	20,6	1,9
1992	43,6	16,9	26,7	24,2	2,5
1993	47,7	18,1	29,6	27	2,6
1994	54,4	19,6	34,8	31,8	3
1995	55,7	19,6	36,1	33	3,1
1996	61,8	21,9	39,9	36,4	3,5
1997	67	22,5	44,5	41,5	3
1998	69,8	21,9	47,9	45	2,9

tibles quand le fisc ne relève aucune « incohérence », ont conduit l'État à réclamer aux contribuables quelque 22 milliards de francs de droits nets en 1998, soit 85 % de plus en dix ans. Plus d'un million de personnes ont par exemple reçu des rappels d'impôts sur le revenu d'environ 9 000 F chacun.

Les « contrôles sur place », quant à eux, plus ciblés, très fouillés, mobilisant parfois plusieurs enquêteurs durant plusieurs mois, visent principalement les entreprises, petites ou grandes. Mais des particuliers, soupçonnés de masquer de gros revenus, peuvent également être concernés. Et là, l'administration frappe de plus en plus fort. Le nombre de « vérifications de comptabilité » a augmenté de 22 % en une décennie, touchant 47 879 entreprises en 1998, contre 39 286 en 1989. Soit 8 600 contrôles supplémentaires ! Symboles de l'amélioration de leur efficacité apparente : les redressements notifiés (droits nets rappelés sans les pénalités) aux entreprises suite à ces « contrôles sur place » ont bondi de 143 % sur la même période, passant de 18,1 milliards en 1989 à 45 milliards en 1998. Du jamais vu !

Quant aux particuliers « suspects », ils ont été 4 658 en 1998, soit un peu moins que l'année précédente, mais 50 % de plus qu'il y a dix ans, à subir un « examen approfondi de situation fiscale personnelle ». Et ces ESFP ont permis à l'État de réclamer 2,9 milliards de francs, soit 81 % de plus qu'en 1989.

L'énumération de ces chiffres peut paraître abstraite. Ils recouvrent pourtant une réalité sonnante : le montant moyen des droits rappelés lors de chaque contrôle dans une entreprise a doublé en dix ans, pour atteindre la somme impressionnante de 940 000 F. Les particuliers qui font l'objet d'un ESFP sont un peu moins assommés : on ne leur réclame en moyenne « que » 622 000 F d'impôts supplémentaires, contre 522 000 dix ans plus tôt... Mais, même quand on est fortuné, il y a de quoi se frotter les yeux.

En apparence, les contrôles fiscaux sont donc devenus une énorme pompe à fric. Une juteuse collecte de rattrapage pour le budget de l'État : le montant des redressements notifiés par le fisc a en effet atteint 69,8 milliards de francs en 1998, soit un bond de 121 % en une décennie ! « Le rendement du contrôle fiscal augmente puisque ces droits rappelés progressent plus vite que les recettes de l'État », se félicite le député Jean-Pierre Brard, dans son rapport parlementaire consacré à la fraude et à l'évasion fiscale, rendu public en septembre dernier.

Si on y ajoute les quelque 23 milliards de francs de pénalités réclamés en supplément, la somme totale des redressements a atteint 93,3 milliards en 1998, contre 86 milliards en 1997, soit 8 % de plus. Cette manne n'a rien d'un pourboire : elle représente environ un tiers de l'impôt sur le revenu. Elle permettrait de couvrir un tiers du déficit budgétaire annuel ! « Les contrôles, qui rapportent de plus en plus, peuvent contribuer à l'assainissement des finances publiques », explique-t-on à Bercy, au siège du ministère des Finances. Le ministre chargé du Budget, Christian Sautter, est ravi de ces résultats et récuse le procès de traque fiscale intenté à son administration : « Certes il peut y avoir des erreurs de part et d'autre, confie-t-il. Mais quand on est de bonne foi, on peut toujours s'expliquer. En revanche, c'est le devoir de l'État, pour assurer l'équité des citoyens devant l'impôt, de lutter contre la fraude ou l'évasion organisée [1]. »

---

1. Propos rapportés dans *L'Express* (« Comment le fisc vous traque ») du 18 février 1999, recueillis par l'auteur début 1999, avant que Christian Sautter, secrétaire d'État chargé du Budget, ne soit nommé ministre de l'Économie, des Finances et du Budget, en remplacement de Dominique Strauss-Kahn en novembre 1999.

Petites et grandes fraudes

Il est vrai que la fraude fiscale reste un fléau, quand elle n'est pas considérée comme un sport national. La liste des pratiques les plus courantes donne une idée de la variété des méthodes employées par les particuliers pour éluder l'impôt : la non-déclaration des revenus arrive en tête, suivie de l'absence de déclaration des revenus annexes (comme les loyers perçus, les salaires occasionnels, etc.), l'invention de déductions fiscales, le gonflement des frais par les non-salariés, les frais de transport fictifs, la déclaration d'une aide à domicile imaginaire, les faux versements à des œuvres, la déclaration de perte de documents réclamés par le fisc... Pourtant, ces petites tricheries ne sont que des broutilles, comparées aux grandes manœuvres organisées par certaines entreprises pour retenir des millions de francs de TVA, faire travailler au noir des dizaines de sous-traitants réglés en espèces, manipuler les amortissements, surévaluer les frais généraux, diminuer les bénéfices en gonflant les provisions, sous-estimer son chiffre d'affaires, transférer des bénéfices à l'étranger...

Le montant des sommes ainsi soustraites aux caisses de l'État est quasiment impossible à évaluer. Le SNUI, principal syndicat des agents des Impôts, arrive au chiffre de 225 milliards envolés chaque année, sans préciser les bases de son calcul. Les estimations varient, selon les sources, de 100 à 300 milliards de francs. Pour le député Jean-Pierre Brard, il ne fait aucun doute que le contexte économique favorise la fraude : la durée de la crise, le poids excessif — 45 % de la richesse nationale ! — des prélèvements obligatoires, l'internationalisation des échanges et la dématérialisation des transactions contribuent à son expansion. Sans oublier l'incroyable complexité des textes : le député a notamment recensé

192 mesures de déductions, abattements ou réductions possibles pour le seul impôt sur le revenu !

Au-delà des chiffres, le rapport Roy, un document interne à la DGI élaboré mi-1997 sur le contrôle fiscal des PME, résumait l'état d'esprit de l'administration sur l'évolution de la fraude fiscale : « La fiscalité professionnelle (gestion/contrôle) s'est exercée durant les Trente Glorieuses dans un contexte de prospérité généralisée et de fraude fiscale répandue. En effet, le fraudeur bénéficiait d'une certaine sympathie, car il ne lésait que le Trésor, dont les recettes budgétaires augmentaient rapidement grâce à une croissance économique soutenue et une inflation à deux chiffres. Aujourd'hui, la fraude permet d'éliminer la concurrence en mettant en difficulté les entreprises qui remplissent leurs obligations fiscales et sociales, et de placer dans la dépendance économique les partenaires dominés (fausse sous-traitance, travail clandestin). S'y ajoute aujourd'hui la fraude « pour survivre ». Tous ces dérèglements nourrissent la précarité et les marginalisations... Dans ce nouveau contexte, la détection et la sanction véritable des fraudeurs revêtent un sens collectif d'une autre portée. »

L'administration se sent investie d'une mission de justice économique et sociale. Pour s'en convaincre, elle met en avant les histoires les plus détestables de fraude fiscale qu'elle ait combattues. Dans son rapport d'activité de 1997, la DGI expose notamment le cas exemplaire de Mme M. Cette femme entrepreneur gérait trois sociétés qui raflaient de nombreux marchés du bâtiment dans le sud de la France grâce à de faibles marges. Les contrôles fiscaux ont permis d'établir que la gérante ne payait pas l'impôt sur les sociétés (16 millions sur quatre ans) ; qu'elle retenait illégalement la TVA collectée (22 millions) ; qu'elle minorait systématiquement son chiffre d'affaires afin de rendre ses bilans cohérents avec les déclarations déposées ; qu'elle utilisait des dénominations d'entreprises ayant cessé leur activité ; qu'elle faisait travailler des sous-traitants fictifs afin d'encaisser elle-même les sommes détournées ou de régler des achats de tapis, fourrures, cristallerie ; qu'elle ponctionnait plus de 2 millions de francs, affectés théoriquement au compte « Impôts et taxes », lequel n'était jamais reversé au Trésor public ; enfin, qu'elle versait près de 1,5 million de francs de salaires à des travailleurs clandestins. Toutes ces pratiques lui permettaient de fausser la concurrence... et de vivre grand train. Outre les redressements et pénalités imposés par le fisc, cette championne de la fraude a fini par être d'abord condamnée en 1996 devant le tribunal correctionnel de Grasse à une peine de trois ans d'emprisonnement (dont trente mois de sursis), à 300 000 F d'amende et à une interdiction de gérer une quelconque entreprise pendant trente ans. Puis, devant le tribunal de grande instance de Grasse en 1997, Mme M. a écopé d'une deuxième condamnation de trois ans de prison ferme et 100 000 F d'amendes supplémentaires. De quoi réfléchir à l'ombre...

Deux dossiers sur trois ne révèlent que des erreurs

Face à de tels comportements, l'État est légitimement en droit de chercher à récupérer ce que des contribuables fraudeurs ont masqué. Du coup, l'administration, qui réclame des moyens supplémentaires, se dit fière de contribuer, par ses contrôles fiscaux, à une meilleure équité, CQFD. Seulement voilà : les dossiers médiatisés, souvent incontestables, masquent une réalité moins glorieuse. Entre les ambitions et les moyens employés, entre les textes et le terrain, entre les objectifs et les résultats, l'écart est gigantesque. D'abord parce que le fisc poursuit surtout des contribuables qui n'ont commis que des erreurs. La DGI reconnaît que les deux tiers des redressements qu'elle notifie ne rélèvent que d'erreurs de bonne foi des contribuables[1]. Le ministère du Budget se félicite de cette proportion, qui démontre la bienveillance de l'administration envers des sujets dont elle admet partiellement la position. Mais ce chiffre prouve, à l'inverse, que l'essentiel de l'activité du contrôle fiscal, qui mobilise 27 000 agents, dont 6 600 vérificateurs, ne sert qu'à mettre au jour les erreurs ponctuelles et à s'orienter dans le maquis des textes fiscaux. Et pas à dénicher les gros poissons !

Après une longue carrière consacrée aux contentieux fiscaux qui n'ont cessé d'envahir les prétoires, Michel Charlier, qui fut jusqu'à l'été 1999 le président de la première section — fiscale — du tribunal administratif de Paris, s'en étonne encore : « Ce qui me frappe le plus, dit-il, c'est que je n'ai presque jamais traité au tribunal de dossiers concernant de la vraie fraude fiscale. Tout ce qui défile relève de débats d'interprétation des textes, avec plus ou moins de bonne foi. Cela ne signifie pas que la fraude n'existe pas. Mais on ne la voit pas. »

Témoignage révélateur : la bureaucratie fiscale produit un encombrement judiciaire injustifié et loupe ses vraies cibles. Cette dérive ne serait pas trop grave si le fisc ne disposait de pouvoirs et de moyens méconnus, dont peu d'administrations disposent. Si ses 84 000 agents ne vivaient pas sur une autre planète, aussi redoutée qu'hermétique. S'ils ne s'acharnaient pas à redresser parfois sans ménagement des contribuables qui ne comprennent pas ce qui leur arrive. « J'ai vu le

1. Chiffre rapporté par Jean-Pierre Lieb, chef de bureau à la sous-direction du Contrôle fiscal, lors des Entretiens de la fiscalité, colloque au Conseil économique et social, 20 février 1997, cité dans *Les Dossiers de l'Ifrap* n° 62-63, « La DGI au service d'elle-même ».

cas d'un smicard auquel le fisc réclamait sans raison 1 million de francs d'impôts et avait fait saisir ses meubles, raconte un ancien ministre du Budget. Le fisc a plus souvent raison que tort. Mais quand il a tort et qu'il s'entête, c'est scandaleux. »

Même les hauts fonctionnaires de Bercy reconnaissent que leur système a dérapé, parce qu'il vit en vase clos. Dans son rapport de 1997, Jean-Michel Roy, directeur des services fiscaux des Yvelines, dénonçait la mentalité des agents et des cadres, façonnée par trente ans de « pensée unique ». Et il en appelait à « une introspection collective pour dépasser une culture qui est parfois trop celle des "petites écoles scolastiques" poussant toujours plus loin les limites du raisonnement par l'absurde dans le contrôle fiscal. À tous les niveaux, un travail techniquement et juridiquement solide est fourni, mais il reste parfois un peu éloigné des réalités et des finalités de l'action ».

Ces dérives sont si graves que, poussé par le gouvernement de Lionel Jospin, l'ex-directeur général des Impôts, Jean-Pascal Beaufret, a dû, pour corriger le tir, édicter le 3 février 1999 une note très détaillée à tous ses directeurs pour promouvoir ce qu'il a appelé « l'application mesurée de la loi fiscale [1] ». Cette directive bienvenue correspond « à une attente forte des contribuables » parce qu'elle est « une condition du consentement à l'impôt et des relations apaisées entre le contribuable et l'administration ». Une manière polie de reconnaître que ces « relations » sont actuellement plutôt conflictuelles... Le grand patron des Impôts allait plus loin en précisant : « Confronté à des situations particulières et complexes, ou à des comportements passifs, il est nécessaire de savoir faire preuve de bon sens et de

1. Voir l'intégralité de cette note très instructive en annexe. Jean-Pascal Beaufret a démissionné de son poste en décembre 1999.

réalisme pour ne pas aboutir à une taxation exagérée, de ce fait mal comprise, perçue comme injuste et difficile à recouvrer. Tel est d'ailleurs généralement le cas car cette préoccupation de crédibilité est partagée par tous. Elle contribue fortement à forger l'image de marque de notre administration. Mais à l'inverse, dans les cas minoritaires où ceci est perdu de vue, les "dégâts" sont importants. »

Le directeur général des Impôts minimisait ces « dégâts ». Mais le « bon sens » et le « réalisme » ne devaient pas être si répandus à la DGI pour justifier une note officielle de sept pages sur l'art et la manière de frapper moins fort !

Beaucoup de dégâts pour un résultat médiocre

Ces travers seraient peut-être tolérés par Bercy si les agents faisaient rentrer réellement de l'argent dans les caisses de l'État. Or, là aussi, il y a loin de la coupe aux lèvres. Les chiffres des redressements notifiés, dont la hausse régulière est brandie chaque année par une administration soucieuse de voir son rôle conforté et ses crédits renouvelés, sont trompeurs : le recouvrement de ces rappels d'impôts traîne désespérement les pieds. Tandis que les notifications (droits simples et pénalités) ont flambé, à 93 milliards de francs en 1998, les sommes réellement encaissées dépassent tout juste la vingtaine de milliards chaque année. Soit seulement un quart des redressements ! La DGI ne clame évidemment pas sur les toits ces piètres résultats, qui relativisent ses claironnements satisfaits et révèlent l'un de ses talons d'Achille : l'essentiel de ses contrôles se perd dans les sables... Les contestations des contribuables, les dégrèvements successifs, les remises gracieuses, les recours contentieux, l'insolvabilité ou les défaillances des entreprises finissent par réduire les sommes encaissées à une peau de chagrin. Et les défauts de l'administration font le reste. Lors d'un exposé devant les cadres de la DGI, en septembre 1998[1], l'inspecteur général des Finances Daniel Lallier pointait du doigt cette vérité cruelle : « Les calculs effectués par l'IGF (l'inspection générale des Finances) en ce qui concerne les taux de recouvrement sur cotes de contrôle fiscal font apparaître des performances constamment médiocres, et parfois inacceptables : le taux de recouvrement des cotes de contrôle fiscal s'établit en moyenne, trois ans après la mise en recouvrement, à moins de 30 % ; le taux de recouvrement des cotes d'impôt sur le revenu émises suite à ESFP (examen de situation fiscale personnelle) est inférieur à 10 % ; dans certains grands départements d'une région où une mission a eu lieu, il s'établit même à 0 %. Peut-être plus encore que les chiffres eux-mêmes, la difficulté de les obtenir est particulièrement révélatrice : il n'existe pas d'instrument statistique de suivi. »

Des résultats « médiocres », voire nuls ! Le constat est terrible. Parée de nobles ambitions, la traque fiscale est tout à la fois inégale, bureaucratique et peu rentable. Étonnant ? Pas sûr.

---

1. Cet exposé de l'inspecteur général des Finances Daniel Lallier, reprenant des synthèses de plusieurs missions de l'inspection générale des Finances au sein de la DGI, a fait l'objet d'une communication lors des journées bisannuelles de l'encadrement de la DGI, en septembre 1998. Il n'a, bien sûr, pas été rendu public. Dans son enquête intitulée « Voyage au cœur des Finances », parue dans *L'Express* du 22 avril 1999, Corinne Lhaïk en a cité quelques extraits. *Le Canard enchaîné* en a également fait mention, notamment dans son dossier « L'enfer du fisc », octobre 1999.

UNE MACHINE INFERNALE

3.

Du paradis (fiscal) à l'enfer

Qui n'aime pas l'évasion ? Les plages ensoleillées et les mers bleues ? Les havres de tranquillité et la pause des soucis ? Personne. La tentation est aussi grande de songer à mettre ses ressources à l'abri de l'appétit du fisc. Est-ce possible ? Si l'on en croit certaines publicités alléchantes, le paradis fiscal est à portée de main. L'État n'aurait plus qu'à trembler. Malgré son zèle, ses rentrées financières seraient menacées. Les petites annonces paraissant dans les grands magazines comme *The Economist* ou *Time* illustrent en tout cas cette facilité apparente : un spécialiste des compagnies *offshore* y vante, par exemple, le faible coût et la confidentialité de ses services afin de créer des sociétés dans des paradis fiscaux pour 350 dollars. Tel autre, basé à Zoug (Suisse), propose des statuts préétablis, des introductions bancaires, un suivi téléphonique, notamment au Liechtenstein. Un troisième prestataire donne sa gamme de prix pour enregistrer des sociétés : 250 dollars dans l'île de Man, 350 dollars à Saint-Vincent, 500 dollars à Belize. Les candidats n'ont qu'à se manifester par téléphone, fax ou e-mail... Les annonces oublient simplement de préciser qu'une fois créées, les sociétés doivent fonctionner... ce qui coûte évidemment beaucoup plus cher. « Et encore faut-il trouver un usage à ces structures ! » clame

Olivier Pambo, expert en défiscalisation, très critique sur les appâts faciles de certains prestataires peu scrupuleux. Pour éviter des erreurs grossières ou des arnaques pures et simples, il est donc peu prudent de s'engager dans ces voies sans bons conseils !

Des sites Internet pour attirer le client

Sur Internet, les techniques de séduction des contribuables naïfs sont encore plus sophistiquées. Examinons, par exemple, le site instructif de Finor Associates Ltd. Se présentant comme un « groupe hautement efficient en la fourniture de services financiers », il n'hésite pas à attirer le chaland avec ce propos liminaire, rédigé en mauvais français : « Pour avoir été harcelé par le fisc de notre État d'origine et après avoir subi une forme nouvelle d'inquisition, nous avons la fierté aujourd'hui de pouvoir offrir à nos clients du monde entier l'un des accès les plus aisés aux services *offshore*, au meilleur rapport qualité-prix, du fait même de notre compréhension de l'expérience vécue. »

Fort de sa singularité, Finor Associates Ltd, qui dispose d'un siège administratif en Suisse, de services commerciaux à Londres et d'un siège social aux îles Vierges britanniques, délivre sa philosophie : « Ne paie pas plus d'impôts que nécessaire et aide les autres à faire de même. » Pour la mise en pratique, il met à la disposition de ses clients des services aussi variés que la création de trusts, l'ouverture de comptes bancaires, la direction d'entreprise, la domiciliation commerciale, des lignes téléphoniques virtuelles, la rédaction de correspondance d'affaires, la production de factures, l'organisation de la certification par notaire et la légalisation de documents... Tout un programme de vrais et faux-semblants, auquel Finor propose d'ajouter des « outils privatifs », destinés à protéger la confidentialité des opérations : téléphone GSM anonyme, assistance dans l'obtention d'une nouvelle citoyenneté *(sic)*, brouilleur vocal, détecteur d'écoutes et de micros clandestins, montre-bracelet/appareil photo. De quoi jouer les fantômes, à cache-cache avec les lois !

D'autres sites sur Internet vantent les mérites présumés de certains paradis fiscaux. Celui de la société Atol veut marier l'utile à l'agréable : « Vos économies ou votre argent de poche à l'abri du fisc. Profitez pleinement des fruits de votre travail en vous offrant les vacances dont vous avez toujours rêvé. Nous avons sélectionné pour vous un paradis fiscal hors du commun : les Seychelles, destination paradisiaque entre toutes, où vos prochaines vacances sous les cocotiers vous seront offertes... par votre percepteur. » Plus loin, Atol donne quelques conseils afin de ne pas attirer en France l'attention de ce même percepteur : « Il est important que les produits de vos revenus défiscalisés ne contribuent pas à attirer sur vous l'attention des services fiscaux. Il est préférable de louer une Ferrari au nom de votre société *offshore*, ou de lui faire acheter le château, qu'elle pourra vous louer, ou mieux, elle vous y embauchera comme gardien... » Voilà ce qui s'appelle de l'incitation franche à l'évasion !

Illustré de photos de ciel bleu et de baie de rêves, le site d'Haven Club veut, quant à lui, mettre en contact les contribuables avec les « professionnels et officiels » des îles d'Antigua et Barbuda. L'ancienne colonie britannique d'Antigua, située dans les Caraïbes, est fière de ses « excellentes liaisons aériennes avec l'Europe », de sa « situation politique très stable », de ses 365 plages — « une pour chaque jour » — et, bien sûr, de sa « fiscalité favorable pour les personnes morales et les personnes physiques ». La page d'accueil de ce site explique simplement : « Pour un coût relativement modique et en quelques heures, vous pouvez aujourd'hui créer votre propre société *offshore.* » Cela semble aussi facile que de poster une lettre. « Rien ne vous interdit de structurer vos activités de la façon la plus avantageuse sur le plan de la fiscalité et du financement. » Haven Club prend juste soin de préciser : « Il convient cependant d'éviter que les administrations des pays dans lesquels vous resteriez éventuellement résident fiscal ne soient en mesure de contester l'optimisation économique ainsi réalisée. Il s'agit dans la plupart des cas de se mettre à l'abri du trop fameux “abus de droit”, qui tente de réprimer les montages juridiques dont l'utilité pourrait être démontrée comme purement fiscale. » D'où la proposition faite sur le site d'une consultation « en ligne » afin d'obtenir un devis pour un audit fiscal interne et une étude de délocalisation...

Les paradis seraient-ils si aisément accessibles ? Il faut naturellement se méfier de propositions aussi séduisantes que risquées. Car elles omettent souvent de préciser que le montage de structures *offshore* aux îles Cayman ou l'ouverture de comptes en Suisse ne permettent évidemment pas d'échapper légalement au fisc. Les textes sont clairs : tout résident fiscal en France est imposable sur l'ensemble de ses revenus mondiaux. À défaut de déclarer au fisc l'existence de sociétés *offshore*, l'ouverture de comptes en banque à l'étranger ou les revenus qui proviennent de ces paradis, on s'expose à des redressements et à des poursuites !

Des centaines de milliards qui s'évadent

Ces préventions ne semblent guère freiner la montée en puissance des paradis. Selon le rapport du député Jean-Pierre Brard, tout concourt depuis deux décennies à élargir les brèches de l'évasion fiscale : le développement du commerce international, la complexité des réseaux de distribution, la suppression du contrôle des changes et des contrôles douaniers, l'explosion des mouvements de capitaux, le boom des télécommunications, la réduction du coût de transport, l'émergence du commerce électronique. De plus, écrit-il, « les risques de fraude et d'évasion fiscale sont d'autant plus accrus que (...) des pratiques de recherche systématique de la réduction de la charge fiscale ou sociale, autrefois le fait d'une minorité, tendent à se développer ». Face à cet espace mondialisé et à ces comportements, l'impuissance des États serait de plus en plus flagrante : « Les administrations fiscales restent cloisonnées dans le cadre étatique, ne peuvent obtenir certaines informations sur les opérations internationales qu'avec des procédures spécifiques et parfois longues, et ne peuvent obtenir aucune information sur les transactions effectuées dans les paradis fiscaux ou les juridictions qui ne coopèrent pas[1]. »

D'autres indices confirment la généralisation de l'évasion. « Toutes les grandes banques, compagnies d'assurances ou entreprises françaises ont une société dans un paradis fiscal en Europe, ou ailleurs », explique aux *Échos* Claude Dauphin, auteur d'un *Guide vraiment pratique des paradis fiscaux*[2]. Pour diminuer leurs impositions sur les bénéfices, les professionnels de l'optimisation fiscale utilisent une grande variété de montages : holding de tête basé aux Pays-Bas, centre de trésorerie en Suisse, sociétés captives d'assurances centralisant les primes aux

1. *Rapport d'information* n° 1802, « La lutte contre la fraude et l'évasion fiscales : retrouver l'égalité devant l'impôt », par Jean-Pierre Brard, Assemblée nationale, 8 septembre 1999. Voir en annexe p. 274, les principales propositions de ce rapport, dont certaines concernent la lutte contre les paradis fiscaux.

2. Cité dans l'article de Laurence Tovi, « Stop à l'évasion fiscale légale », *Les Échos*, 12 novembre 1998.

Antilles néerlandaises, trusts ponctionnant des redevances de licences au Liechtenstein, filiales à l'île de Man touchant des remboursements d'emprunt fait à des sociétés-sœurs françaises...

Selon une étude de l'OCDE, les investissements des sept pays les plus riches dans les paradis fiscaux auraient été multipliés par plus de cinq entre 1985 et 1994, pour atteindre environ 200 milliards de dollars. Ces statistiques sous-estiment la réalité, puisque plusieurs centaines de milliards de flux financiers ont ainsi disparu des données officielles en dix ans, rejoignant secrètement des banques implantées sous des cieux protecteurs. Comment s'étonner, dès lors, que les minuscules îles Cayman, à 800 kilomètres au sud de Miami, soient devenues la cinquième place bancaire mondiale, avec 592 établissements et 600 milliards de dollars de dépôts ! Même les États profitent parfois de ces havres : certaines émissions de titres d'entreprises publiques françaises ont été logées naguère dans les îles Cayman. Et l'une des sociétés de cantonnement des actifs cessibles de l'assureur public GAN a, par exemple, été immatriculée à Jersey !

Les particuliers suivent naturellement cette tendance, plus ou moins bien conseillés par une série d'ouvrages pratiques. Certains auteurs vont jusqu'à expliquer les méthodes possibles pour « exporter » de l'argent liquide à l'étranger sans se faire pincer, au-delà du seuil obligatoire de signalement au fisc (50 000 F transférables par jour). « C'est un moyen simple et infaillible, que nous condamnons au plan moral, il va sans dire », écrit Grégoire Duhamel, à propos d'une technique de passage qu'il prend bien soin de décrire par le menu [1]... Mieux

1. *Les Paradis fiscaux*, par Grégoire Duhamel, Éditions Jacques Grancher, 1999, p. 75. L'auteur dresse un tableau comparatif des paradis fiscaux en expliquant, sans rire, « qu'il est impossible, passé un certain cap, de ne pas frauder — sauf à se dépouiller entière-

que la Suisse — où le secret bancaire semble de moins en moins protégé —, c'est le Luxembourg qui a attiré le plus de déposants en Europe ces dernières années. Les établissements financiers du Grand-Duché ont la réputation d'être à la fois moins regardants sur l'origine des fonds et peu coopératifs en cas de poursuites fiscales. De plus, la fiscalité de l'épargne au Luxembourg est l'une des plus allégées de l'Union européenne : il n'y a pas d'impôts pour les non-résidents. Enfin, une simple carte de crédit internationale, tirant sur les comptes détenus, permet d'utiliser l'argent protégé.

Une liste noire bientôt publiée

Confrontés à cette évasion à grande échelle et à cette « concurrence déloyale », les autres États ont fini par hausser le ton. La pression vise d'abord les pays « à fiscalité nulle ou privilégiée ». En décembre 1997, l'Union européenne a adopté un « code de bonne conduite », visant à démanteler d'ici à cinq ans les quelque 300 régimes fiscaux préférentiels recensés en Europe. Il s'agit de limiter le « dumping fiscal » des docks irlandais, des 44 zones franches urbaines françaises, des centres de coordination et de distribution belges, des sociétés mères néerlandaises et des holdings luxembourgeoises... Les négociations sont âpres, chaque pays ne voulant rien lâcher de ses attraits sans contrepartie. De plus, si l'harmonisation de la fiscalité sur l'épargne reste encore dans les limbes au sein de l'Union européenne, les négociations avancent en coulisse, afin d'imposer demain un prélèvement à la source sur les revenus de

---

ment de ses biens »... Voir également le traditionnel *Guide Chambost des paradis fiscaux*, 7e édition, par Édouard Chambost, Éditions Favre, 1999.

l'épargne, compris entre 20 % (niveau tolérable pour la France et l'Allemagne) et 10 % (seuil acceptable par le Luxembourg ou le Royaume-Uni). La disparition des petits paradis européens (Andorre, Monaco, îles Anglo-Normandes, Gibraltar, Saint-Marin, etc.) est également au programme...

La lutte contre les autres États-confettis qui vivent de l'évasion fiscale et de l'argent criminel a également pris une nouvelle ampleur. Après l'adoption d'un rapport alarmiste sur « la concurrence fiscale dommageable » en avril 1998, l'OCDE a été chargée de dresser une liste des paradis fiscaux qui pourraient faire l'objet de mesures de rétorsion. Lors de l'assemblée générale du Fonds monétaire international, en septembre 1999, la France a fait une série de propositions « pour une police internationale des paradis bancaires et fiscaux », allant jusqu'à l'interruption des aides et la restriction des mouvements financiers avec les centres *offshore* qui refusent de coopérer aux enquêtes ! La fameuse liste « noire » de l'OCDE doit être rendue publique au printemps 2000, avec des mesures visant à renforcer la lutte contre le blanchiment et à éliminer progressivement le dumping fiscal.

Le dispositif anti-évasion s'est durci

Ces marchandages diplomatiques promettent d'être longs, sans être totalement efficaces. C'est pourquoi l'administration française punit de plus en plus sévèrement toutes les pratiques d'évasion. Les entreprises sont évidemment les premières à être visées. Des accords préalables sur les « prix de transfert » — ces règles de tarifications internes aux multinationales qui permettent de délocaliser les bénéfices — sont négociés avec les grands groupes. Maniant le bâton, le fisc a aussi étendu l'usage de l'article 209 B du Code général des impôts. Celui-ci permettait jusqu'à présent de taxer les bénéfices des filiales des groupes français implantées dans les paradis fiscaux. « Depuis peu, le fisc se sert du 209 B pour imposer aux taux français les profits des filiales installées dans les pays européens où la fiscalité est moins forte », explique l'avocat Jean-Marc Tirard. Selon lui, cette arme est « en contradiction avec les conventions fiscales existantes et avec le principe de liberté d'établissement prévu par l'article 52 du traité de Rome ». Mais, en attendant les retombées du « code de conduite européen », le fisc français ne s'embarrasse pas de scrupules : les redressements sur la base de l'article 209 B ont grimpé de 68 % en 1997, pour atteindre 1,3 milliard de francs.

Les personnes physiques ne sont évidemment pas épargnées dans cette traque anti-évasion. Le petit jeu de cache-cache est toujours possible. Mais il devient de plus en plus risqué. Certains contribuables essaient, par exemple, de percevoir à l'étranger une partie de leurs rémunérations, sans en faire la déclaration. Il peut s'agir de cadres de grands groupes, dont le salaire est fractionné : une partie est payée en France légalement, et l'autre est versée dans un paradis fiscal, sous forme de fausse prime de détachement, de revenus tirés d'une filiale exotique, de jetons de présence pour des conseils d'administration de sociétés bidons ou, plus concrètement, sous forme d'un avantage en nature, comme un appartement mis disposition à Londres ou à Genève... L'administration peine parfois à trouver la trace de ces revenus dissimulés. Mais quand elle tient des preuves de leurs versements, elle est implacable : elle les redresse sèchement, avec des pénalités de 80 % pour manœuvre frauduleuse !

D'autres petits malins font facturer dans des paradis fiscaux des activités plus ou moins fictives, de manière à y expédier des sommes depuis la France et à y accumuler des bénéfices non imposables. La palette des prestations est immense : cachets d'artistes, prélèvements des sociétés d'images de sportifs, royalties sur des brevets ou licences, redevances sur des noms de marque, études de pseudo-bureaux d'ingénierie, honoraires de lobbying ou de communication, commissions d'intermédiaires sur des grands contrats... Jeune graphiste partiellement indépendant, Charles P., exerçant dans l'Essonne, fait ainsi facturer ses travaux par une société qu'il a fondée à Hong Kong, via une compagnie fiduciaire prête-nom. « Aucun de mes clients n'a jamais fait de difficultés. Si j'avais choisi les Bahamas ou les îles Caïmans, ils auraient sans doute tiqué. Mais des factures de Hong Kong trouvent parfaitement leur place dans une comptabilité », expliquait-il dans *Capital*, en février 1997.

Tous ces montages acrobatiques sont pourtant dans le collimateur du fisc. L'article 155 du Code général des impôts édicte en effet que les sommes perçues par des sociétés fictives *offshore*, au titre de prestations rendues en France, doivent être soumises à l'impôt. Depuis le 1er janvier 1999, le dispositif a été renforcé : le nouvel article 123 *bis* stipule que les contribuables qui contrôlent, directement ou indirectement, au moins 10 % d'une société financière *offshore* doivent déclarer leurs bénéfices dans leurs revenus, y compris ceux qui sont mis en réserve. Autrement dit : même quand ils ne sont pas perçus, ces bénéfices sont taxables comme des revenus de valeurs mobilières, au taux marginal de 64 %. Les attractives « holdings 29 » et les fameuses Soparfi de droit luxembourgeois sont ainsi torpillées. Tous les trésors accumulés dans des paradis, que le fisc pouvait ignorer jusque-là, doivent figurer sur la feuille de déclaration.

De plus, la loi de Finances 1999 a ajouté une autre mesure particulièrement dissuasive, destinée à taxer les

« héritages » venus des paradis fiscaux, qui masquent parfois de simples rapatriements de capitaux accumulés au fil des années. Dès lors que le bénéficiaire réside en France, tous les biens situés à l'étranger reçus en don ou en héritage sont désormais passibles de l'impôt sur les mutations, et ce quel que soit le lieu de domicile du donateur ou du défunt. La fortune de l'oncle des Bahamas ne passera pas inaperçue aux yeux du fisc.

Que l'argent parte, dorme ou revienne des paradis, il doit désormais passer par la case « fisc ». À moins de tricher, bien sûr. Mais est-ce raisonnable ?

4.

Le pot de fer contre le pot de terre

Entre un contribuable peu informé et une administration tentaculaire, l'inégalité est « flagrante ». Celle-ci « résulte très largement des prérogatives particulièrement fortes, voire exorbitantes du droit commun, dont dispose l'État en matière de contrôle fiscal ».

Ce constat sévère n'émane pas d'un contribuable en colère, ni de l'emportement d'un avocat ou d'un quelconque lobby poujado-libertaire. Non, il est le fruit mûrement pesé de l'expérience du médiateur de la République, Bernard Stasi, dans son rapport d'activité 1998, rendu public au printemps 1999. Chargé d'arrondir les angles entre les citoyens et l'État en cas de conflit, le médiateur dispose, pour forger son point de vue, de plusieurs dizaines de milliers de réclamations qui lui sont soumises chaque année, dont plus de 10 000 en 1998 ont concerné des questions fiscales. Son analyse est sans appel : certes, les contribuables ont quelques moyens de se défendre — et l'on verra qu'ils s'en servent de plus en plus [1] face à l'administration fiscale. Mais il s'agit bien souvent de la lutte du pot de terre contre le pot de fer.

Car l'État a de vraies prérogatives en matière fiscale.

---

1. Voir le chapitre 16, « Des flots de contestations ».

Historiquement, il dispose du pouvoir régalien de lever l'impôt et le citoyen a le devoir impérieux de l'acquitter. L'article 13 de la Déclaration des droits de l'homme de 1789 précise que « la contribution nécessaire à la force armée et à la contribution générale doit être répartie également entre tous les citoyens en raison de leurs facultés contributives ». Mais, surtout, le principe déclaratif du système français — c'est à chacun de donner au fisc les éléments permettant de calculer l'impôt qu'il doit — confère à l'administration le droit de vérifier que le citoyen a bien dit la vérité... Jamais le législateur ni le Conseil d'État n'ont songé à remettre en cause cet axiome de base. « Le contrôle fiscal constitue la contrepartie du système déclaratif sur lequel repose la fiscalité française. Il en conditionne la juste application », rappelle la DGI dans son rapport d'activité 1998. Mais, en réalité, cette « contrepartie » est un trompe-l'œil. Car la liberté de déclaration est déjà très encadrée, notamment pour les millions de salariés dont les revenus sont automatiquement portés à la connaissance du fisc par les employeurs. Elle le sera encore davantage d'ici 2001 avec la généralisation des formulaires préimprimés que le fisc enverra aux contribuables pour validation. Et si ce principe déclaratif suffit à justifier les contrôles, pourquoi certains pays qui pratiquent la retenue de l'impôt à la source sont-ils dotés d'équipes d'enquêtes fiscales ? « Quel que soit le système de prélèvements des impôts, il y aura toujours besoin d'une police fiscale », reconnaît un responsable de la DGI. Même sans déclaration, nul n'échapperait aux vérifications...

Les revers de la bonne foi

Dans le jeu du chat et de la souris que se livrent les agents des impôts et les contribuables, Bercy estime pourtant que les petits rongeurs bénéficient d'un avantage de poids : la bonne foi présumée. Cette arme de défense légitime n'est pas très vieille. L'adoption, à l'initiative du ministre des Finances de l'époque Édouard Balladur, de la loi Aicardi en 1987 a permis de l'inscrire dans le marbre. « Sous l'impulsion des électeurs, des juges et des politiques, le balancier a été progressivement rééquilibré en faveur du contribuable », estime un magistrat. Depuis cette date, les textes législatifs et la jurisprudence posent, par principe, que le contribuable dispose d'un préjugé légal favorable. Ses déclarations sont présumées exactes et sincères. C'est théoriquement à l'administration d'apporter la preuve que les éventuels erreurs ou oublis n'ont pas été commis de bonne foi par le contribuable pour pouvoir le redresser. « Nous sommes dans un État de droit. Les garanties du contribuable existent », dit-on à Bercy.

Mais cette charge de la preuve — de bonne intention — se transforme souvent en un véritable enfer inquisitorial de la part de l'État. Le paradoxe peut paraître cruel : pour prouver qu'il a raison, le fisc dispose de tous les moyens de pression. L'établissement de « sa » vérité le conduit à utiliser des pouvoirs d'enquête phénoménaux, qui incluent droits de communication, de visite, de saisie[1]. S'incarnant en détenteur d'une raison supérieure, il prend souvent « sa » version du monde pour « la » vérité. Or sa vision des contribuables, sans être systématiquement fausse, est souvent déformante. « Le fisc a une vision caricaturale de l'économie, explique un ancien agent du fisc devenu conseiller juridique. Certes, tout le monde est tenté de minimiser ses impôts. Mais la plupart des gens restent honnêtes. Or le fisc présume souvent tout contribuable comme un fraudeur patenté. Il met tout en œuvre pour arriver à prouver

1. Voir le chapitre 6, « Une centrale de renseignements ».

cette thèse, dût-il tordre la réalité, chercher désespérément le détail qui trahit la fraude, voire imaginer de sombres manœuvres derrière l'apparence d'une situation sans reproches. » La bonne foi est présumée et la charge de la preuve inversée : bravo. Mais le soupçon est parfois décuplé et le contrôle s'en trouve alourdi d'autant.

La situation s'aggrave si le contribuable manque à ses obligations déclaratives (absence, retards, etc.). L'article 1728 du Code général des impôts autorise l'administration à punir ceux qui éludent ainsi l'impôt : la facture s'alourdit d'abord d'un intérêt de retard de 0,75 % par mois et d'une majoration de 10 %. Mais cette dernière pénalité peut être portée à 40 % si la déclaration n'est toujours pas déposée dans le mois qui suit la réception d'une « mise en demeure » envoyée par l'administration, et même à 80 % en cas d'absence de réaction dans les trente jours après une deuxième mise en demeure. Le fisc est alors autorisé à imposer le contribuable de manière unilatérale.

Le calcul doit, bien sûr, reposer sur une méthode justifiable. Sans quoi, le contribuable pourra la contester devant les tribunaux. Mais la charge de la preuve lui incombe : c'est au contribuable, alors, de prouver que la taxation d'office calculée par le fisc est infondée. Les distraits ou oublieux n'ont qu'à bien se tenir ! Ils sont dès lors dans le collimateur, avec l'obligation de justifier par le menu tous les détails. Le défaut de déclaration est considéré comme une faute plus grave que le fait de tromper le fisc dans sa déclaration. Dans ce dernier cas, même si la mauvaise foi est caractérisée, c'est au fisc de prouver la faute et le contribuable bénéficie toujours des garanties d'un redressement « contradictoire ». Alors qu'un simple défaut déclaratif présume d'une intention frauduleuse et inverse la charge de la preuve. Avec toutes les incertitudes qui en découlent.

Ainsi, M. I., gérant d'une petite société parisienne, avait omis de déposer dans les temps ses déclarations de chiffre d'affaires et de résultats, en vue de l'imposition de ses bénéfices. L'entreprise a donc été taxée d'office. Le PDG a contesté les bases, qu'il jugeait excessives, de ces impôts. Mais il devait prouver que l'administration avait chargé la barque pour obtenir réparation. Les documents qu'il a fournis n'ont visiblement pas suffi à inverser la position du fisc : les bases de son imposition ont été maintenues.

Ce cas peut sembler normal. Après tout, quiconque veut obtenir raison doit prouver sa thèse. Les documents correspondant au chiffre d'affaires d'une entreprise peuvent être fournis pour corriger une base abusive. Mais, dans bien d'autres cas, l'évaluation excessive d'un revenu ou d'un bien n'est pas forcément commode à déterminer. Comment, par exemple, prouver que l'on n'a pas reçu une somme en liquide que le fisc suspecte dans votre train de vie ? Comment expliquer que la perte subie sur un bien immobilier décoté par le marché ne cache pas une transaction souterraine ?

Ces dilemmes sont plus courants qu'on ne le pense, dès que l'on se plonge dans les conflits entre un fisc arcbouté sur ses principes et des contribuables qui ont omis un chiffre, oublié une virgule, changé d'adresse, laissé naïvement passer un délai. C'est à eux de se débattre avec les imprimés, de retrouver trace de tous les documents ou tous les témoins pouvant justifier de leur bonne foi. Malheur à eux s'ils sont, en plus, désordonnés !

Un balancier déséquilibré

Exagération ? Pas sûr. Un haut magistrat résume la situation : « Si l'on remplit ses obligations déclaratives, que l'on n'a commis que des erreurs de bonne foi, que l'on est bien conseillé et que l'on a le temps, alors, on peut être sauvé. Dans les autres cas, c'est moins évident. » La complexité des textes, leur extrême foisonnement, l'épaisseur des dossiers à constituer, la lourdeur bureaucratique des contrôles, la lenteur des recours font de ces combats une partie souvent inégale. Le contribuable a sa bonne tête, quelques droits et sa seule volonté de résister comme moyens de défense. L'État a le temps, d'épaisses strates de textes et des dizaines de milliers d'agents pour servir sa volonté. David contre Goliath.

Le médiateur reconnaît que ce rapport de force est déséquilibré : « Ces affaires de contrôle fiscal révèlent parfois une position administrative fondée sur la seule application de la lettre de la loi ou sur l'interprétation trop extensive ou trop restrictive d'un texte, alors que le contribuable avait réellement entendu se conformer à ses obligations dans le cadre du régime fiscal sollicité. Une telle situation peut découler, par exemple, de l'imprécision d'un texte, d'une information insuffisante, voire du comportement indélicat d'un tiers. Dans ces cas-là, les garanties prévues en matière de contrôle fiscal ne permettent pas de rétablir la situation du contribuable. »

C'est ainsi que le fisc est impitoyable avec les prête-noms, qui sont les responsables souvent inconscients de mouvements financiers qui les dépassent. La plupart font généralement confiance à des membres de leur famille qui leur ont demandé « un petit service ». Ils acceptent aveuglément d'être le gérant d'une société. L'oncle ou le cousin bien intentionné jure au prête-nom que cette responsabilité est très limitée, qu'il s'agit seulement de signer quelques documents sans s'occuper de rien d'autre. Pieux mensonge et piège fatal : la gérance d'une société implique une responsabilité totale sur les dettes... Si les impôts ne sont pas réglés, si les documents administratifs ne sont pas remplis à temps, le fisc se retourne contre le prête-nom. Qui tombe souvent de haut.

M. P., habitant en Gironde, a, par exemple, accepté d'être le gérant d'une société M. pour le compte d'un ami. Ce dernier n'a pas payé la TVA due par cette société. Le fisc a donc engagé une procédure judiciaire contre le gérant fictif. Le tribunal de grande instance l'a alors condamné à régler solidairement les 1,35 million de francs dus. De quoi s'étrangler, d'autant que le livre des procédures fiscales interdit à toute autorité publique une remise d'une dette de TVA. « Seule la situation personnelle de M. P. a pu être invoquée pour demander que la procédure de vente de sa maison par le receveur des impôts soit suspendue », explique le médiateur. De quoi ruminer longtemps sur le « petit service » rendu à un « ami ».

De la même façon, le fisc est très rétif à tout compromis dans le cas où le contribuable a été mal conseillé ou lorsqu'il a confié à un tiers le soin d'effectuer des formalités à sa place. Même s'il apporte la preuve de son absence de responsabilité, le fisc le considère comme le « redevable légal ». Le médiateur cite, par exemple, le cas de nombreux consommateurs qui avaient confié à des mandataires la mission d'acheter des automobiles dans un pays de l'Union européenne et de payer la TVA au Trésor public. Quelques intermédiaires indélicats ont « oublié » de régler cette taxe, tout en la facturant au client et en leur fournissant une fausse attestation de règlement à l'administration. La plupart des victimes de ces escroqueries ont été obligées de verser une deuxième fois la TVA. Ils ne pouvaient échapper à leur responsabilité de « redevables légaux ».

Mieux encore : certains contribuables découvrent tardivement que les impôts qu'ils ont payés n'étaient pas dus. L'erreur peut être commise de bonne foi par eux-mêmes ou, de temps à autre, par l'administration. Si personne ne réagit dans les délais légaux, le contribuable n'a plus que ses yeux pour pleurer. « Le service des Impôts peut refuser, même lorsque l'erreur lui est imputable, de reconsidérer la situation fiscale du demandeur, au motif que la réclamation n'a pas été présentée dans le délai de recours prévu par la loi », écrit Bernard Stasi.

Détail symbolique : les renseignements fournis oralement par le fisc pour aider le contribuable à remplir ses déclarations « ne peuvent être regardés comme engageant l'administration ». Seuls des écrits, signés par un fonctionnaire qualifié et notifiés formellement au contribuable, ont une valeur. Autrement dit : si, en toute bonne foi, vous appelez votre centre des Impôts pour obtenir une précision sur vos obligations fiscales, rien de ce qui vous sera répondu n'engage l'administration. Jamais vous ne pourrez vous abriter derrière un « renseignement verbal » pour vous protéger d'un redressement ultérieur.

Faut-il préciser enfin que, jusqu'à présent, les erreurs commises par l'administration fiscale dans le cadre de ses missions d'établissement et de recouvrement de l'impôt n'engagent que de manière rarissime la responsabilité de l'État devant les tribunaux ? Ses prérogatives sont bien « exorbitantes ». Et la machine, lorsqu'elle s'emballe, devient infernale.

5.

Un Big Brother informatique

Le fisc est une gigantesque usine à gaz. Elle brasse, traite, trie, recoupe, vérifie, croise, analyse, mouline chaque année des millions d'informations sur tous les contribuables, particuliers et entreprises. Le but : établir l'impôt et le faire rentrer dans les caisses de l'État. Mais l'essentiel des tâches que des dizaines de milliers de ronds-de-cuir accomplissaient naguère armés de pointes Bic et de papier-carbone est aujourd'hui effectué par de puissants ordinateurs. Le guichet du centre des Impôts voisin, l'imprimé annuel de déclaration de revenus — aux couleurs pastel censées adoucir la facture — masquent la face cachée d'une administration que de lourds investissements ont permis d'informatiser progressivement. Le retard des années 1980 — la DGI ne comptait qu'un écran pour dix agents en 1989 et ne possédait que 560 micro-ordinateurs — a été partiellement comblé dans les années 1990.

Aujourd'hui, même si certains services ressemblent encore à des parcs jurassiques, même si les dépenses sont encore inférieures à celles des pays voisins, l'informatique de la DGI n'a cessé de se renforcer. Dans son dernier rapport annuel d'activité, elle revendique fièrement ses 22 unités centrales, 127 applications, 3 452 agents de bureaux d'études et centres informatiques, 31 672 programmes. Et ses services territoriaux sont équipés de 1 268 serveurs, 11 384 terminaux passifs et 55 850 micro-ordinateurs, soit presque un écran par agent...

Bunkers informatiques, logiciels surpuissants, mémoires colossales : cet arsenal, imparfait et coûteux, permet, bien sûr, de calculer l'impôt. Mais il donne surtout à l'administration les moyens de cibler ces contrôles, de repérer les malins, de traquer fraudeurs ou malheureux quidams. Avec une arme de défense imparable : le secret. Contrairement à la plupart des autres administrations (à l'exception de la police pour certaines données) dont la plupart des fichiers sont légalement accessibles au citoyen qui peut prendre connaissance des données le concernant, le fisc reste généralement fermé à ce droit légitime de consultation et de rectification. Aucun texte ne l'autorise à pareil blocage. Mais Bercy refuse d'ouvrir grand cette brèche, jugée dangereuse. « On ne va pas livrer aux fraudeurs ce qu'on sait sur eux », explique-t-on à la DGI. Ce principe guerrier, défendu au nom de l'efficacité fiscale, peut recouvrir toutes les erreurs possibles, toutes les dérives de contrôle et de manipulations. L'administration n'en a cure. Le droit d'accès et d'information du contribuable s'arrête aux portes du coffre-fort de l'État. Devant les secrets informatiques de son administration.

Un gigantesque système de recoupement

La base de ce « Big Brother » est constituée des quelque 31 millions de déclarations de revenus envoyées par les ménages courant mars de chaque année. Le fisc reçoit parallèlement les imprimés en provenance des employeurs, des banques, des assureurs, des caisses de Sécu, de chômage ou de retraite. Tous les revenus versés

— salaires, avantages en nature, intérêts, coupons, dividendes, indemnités, rentes, pensions — sont ainsi enregistrés informatiquement par l'administration. Après quelques semaines de saisie, les ordinateurs peuvent se mettre en marche pour calculer les impôts des 15 millions de foyers imposables, tout en croisant l'ensemble des données. Le fichier de recoupement des revenus déclarés par ceux qui les versent et par ceux qui les reçoivent — baptisé SIR, Système de gestion des informations de recoupement — est l'outil le plus impressionnant de la direction générale des Impôts. Tout écart anormal de quelques milliers de francs y est systématiquement détecté. « Le fisc vérifie la cohérence des déclarations, c'est tout à fait normal », explique un responsable de la DGI. L'identification de chaque contribuable est assurée par son numéro dans le SPI (Simplification des procédures d'imposition), le fichier des personnes physiques de la DGI, avec son nom, son adresse et les impôts qu'il acquitte — impôts sur le revenu, taxe d'habitation, taxe foncière, etc.

De plus, le système Iliad (Informatisation de l'inspection d'assiette et de documentation) rassemble les contenus des déclarations de revenus sur les trois dernières années. Cette mémoire vivante constitue la base de toutes les recherches.

Les entreprises ou personnes physiques redevables des impôts sur les sociétés, TVA, taxe sur les bénéfices non commerciaux, sont, quant à elles, rassemblées dans le fichier FRP (Fichier des redevables professionnels). Elles peuvent transmettre leurs déclarations au fisc par l'intermédiaire du TDFC (Transfert de données fiscales et comptables). Et les contribuables soumis à la taxe professionnelle sont enregistrés par le système Gerep (Gestion des redevables de la fiscalité professionnelle). « Tous ces fichiers d'entreprises seront bientôt unifiés », précise un cadre de la DGI.

L'ensemble de ce dispositif sert en aval à encaisser les impôts, dont le recouvrement et la comptabilité est assurée avec l'aide de l'application Medoc (Mécanisation des opérations comptables). Mais il permet aussi aux informaticiens de mâcher le travail en ciblant les contrôles. Le FLR (Fichier local de recoupement) extrait tous ces dossiers « avec un problème de cohérence ». Il n'y a plus guère d'échappatoire.

Des logiciels experts en détection de fraude

Pour tenter d'identifier le maximum de fraudeurs, le fisc dispose d'autres outils. Il a conçu des logiciels sophistiqués de prérepérage des « dérives ». Selon les régions, selon les habitudes des professions et les us comptables de certains métiers, les profils types des fraudeurs patentés ou de fraudes fréquentes sont mémorisés. Il suffit alors de cumuler quelques critères discriminants dans sa déclaration pour attirer l'attention des inspecteurs et susciter un examen du dossier. Ces fichiers ont des noms barbares :

— Discordances détecte les incohérences flagrantes, comme des contribuables qui déclareraient des frais de garde sans avoir d'enfant ;

— Proselec (procédé de sélection) trie automatiquement les déclarations où certaines cases, qui posent souvent des problèmes (comme celles concernant les frais professionnels ou les déductions), ont été cochées. À partir de l'analyse des redressements effectués par secteur, ou la reconstitution de chiffres d'affaires ou de ratios financiers standards par profession, Proselec établit des profils types de déclaration avec des probabilités fortes de fraudes ;

— Un autre fichier secret recense le nom de tous les fraudeurs que le fisc a déjà épinglés ;

— Osiris contribue à analyser les données fournies par les grandes entreprises — liasse fiscale pour l'impôt sur les sociétés ou sur le bénéfice industriel et commercial, déclarations périodiques pour la TVA, déclarations de taxe professionnelle — afin de repérer les écarts suspects, qui permettent de cibler ensuite des contrôles sur pièces et sur place ;

— Le logiciel Amis Bourgogne repère des anomalies de gestion à partir de moyennes sectorielles ;

— Quant au mystérieux FI3S, il s'agit d'un logiciel qui mouline les informations figurant sur les actes de décès transmis par les mairies afin de les confronter aux déclarations de succession...

Un accès direct à d'autres fichiers

Ce n'est pas tout. Car l'administration a accès à de nombreux autres fichiers, qui lui permettent d'enrichir sa connaissance intime de nos existences. Tout d'abord, elle peut interroger à loisir le Ficoba, le fichier national des numéros des comptes bancaires. Géré par la Banque de France, celui-ci recense les numéros et les titulaires des comptes bancaires français, enregistre les ouvertures ou les fermetures de comptes. Les banques sont tenues de les communiquer au Ficoba.

Autrement dit, le fisc connaît automatiquement tous les numéros des comptes dont chacun est titulaire en France. La loi oblige même à déclarer ceux ouverts à l'étranger. Peu de gens y songent, surtout lors d'expatriations temporaires. Mais l'administration a des attachés fiscaux en poste dans plusieurs pays européens, qui peuvent transmettre ce type d'informations recueillies auprès des administrations sœurs. « Cela ne fonctionne pas trop mal pour les déclarations d'ouvertures de comptes, notamment avec la Grande-Bretagne et la

Belgique, commente l'un de ses attachés. Mais au Luxembourg, les banques, y compris les filiales d'établissements français honorables, demeurent discrètes sur les ressortissants français qui viennent planquer leurs économies dans leurs coffres. »

Malgré ces faiblesses structurelles, le Ficoba est très précieux. Il permet au fisc de repérer, par exemple, des contribuables officiellement peu argentés qui possèdent de nombreux comptes. Un commerçant apparemment endetté qui multiplie les ouvertures sera automatiquement suspecté de masquer des revenus. Des clôtures peuvent préluder à un changement important de situation sociale ou professionnelle, ou préparer un départ à l'étranger. Autant de choses que le fisc guette avec anxiété. Le Ficoba, bien sûr, ne livre pas le contenu des comptes bancaires : les mouvements financiers n'y sont pas répertoriés. Mais nous verrons plus loin [1] que, dans le cadre d'un contrôle, le fisc peut avoir accès sans problèmes au détail des opérations de n'importe quel compte. Il lui suffit de le demander à la banque !

D'autres sources trahissent, sans qu'on le sache, des dépenses importantes, le train de vie, et donc des revenus éventuellement cachés. Le fisc a, par exemple, un accès direct au fichier des cartes grises ou à celui des bateaux de plaisance. Et il est surtout branché sur le marché immobilier. L'inspecteur des Finances Daniel Lallier estimait, dans un rapport présenté devant les cadres de la DGI en septembre 1998, que « la gestion de la fiscalité immobilière présente de multiples dysfonctionnements, notamment en ce qui concerne l'exploitation des fiches de décès et la surveillance du dépôt des déclarations d'impôt de solidarité sur la fortune. Ce

1. Voir chapitre 7, « Comment se déroulent les contrôles fiscaux ».

dernier constat est particulièrement révélateur du cloisonnement excessif des services ».

Mais le fisc dispose tout de même de quelques moyens d'information. Il peut à tout moment consulter le fichier du cadastre (l'état-civil de la propriété) grâce à Majic, les données des hypothèques avec Madere, les permis de construire avec le fichier Lore. Enfin l'administration a mis au point un Œil (Observatoire économique de l'immobilier local) qui ausculte les prix de toutes les transactions immobilières d'une région pour détecter les anomalies[1].

Comment Bercy a gagné la bataille du numéro de Sécu

Les moyens informatiques dont dispose l'administration fiscale sont, on le voit, colossaux. Même si tous les croisements ne sont pas effectués, même si la machinerie a bien des défauts, elle n'en est pas moins hyperpuissante. Et cela ne lui suffit toujours pas. Le fisc avait besoin d'une arme suprême. Il l'a obtenue. En décembre 1998, l'Assemblée nationale a en effet adopté une proposition de loi autorisant le fisc à se servir du numéro de Sécurité sociale pour identifier chaque contribuable. Malgré les protestations de quelques associations de défense des libertés publiques et des syndicats des impôts, un tabou est tombé. « Big Brother » a complété son dispositif avec un « mouchard » quasi infaillible.

Le numéro de Sécurité sociale est l'identifiant unique des personnes physiques. Dénommé techniquement NIR (Numéro d'identification du répertoire) et élaboré par l'INSEE (l'Institut national de la statistique et des

1. Pour plus de détails sur ces aspects immobiliers, voir le chapitre 9, « Des pièges à éviter ».

études économiques), ce numéro individuel est attribué à chaque résident en fonction de sa commune de naissance et de son enregistrement à l'état civil. Jusqu'à présent, seuls les organismes sociaux et médicaux avaient le droit de l'utiliser. Les administrations financières ne pouvaient s'en servir pour recouper leurs informations et organiser leurs fichiers de contribuables. Le risque de surveillance de la population était jugé trop grand par la Commission nationale de l'informatique et des libertés (CNIL), qui a vu le jour en 1978, notamment à cause de l'opposition de l'opinion publique à un projet baptisé « Safari », visant à créer un identifiant unique informatisé pour toutes les administrations.

Freiné dans son élan inquisitorial, le fisc se contentait de son propre système SPI, lequel lui permettait de retrouver un contribuable en fonction des différents impôts payés à plusieurs adresses. Mais le SPI et le système de recoupement SIR n'étaient pas parfaits. La recherche des bénéficiaires de certains revenus apparemment « orphelins » mobilisaient des centaines d'agents, jamais sûrs de ne pas commettre d'erreurs ou de faire chou blanc. Un haut fonctionnaire de la DGI raconte : « En réalité, nous étions obligés d'occulter dans nos fichiers le numéro de Sécu des gens. Il nous était fourni par les organismes sociaux, mais pas par les établissements financiers, et encore moins par les contribuables eux-mêmes. Nous n'avions théoriquement pas le droit de l'utiliser pour valider nos informations croisées sur un contribuable. Donc nous n'étions jamais sûrs des identités et il y avait des erreurs stupides. »

Relayant partiellement les souhaits de la DGI, le prérapport parlementaire du député apparenté PC, Jean-Pierre Brard, sur la fraude et l'évasion fiscales, rendu public en octobre 1998, s'est ému de ces lacunes, en ces termes : « La recherche est actuellement effectuée sur une base nominative, ce qui pose le problème des homonymies, ou sur d'autres données, moins caractéristiques d'une personne, telles que l'adresse et la date de naissance. En outre, l'absence de fiabilité de saisie des informations multiplie souvent les difficultés. Cette situation peut conduire à des méprises importantes de la part de l'administration fiscale et entraîner des actions contre des contribuables à la suite d'erreurs sur la personne. Ce risque interdit de pousser trop avant les investigations et conduit à une situation dans laquelle le nombre de bulletins de recoupement inutilisables est élevé[1]. »

En réalité, un million de « bulletins orphelins » restaient chaque année sur les bras de l'administration. Les petits malins qui déménageaient sans cesse ou ne faisaient jamais de déclarations de revenus échappaient souvent à toute imposition, du fait de ces carences techniques. Dans son rapport de septembre 1998 sur le fonctionnement de la DGI, l'inspecteur des Finances Daniel Lallier expliquait : « Les missions récentes ont mis en évidence l'insuffisante efficacité de l'action des services pour recenser la matière imposable quand le contribuable cherche à se soustraire à l'impôt : la relance des défaillants, qu'elle relève des secteurs d'assiette ou des inspections spécialisées, est à la fois insuffisante en volume et conduite avec des méthodes inadaptées ce qui, dans des tissus fiscaux denses et mouvants, peut conduire à des pertes de ressources significatives. »

Le manque à gagner fiscal se chiffrait en milliards de francs. L'examen des fichiers de redevables professionnels conduisait Daniel Lallier à un autre constat sévère : « Les états de recensement des défaillants comprennent fréquemment plus de contribuables sans activité ou

1. P. 103 du *Rapport d'information* n° 1105, « Fraude et évasion fiscales : une intolérable atteinte à l'impôt-citoyen », par Jean-Pierre Brard, député, Assemblée nationale, 6 octobre 1998.

dont les obligations déclaratives n'avaient pas été correctement intégrées dans le système informatique que de véritables défaillants. »

Depuis plusieurs années, les hauts fonctionnaires de Bercy cherchaient à combler cette faille. Ils réclamaient de pouvoir se servir librement du fameux NIR, outil soi-disant parfait pour retrouver la trace de n'importe qui. Sentant les vents favorables, la DGI est allée jusqu'à communiquer plusieurs cas d'homonymies fâcheuses au député Jean-Pierre Brard pour achever de le convaincre du bien-fondé du NIR, en les présentant de la manière suivante : « — Le receveur principal des Impôts de Vichy-Ouest avait parmi ses reliquataires Michel C., artisan-maçon. À la suite d'un renseignement, qui laissait supposer que le reliquataire était devenu salarié de la société V., le comptable a adressé à la société plusieurs avis à tiers détenteur. L'employeur a déféré [à ces] avis en effectuant 26 versements pour un montant global de 46 298,56 F. Au bout de deux ans, il s'est avéré qu'il y avait eu confusion entre deux personnes portant le même nom et le même prénom, seule l'adresse était différente. Le salarié qui a fait l'objet des prélèvements indus ne s'en est pas aperçu car il était lui-même très endetté et faisait l'objet de poursuites de plusieurs créanciers.

— Une réponse de la sous-direction du Contrôle fiscal, signée du directeur-adjoint Bernard Pays, datée du 4 novembre 1998, à une contribuable qui se plaignait d'avoir eu ses comptes bloqués suite à la communication de ses coordonnées bancaires par le fisc : "Il ressort des pièces en ma possession, écrit le haut fonctionnaire, qu'une référence bancaire vous concernant a bien été délivrée à tort par le service Ficoba à l'Union départementale des allocations familiales de la Gironde dans le cadre d'un jugement de mise sous tutelle relatif à une personne. Or il s'avère que cette personne, placée sous un régime de protection de justice, porte les mêmes nom et prénom que vous, et est également née le 15 décembre 1948. Toutefois ces similitudes n'auraient pas dû conduire le service à fournir à l'UDAF une référence bancaire vous concernant. Dès lors, je ne puis que regretter cette erreur et vous prie de recevoir mes excuses pour les désagréments que vous avez eu à subir." »

En médiatisant ainsi quelques erreurs de son propre système informatique, le fisc a réussi à faire passer le message du « nécessaire » recours au NIR ! Lequel doit, bien sûr, empêcher ces bévues et, surtout, permettre de traquer les contribuables aux abonnés absents. Mais le Syndicat national unifié des Impôts (SNUI), principal syndicat des personnels de la DGI, a rappelé en mars 1999 que la DGI estimait naguère que « l'utilisation du NIR comme identifiant commun entre la DGI et [les] organismes [sociaux] faciliterait les opérations et les fiabiliserait, mais n'est pas strictement nécessaire ». Le syndicat dénonce le « Big Brother » en gestation, estimant que l'accès au NIR « peut être considéré comme l'autorisation d'utiliser un marteau-pilon pour écraser une mouche ».

Naturellement peu enclin à accepter une informatisation qui menace des emplois à la DGI, le SNUI n'est pourtant pas seul à s'inquiéter du NIR. Consulté pour avis par l'auteur de la proposition de loi, le président de la Commission nationale de l'informatique et des libertés, Jacques Fauvet, a exprimé le même type de réserves dans une lettre du 17 novembre 1998 adressée à Jean-Pierre Brard : « Votre proposition conduit la Commission à rappeler qu'elle a toujours recommandé la recherche de solutions alternatives au recours au NIR, qui seraient exemptes de tout risque en termes de libertés publiques [...] la Commission considère que les difficultés rencontrées par l'administration fiscale dans l'exploitation des bulletins de recoupement résultent moins de l'absence du NIR dans ses propres fichiers que des lacunes ou des inexactitudes que peuvent présenter les renseignements transmis par les tiers-déclarants [...] la Commission souhaite enfin, une fois de plus, appeler l'attention sur le risque de diffusion du NIR, par capillarité, d'un organisme à l'autre, si le législateur venait à consacrer, fût-ce implicitement, l'idée que le NIR constitue, à l'heure des nouvelles technologies, le seul moyen efficace de gestion d'un fichier. »

Ces préventions n'ont rien arrêté. La proposition de loi, présentée par Jean-Pierre Brard, avec l'appui explicite de Bercy, a été votée sans difficulté au Parlement fin 1998. Le NIR est entré officiellement à Bercy en 1999. « Toutes les précautions ont été prises, précise le député Jean-Pierre Brard. L'interconnexion des fichiers sociaux et fiscaux est interdite par la loi. Les administrations financières ne peuvent évidemment pas se servir du NIR pour autre chose que l'établissement de l'impôt. »

Selon le ministère des Finances, le texte adopté « ne vise pas à étendre l'utilisation du NIR au sein de la société » et « les différentes applications informatiques auxquelles le NIR sera intégré donneront lieu à la saisine de la CNIL ». Saisi par l'opposition, le Conseil constitutionnel a « pris acte » des « précautions » dont le législateur s'est entouré pour autoriser l'usage fiscal du NIR, en précisant que la portée de cet article de la loi de Finances 1999 devait « être restreinte ». Le Conseil constitutionnel ajoutait : « Le but poursuivi devra se limiter à éviter des erreurs d'identité. »

À nouveau consulté officiellement sur les décrets d'application de l'amendement Brard, la CNIL a réitéré en juin 1999 ses réserves : d'accord pour améliorer le service aux citoyens et limiter les erreurs. Mais le numéro de Sécu ne doit jamais être utilisé sans le nom et le prénom des personnes concernées. Il ne doit servir qu'à l'établissement de la première imposition, à la certification de l'identité du contribuable, au paiement de la taxe d'habitation et de la taxe foncière pour l'année 2000. « L'ensemble des fichiers fiscaux qui utiliseront le NIR directement ou indirectement repasseront devant la CNIL », a précisé un porte-parole de cette instance.

Des risques de dérives sous-estimés

Ces précautions seront-elles suffisantes ? Pas sûr. Car il faut lire l'article L. 152 du Livre des procédures fiscales, pour se rendre compte des menaces que ce nouvel arsenal informatique porte en germe. Cet article précise : « Les agents de l'administration fiscale [qui ont le droit d'utiliser le NIR] peuvent communiquer aux organismes de Sécurité sociale les renseignements nécessaires à l'assiette des cotisations et au calcul des prestations ainsi qu'à l'assiette et au calcul de la contribution sociale généralisée. Ils peuvent également signaler aux directeurs régionaux de la Sécurité sociale, aux directeurs régionaux des affaires sanitaires et sociales et aux directeurs régionaux et chefs des services départementaux du travail et de la protection sociale agricole, les infractions qu'ils constatent en ce qui concerne l'application des lois et règlements relatifs au régime général ou au régime agricole de Sécurité sociale. »

On a bien lu : le fisc est déjà obligé de communiquer aux organismes sociaux toute information sur un contribuable, en vue de vérifier l'état de ces cotisations et l'établissement de ces prestations. Ce n'est pas nouveau. Mais, avec le NIR au bout de chaque chaîne, plus d'erreurs ou d'échappatoires possibles. Contrairement à ce qui a été avancé sur la place publique, l'interconnexion est bien virtuellement possible, chaque administration pouvant communiquer à l'autre des données sensibles...

Le SNUI juge que cette interconnexion va « plus vraisemblablement servir les intérêts des organismes sociaux en facilitant leur accès aux données détenues par l'administration fiscale. La chasse aux faux RMIstes et aux allocataires indélicats va être ouverte avec des armes lourdes ». La CFDT estime pour sa part qu'il existe « un risque de dérive, de bavure un jour ou l'autre si les Finances se mettent à communiquer avec d'autres administrations ». Et de donner quelques exemples : « Si un contribuable grille un feu rouge, cela ne regarde pas les Finances. Lorsqu'un policier délivre une carte d'identité, il n'a pas besoin de savoir combien gagne le demandeur, ni la Caisse d'allocations familiales si l'allocataire a payé des impôts en retard. »

La magie redoutée du NIR ne s'arrête pas là. En avril 1999, le ministère de l'Économie et des finances a annoncé une modernisation de son administration. Le NIR, arme suprême pour identifier chaque contribuable et traquer la moindre évasion, devra aider le fisc, d'ici à 2001, à préétablir sans trop d'erreurs les formulaires de déclarations « express » de revenus de chaque foyer. L'informatique permettra de remplir l'essentiel des cases avec les données transmises par les employeurs, les banques ou les caisses de retraite. Les contribuables devront vérifier que le montant des revenus inscrit sur le formulaire « prérenseigné » est bien celui qu'ils doivent déclarer. Il leur restera à le corriger éventuellement. Et à le signer ! Simple comme bonjour. Le fisc n'aura même plus à recouper quoi que ce soit : c'est le quidam qui validera les données transmises. « Cela va améliorer le contrôle fiscal », a souligné le ministère devant des syndicats des Impôts inquiets des quelque 2 à 3 000 emplois que le NIR et cette « déclaration express » devraient permettre de supprimer dans l'administration. Mais Bercy a également ajouté, en se voulant rassurant : « Il faut faire attention à limiter son utilisation à des fins fiscales, sans sortie au-delà [...] Il n'y aura pas d'atteinte aux libertés publiques si l'administration fiscale fait son travail comme il faut. »

Étonnant aveu. Comme si les dérapages restaient possibles. Comme si les textes eux-mêmes ne corsetaient pas assez strictement l'usage de cet outil. Comme si Bercy pressentait les tentations auxquelles les administrations seront soumises face à un fichier aussi bien renseigné sur les citoyens. La surveillance est le revers de la modernisation. La face cachée d'un pré-imprimé et, peut-être sa raison d'être.

Rêve ou cauchemar ? « Big Brother » est en marche.

6.

Une centrale de renseignements qui sait (presque) tout

Tout le monde a entendu parler des Renseignements généraux, ces policiers chargés d'informer le gouvernement de tout ce qui se trame dans le pays. Les sigles de la direction de la Surveillance du territoire (DST) et de la direction générale de la Sécurité extérieure (DGSE), nos services secrets qui s'occupent de contre-espionnage, sont également bien connus. En revanche, beaucoup de contribuables ignorent qu'en plus de ses outils informatiques, l'administration fiscale dispose de sa propre centrale de renseignements, avec 1 300 agents spécialisés, chargés de trouver de bonnes cibles pour les contrôles fiscaux. Avec leurs méthodes, leurs indics, leurs pouvoirs. La DGI a ainsi des yeux et des oreilles partout.

La face visible de ces agents très spéciaux est un immeuble banal de la banlieue nord de Paris. Ces bureaux anonymes, situés à Pantin, abritent la tête chercheuse, le QG du renseignement de la DGI : la direction nationale des Enquêtes fiscales (DNEF). Avec un peu plus de 400 agents, elle a officiellement pour mission « la collecte et la centralisation du renseignement fiscal », le « traitement de ce renseignement » et « la transmission d'éléments aux services de vérification, soit sous forme documentaire et d'aide méthodologique, soit sous forme de propositions de contrôle ». Elle est aussi chargée de « l'anticipation des nouveaux détournements frauduleux de la loi fiscale [1] ».

Pour atteindre ces objectifs très clairs, la DNEF est organisée en une myriade de brigades : tout d'abord huit sections de documentation et de recherches (SDR), qui élaborent des dossiers par secteurs et rassemblent des renseignements sur certains thèmes. Puis viennent les onze brigades d'interventions interrégionales (BII), composées d'un chef, de cinq inspecteurs et de cinq contrôleurs, qui se concentrent sur la lutte contre les activités clandestines, les contrôles inopinés de facturation et les visites domiciliaires. On y trouve également une grande brigade de recherches systématiques, centrée sur les établissements financiers et le tribunal de commerce de Paris ; une brigade d'enquêtes et de recoupements, spécialisée sur des enquêtes thématiques en Île-de-France ; des brigades d'intervention rapide, expertes sur certains secteurs sensibles comme les produits électroniques ; ou encore une brigade de vérifications générales, capable de mener des contrôles tous azimuts.

Cette armada de la DNEF est complétée, au niveau régional, par des brigades d'études et de programmation. Et dans chaque département, des brigades de contrôle et de recherche (BCR) sont chargées de glaner des renseignements. Tous ces commandos — aux noms très militaires et au fonctionnement très hiérarchisé — sont formés à l'établissement de « fiches d'exploitation fiscales » (FEF) ou de « bulletins d'exploitation-recherche » qui alimentent la « programmation » du contrôle fiscal à travers des « fiches 3909 ». Pour se faire bien

1. Voir p. 44 du prérapport parlementaire n° 1105, « Fraude et évasion fiscales : une intolérable atteinte à l'impôt citoyen », par Jean-Pierre Brard, Assemblée nationale, 6 octobre 1998.

voir, les membres de la DNEF ou des BCR doivent « sortir » le maximum de « fiches 3909 ».

Ce qui intéresse ces agents très curieux ? Tout. Une cellule spéciale est, par exemple, chargée de dépouiller toute la presse « people » ou les magazines spécialisés sur l'architecture ou la décoration pour repérer les gros bijoux, voitures de luxe, villas à Saint-Tropez, demeures de charme, tableaux accrochés aux murs, ou détecter toute autre mention de revenus et de patrimoine que des contribuables célèbres auraient omis de signaler au fisc... Les articles vont ensuite nourrir les dossiers de chacun d'eux. Mais la plupart des agents de la DNEF ne passent pas leur temps à feuilleter les journaux illustrés ! L'un d'eux, la quarantaine, au profil totalement passe-muraille, explique : « On lit très attentivement la presse économique pour compléter nos informations sur telle entreprise ou tel secteur en plein boom, comme l'Internet ou le téléphone portable, afin de savoir à qui cela profite. On rassemble de la documentation sur les entreprises et les dirigeants à partir des bases de données Minitel. On se promène incognito dans les rues pour repérer des changements fréquents de boutiques ou les boîtes aux lettres avec 200 sociétés enregistrées à la même adresse. »

Les agents participent aussi à de nombreuses réunions de travail sur des thèmes internationaux, comme la fraude à la TVA[1], le blanchiment, les circuits opaques de placements, les paradis fiscaux. Et, surtout, ils ont pour mission de multiplier les contacts dans tous les milieux. Des arts comme de la banque, de la police comme des médias, de la justice comme des entreprises. À eux de ramasser et de croiser le plus d'informations sur d'éventuelles fraudes non prescrites. Et ils y par-

1. Voir plus loin le chapitre 13, « Fraude à la TVA : un gouffre insondable ».

viennent souvent : « Avec nos sources, c'est un petit jeu de poker menteur, raconte l'un d'eux. Il faut en dire un minimum et en apprendre un maximum. Le secret fiscal est sacré. Mais parfois, on doit lâcher une information annexe pour obtenir un bon tuyau, dont on fera une fiche. Il m'est arrivé de donner deux ou trois conseils pratiques informels à des entrepreneurs en échange de renseignements sur les principaux acteurs d'un marché. » La collecte peut même puiser dans des eaux troubles : celles de la délation.

Au pays des corbeaux

L'état-major de la DGI déteste en parler. Pour les stricts inspecteurs des Finances qui peuplent les bureaux de verre du ministère de l'Économie, l'usage des lettres anonymes et des indics fait partie de ces sujets tabous — peu « corrects » — qu'il est de bon ton d'écarter poliment. Interrogé à ce sujet, fin 1998, par une docte assemblée d'experts-comptables, le sous-directeur chargé du Contrôle fiscal, Bernard Pays, avait par exemple minimisé le phénomène : « Cela existe, mais c'est peu fréquent. Nous ne décidons jamais de programmer un contrôle fiscal sur la seule foi d'une dénonciation anonyme[1]. Soyons rassurés : l'administration affirme qu'elle ne se laisse pas manipuler par les « corbeaux ». Elle ne déclenche rien sans avoir croisé les « tuyaux » qu'elle reçoit. Mais elle ne peut nier qu'elle en reçoit. Beaucoup. Un ancien ministre du Budget avoue qu'il a été surpris, en prenant ses fonctions, par le volume de dénonciations envoyées au fisc : « Je ne pensais pas que la France était restée, à ce point, un pays de délation. »

1. Propos tenus devant le Club fiscal des experts-comptables, Paris, le 10 décembre 1998.

Conjoints divorcés, amants délaissés, cousins fâchés, voisins jaloux, comptables écartés, cadres licenciés, associés évincés, concurrents piétinés : la variété des « balances » est immense, tant les raisons qui les poussent à vouloir se venger d'un proche ou d'un ennemi dont ils connaissent le train de vie, les revenus occultes, la double comptabilité ou les fausses factures sont infinies. Le résultat est là : le fisc reçoit des milliers de lettres, des monceaux de renseignements, plus ou moins précis, plus ou moins bidons, plus ou moins malveillants.

Un agent de la DNEF, qui en épluche des dizaines, témoigne : « Les trois quarts de ce que l'on reçoit sont inexploitables, parce qu'il s'agit soit de mensonges grossiers, soit de renseignements inutilisables. Quand on nous raconte des vieilles histoires remontant à des années, c'est très souvent prescrit fiscalement. Quand on nous donne le nom et l'adresse d'une maîtresse, avec les heures de rendez-vous, que voulez-vous qu'on en fasse ? »

En revanche, les agents sont beaucoup plus friands de tuyaux sur des comptabilités truquées, des filières d'évasion fiscale *offshore* ou des réseaux de fausses factures. « Ces informations-là sont beaucoup plus rares parce qu'elles sont réservées à des cadres bien placés dans les entreprises ou à des professionnels traditionnellement peu bavards. Quand ils se décident à parler, on fait une vraie enquête car nous ne pouvons pas utiliser directement ce qu'ils nous apportent, par exemple des documents, sans quoi nous risquerions de frapper de nullité les vérifications fiscales à venir. Il nous faut donc obtenir les indications précises pour savoir où aller chercher ces preuves de fraude, lors des saisies ou des contrôles. »

Les services rendus par une minorité d'indicateurs, baptisés pudiquement « aviseurs » à Bercy, se mesurent en termes de redressements réussis, principalement sur les grandes entreprises. Ces précieux apporteurs d'affaires sont donc remerciés en monnaie sonnante et trébuchante. Selon un mode de calcul très précis, fixé de manière ultra-confidentielle par une note du 8 mai 1973, signée du directeur général des Impôts de l'époque. Dominique de La Martinière, et complétée en décembre 1986. Elle détaille plusieurs cas possibles : « La part à attribuer à l'indicateur est au plus égale au tiers des amendes ou pénalités susceptibles d'être infligées lorsque les renseignements donnés ont amené directement, sans hésitations ni recherches, à la découverte de la fraude signalée. Cette part maximale est réduite du tiers au sixième si les indications fournies, bien qu'exactes, ne sont pas assez précises pour rendre certaine la découverte de la fraude ou ont simplement pour effet d'appeler l'attention sur les agissements d'un fraudeur[1]. » Ces primes doivent être versées discrètement, via un chèque ou un virement au nom du directeur des services fiscaux concernés, qui transmet l'argent à l'aviseur « par l'intermédiaire de l'agent qui lui paraît le mieux désigné à cet effet ».

Petite précision utile : ces sommes ainsi gagnées sur les fraudes signalées ne sont pas imposables... De quoi théoriquement susciter des vocations ! Mais un vérificateur prévient : « Ne vous leurrez pas. Tout est étudié à la loupe. Les primes accordées ne font pas des fortunes. Et on paie de moins en moins d'aviseurs, contrairement aux douanes. Parce qu'on trouve cela malsain... »

Des perquisitions très strictes

Ne parlez pas à Allain Guilloux des dénonciations anonymes. Utilisées par le fisc pour justifier une perqui-

1. Note détaillée par Olivier Milot, dans le dossier de *Challenges*, « Fisc, la machine de guerre », octobre 1998.

sition chez lui, il a attaqué la DGI à ce sujet. Avocat fiscaliste en vue, il est toujours prêt à en découdre avec une administration dont il fit naguère partie et dont il ne cesse de dénoncer aujourd'hui les abus. Ses bureaux, installés sur une élégante avenue du XVIe arrondissement parisien, sont cossus. L'homme, au crâne dégarni, à la voix amusée et au sourire mordant, est un as de la procédure et un bretteur coriace. Aussi n'a-t-il pas été surpris, un jour de 1996, d'être pris pour cible par les agents du fisc. Soupçonnant des honoraires illicites et des montages frauduleux, ils ont frappé à sa porte. « Comme je les bats souvent devant les tribunaux, je les énerve. J'ai eu droit à la totale. Ils sont arrivés tôt le matin à quinze à mon bureau. Accompagnés d'un juge et d'un policier, les agents des Impôts ont tout fouillé. Ils savaient visiblement ce qu'ils cherchaient puisqu'ils se sont directement précipités sur certains dossiers qu'ils ont mis de côté. J'avais l'impression qu'on leur avait fourni le plan détaillé de mes bureaux. J'ai ensuite eu la confirmation qu'ils s'étaient servis d'une déclaration anonyme et de relevés bancaires. Ils se sont également rendus dans ma résidence secondaire, chez ma mère, ainsi que dans un hôtel dont je détenais quelques parts. Je n'étais pas là. J'ai trouvé cela choquant pour mes collaborateurs, humiliant pour ma mère, démesuré et absurde. D'autant qu'ils n'ont finalement rien trouvé. Et après m'avoir notifié des redressements de plusieurs millions de francs, ils ont progressivement lâché prise, en admettant qu'ils m'avaient réimposé à tort. Il ne reste que des broutilles. »

Allain Guilloux n'a pas digéré d'être traité de la sorte. Car les perquisitions fiscales sont aujourd'hui à la fois exceptionnelles et très encadrées. Naguère, le fisc s'appuyait sur l'ordonnance n° 45-1484 du 30 juin 1945 : tout soupçon de délit économique — sur les prix, ou les impôts indirects — permettait aux agents des administrations douanière, fiscale ou de la concurrence de débarquer de bon matin chez les contribuables ou dans les entreprises pour procéder à des saisies de documents. L'opération conduisait parfois... à ne rien constater de répréhensible en matière fiscale. Les juges ont finalement frappé de nullité ces perquisitions aux buts imprécis. Ceux qui tentent encore aujourd'hui de ruser avec les lois risquent les foudres des tribunaux administratifs, comme le rapporte un magistrat : « Le fisc essaie parfois de contourner les textes en utilisant des pouvoirs de police économique afin de tenter de mettre la main sur une comptabilité occulte d'un commerçant. J'ai vu une situation ahurissante où l'administration avait provoqué une perquisition douanière pour saisir des documents et les utiliser dans une procédure de contrôle. Le but fiscal de cette action douanière était clairement établi. Le tribunal a sanctionné ce détournement de procédure. »

Au fil des ans, les gouvernements et les juges ont progressivement corrigé le tir pour mieux réglementer le droit de visite et de saisie. Non sans mal : dans un premier temps, le gouvernement de Pierre Mauroy, sans doute soucieux de traquer les « riches », avait tenté, fin 1983, d'étendre simplement l'usage du droit de visite aux impôts sur le revenu et aux taxes sur le chiffre d'affaires. L'administration aurait, dès lors, bénéficié d'un véritable boulevard pour se faire ouvrir toutes les portes, sans garde-fou judiciaire. Saisi de cet article 89 de la loi de Finances pour 1984, le Conseil constitutionnel l'a récusé, considérant qu'il risquait de remettre en cause la « sauvegarde de la liberté individuelle sous tous ses aspects et notamment celui de l'inviolabilité du domicile [1] ».

Du coup, le législateur a revu sa copie. Et la nouvelle

1. Conseil constitutionnel, n° 83-164 DC du 29 décembre 1983.

rédaction, jugée constitutionnelle, a été votée dans le cadre de loi de Finances pour 1985. Elle est désormais codifiée sous l'article L. 16 B du Livre des procédures fiscales. L'administration des impôts est donc autorisée, de 6 heures du matin à 21 heures le soir, à « effectuer des visites en tous lieux, même privés, et à procéder à des saisies lorsque existent des présomptions qu'un contribuable se soustrait aux impôts directs ou aux taxes sur le chiffre d'affaires en se livrant à des manœuvres [1] ». L'ensemble de l'opération est placé sous le contrôle de l'autorité judiciaire. Seul le président d'un tribunal de grande instance, ou un juge qu'il délègue, peut délivrer une ordonnance, autorisant la visite des lieux. Il doit motiver son ordonnance sur la base d'éléments de soupçons de fraude fournis par le fisc dont il doit théoriquement vérifier le bien-fondé. « On réserve les visites pour des cas où les présomptions de fraude sont réellement étayées et les risques de disparition des pièces comptables importants », explique un responsable de la DGI.

Pratiquement, les juges n'ont pas forcément le temps, ni les moyens, ni la compétence pour évaluer le caractère probant des informations fournies par les agents de l'administration. Bien sûr, si le soupçon est trop vague, si le dossier est bâclé, si le but à peine voilé de la perquisition est de trouver des indices de fraude fiscale qui font justement défaut dans l'argumentaire initial, si le ciblage du contribuable visé ne repose que sur des dénonciations anonymes, le président du tribunal pourra refuser une pareille démarche. Mais la réalité est souvent moins nette. « La plupart du temps, le fisc

1. *Contrôle fiscal, droit et pratique*, par Thierry Lambert, PUF, 1998, p. 57-64. Sur tous les détails de la procédure de visite et de saisie, voir également l'ouvrage *Contrôle fiscal, droits, garanties et procédures*, par Jean-Pierre Casimir, Groupe Revue fiduciaire, 6e édition, 1998, p. 63-69.

apporte un dossier très épais, que le magistrat est bien en peine de lire et, *a fortiori*, de vérifier », commente un avocat. Le juge doit également contrôler le bon déroulement des opérations en désignant un officier de police judiciaire, obligatoirement présent aux côtés des agents du fisc durant la perquisition, voire en se rendant lui-même éventuellement sur les lieux. Il peut alors interrompre une visite s'il le souhaite. Aucune audition ne peut être menée pendant la procédure. Les éléments saisis, dont une liste détaillée est établie dans le procès-verbal, seront copiés, puis rendus à leurs propriétaires. Avant l'envoi d'un avis de vérification...

La visite domiciliaire et la saisie sont donc très contraintes juridiquement. Le moindre dérapage peut conduire les juges à prononcer la nullité de l'opération, et celle du contrôle fiscal qui en découle mécaniquement. Après bien des tâtonnements et des jugements, l'administration a appris à user de cet outil avec parcimonie. La DNEF, qui en est chargée, ne déclenche qu'une centaine de visites domiciliaires chaque année (120 en 1997). Ses agents préfèrent, à n'en pas douter, suivre à la trace les perquisitions menées par les policiers dans le cadre d'enquêtes judiciaires. « Comme les flics et les juges ont l'obligation de nous transmettre toute découverte de fraude fiscale, il nous suffit de récupérer les procès-verbaux de leurs saisies, raconte un enquêteur de la DNEF. Cela ne nous donne pas forcément accès à tous les documents qui nous intéressent. Mais c'est autrement plus rapide et plus efficace que nos lourdes procédures de visites, que l'on met souvent six mois à organiser. » C'est ainsi que, dans la foulée des perquisitions policières de septembre 1997 et mars 1998, dans l'affaire des fausses factures du Sentier, le fisc a déclenché près de 700 contrôles fiscaux...

Le sésame du « droit de communication »

Les agents du fisc peuvent ainsi se réfugier derrière bien des pièces ramassées par d'autres enquêtes. Ils en ont le droit. C'est leur clé secrète, leur meilleur outil de renseignements avant — et pendant — un contrôle. On appelle cela « le droit de communication ». Régi par les articles L. 81 et suivants du Livre des procédures fiscales, cette disposition légale permet d'ouvrir presque toutes les portes, afin de glaner les informations nécessaires à l'établissement de l'impôt et l'éventuel repérage d'une fraude. « C'est notre sésame », admet un agent de la DNEF. Cette arme est d'autant plus précieuse que le fisc n'est pas tenu de prévenir le contribuable qu'il va user de ce droit de communication vis-à-vis de tiers. Seul un avis de passage doit être envoyé à l'organisme visité, avant que l'agent des impôts ne vienne consulter et faire copie sur place des documents qui l'intéressent.

Le secret professionnel ne peut être invoqué pour lui refuser l'accès aux pièces, parce qu'il est lui-même soumis au secret fiscal. Autrement dit, les vérificateurs peuvent tout savoir puisqu'ils sont censés ne rien répéter... On le verra, médecins et avocats bénéficient de quelques protections. Mais la seule exception stricte à cette levée du secret professionnel concerne les enquêtes menées par l'INSEE ! Pourtant, la liste des organismes obligés de se soumettre au droit de communication, c'est-à-dire contraints de transmettre les renseignements exigés par le fisc sur n'importe quel contribuable, est limitative[1]. Mais elle est longue ! Et son examen montre l'étendue impressionnante des réseaux d'information du fisc. Qu'on en juge :

1. Voir *Procédures fiscales*, par Jacques Grosclaude et Philippe Marchessou, Dalloz, 1998, p. 100-107 ; *Contrôle fiscal, droit et pratique*, par Thierry Lambert, *op. cit.*, p. 45-53.

— Le premier — et vaste — vivier de renseignements est bien constitué des enquêtes. Qu'elles soient menées par les services de police judiciaire ou par les douanes, par les inspections générales des Finances ou par la direction générale de la Concurrence et des prix, par la Cour des comptes ou par la Commission des opérations de bourse, toutes ces investigations peuvent être transmises au fisc pour examen. L'article L. 82 C du Livre des procédures fiscales précise que, « dans toutes instances devant les juridictions civiles ou criminelles, le ministère public peut donner communication des dossiers à l'administration fiscale ». À cette transmission facultative, s'ajoutent des obligations, détaillées à l'article L. 101 : « L'autorité judiciaire doit communiquer à l'administration des Finances toute indication qu'elle peut recueillir, de nature à faire présumer une fraude commise en matière fiscale ou une manœuvre quelconque ayant pour objet ou ayant eu pour résultat de frauder ou de compromettre un impôt, qu'il s'agisse d'une information criminelle ou correctionnelle même terminée par un non-lieu. » Autrement dit : quelle que soit l'issue judiciaire d'une instruction, tout juge qui découvre un indice de fraude durant ses investigations doit transmettre ses informations au fisc [1]. Complément naturel de cette curiosité : tous les tribunaux doivent aussi répondre aux demandes des agents des Impôts concernant les jugements rendus. Les instances civiles les instruisent sur les divorces. Les tribunaux de commerce les renseignent sur les faillites, les instances prudhomales sur les licenciements, les tribunaux militaires sur d'éventuelles

1. Petit détail qui a son importance : dans une décision récente, le Conseil d'État a estimé que le contribuable devait être informé de la teneur des renseignements que le fisc a ainsi obtenus de source judiciaire. Le secret de l'instruction, en cette matière, ne peut s'appliquer ! Arrêt n° 162388. Ministre/SARL Le Sansa's, CE, 10 juin 1998, commenté par Jean-Marc Tirard, *BGFE* 4/98 SEDF.

sanctions disciplinaires d'appelés ou d'engagés, les tribunaux de grande instance sur l'ensemble des condamnations pénales.

— Deuxième source, très précieuse, pour les enquêtes : les entreprises, industrielles, commerciales ou agricoles. Les agents des Impôts peuvent ainsi avoir accès aux statuts, à tous les documents officiels de la comptabilité (journal, grand livre, inventaire), aux courriers reçus ou envoyés, aux factures, aux comptes en banque et au livre de paie, aux feuilles de présence aux assemblée générales, aux procès-verbaux des conseils, aux rapports des commissaires aux comptes. Les entreprises sont contraintes de conserver ces documents durant six ans. En plongeant dans cette masse d'informations, il n'est guère difficile d'y repérer le pouvoir d'un actionnaire, les émoluments d'un gérant, les versements à un salarié, l'ancienneté commerciale d'un client ou le volume d'affaires réalisé avec un fournisseur...

— Troisième filon : certaines catégories d'entreprises et de professions libérales sont utiles au fisc pour dénicher les petits secrets des contribuables. Et donc soumises au droit de communication. Le fisc peut ainsi déranger les voyagistes (liste de clients du Club Med ou d'une croisière...), les assureurs (contrats sur les objets de valeur), les sociétés de transport (billets de train, notes de taxis...), les agents immobiliers (locations, ventes, achats...). Il peut frapper à la porte des notaires, des huissiers, des commissaires aux comptes, des experts-comptables. Soucieux de dénicher la moindre trace d'achat somptuaire ou d'un train de vie supérieur aux revenus déclarés, le fisc a aussi accès aux documents des galeries d'art, commissaires-priseurs, salles d'enchères, antiquaires, ainsi qu'au fichier des clients des vendeurs d'automobiles ou de bateaux de plaisance et aux compagnies aériennes. Canal Plus et les chaînes du câble ou du satellite sont fort utiles pour détecter les possesseurs de télévision qui ne paient pas leurs redevances. Le fisc peut également interroger les professionnels qui délivrent des « services à caractère décoratif ou architectural ou en la création de biens ayant le même caractère ». Les architectes, dessinateurs, décorateurs, urbanistes, peintres, sculpteurs ne sont pas tenus de préciser exactement la nature des services vendus. Mais ils sont obligés — comme la plupart des professions non commerciales — de communiquer l'identité de leur client, le montant et le mode de versement des prestations.

Seules limitations notables à cette introspection : même s'ils peuvent être amenés à préciser au fisc la nature des services dispensés et les modes de paiement, les avocats ne doivent pas inscrire le nom de leurs clients dans leur comptabilité. Et surtout, les médecins et les professions paramédicales ont encore le droit de se réfugier derrière le secret médical pour ne rien divulguer sur leurs patients : ni leur nom, ni le détail des prescriptions, ni les pathologies constatées[1]. Mais qu'on ne se méprenne pas : le cabinet d'un médecin n'a rien d'un sanctuaire imperméable à la sagacité du fisc. Les caisses de Sécurité sociale sont en effet obligées de lui trans-

1. De la récente jurisprudence sur le secret médical, il ressort que « l'administration fiscale ne peut reconstituer les recettes professionnelles d'un médecin à l'aide de documents nominatifs comportant des informations à caractère médical » si l'on en croit l'article très complet intitulé « La vie et les activités privées face à l'action administrative, des secrets en butte aux exigences de la vie collective », in *Rapport public* du Conseil d'État, 1995. Cette position protectrice du secret médical a été confortée par un autre avis du Conseil d'État du 17 juin 1998 (ministre du Budget/Chung), commenté dans le *Rapport public* du Conseil d'État, 1999. Mais dans le projet de loi de finances pour 2000, Bercy a glissé un article visant à valider les contrôles fiscaux opérés chez les médecins sur la base de données nominatives. Les professionnels se sont émus de cette ultime tentative d'intrusion dans le secret médical. Mais rien ne dit que l'article ne sera pas finalement adopté...

mettre chaque année un relevé précis des feuilles de maladie délivrées par chaque praticien (médecin, chirurgien-dentiste, sage-femme, auxiliaire médical, laboratoire d'analyses médicales) et des honoraires versés par chaque patient. De plus, s'il ne comporte que des mentions d'identité, l'accès au registre de police d'entrées et de sorties d'une clinique ou d'un établissement hospitalier n'est pas considéré par la Cour de cassation comme la violation d'un secret médical... Mais le Conseil d'État a adopté une position plus restrictive. La jurisprudence n'a donc pas tranché définitivement ce cas d'espèce.

— Quatrième source d'informations : les mouvements d'argent se cachent aussi dans les banques et autres établissements financiers. C'est pourquoi le fisc a le droit d'interroger les fonds communs de placement, les courtiers et autres intermédiaires boursiers sur les opérations de leurs clientèles. Et les banques sont tenues de mettre à disposition des agents les documents comptables, les relevés de tous les comptes ainsi que les copies de chèques, les bordereaux de remise de chèques, les avis de virements. Ce droit de communication s'exerce par demande écrite, transmise aux dirigeants de la banque qui sont tenus d'y répondre. Bref, le secret bancaire n'existe pas pour le fisc.

— Enfin une kyrielle d'autres organismes sont soumis au droit de communication, comme les associations, les syndicats, les coopératives. Depuis 1993, tout versement à un parti politique peut être contrôlé auprès de celui-ci, mais également à la Commission nationale des comptes de campagne et des financements politiques, afin d'apprécier la valeur des reçus exhibés par les contribuables qui dégrèvent leurs revenus d'une partie de ces dons. L'ensemble des collectivités publiques n'échappe pas non plus aux questions, sans pouvoir opposer un quelconque secret.

Une machine infernale

Toutes les administrations, nationales ou territoriales, toutes les entreprises publiques, tous les organismes soumis au contrôle de l'État, comme la Sécurité sociale ou l'assurance-chômage, doivent fournir leurs documents de service si le fisc en fait la demande. Il peut notamment consulter les registres d'état civil, les archives, les fichiers des droits d'enregistrement, des voitures, des bateaux, des avions, des propriétaires de chevaux et même celui des immatriculations canines. On ne peut rien lui cacher. Pas même les chiens. C'est dire !

DES CONTRÔLES ZÉLÉS ET INÉGAUX

7.

Comment se déroulent les contrôles fiscaux

« Il n'y a pas de hasard. » Tous les responsables du fisc l'affirment avec force : le déclenchement du contrôle fiscal ne relève pas d'une logique aléatoire. Il découle de ce que les agents de Bercy appellent « la programmation », c'est-à-dire un processus de maturation lent et secret, où la machine, les logiciels, les recoupements, les renseignements, le choix des cibles, les directives nationales ou locales, voire l'ultime flair des agents du renseignement ou des vérificateurs se mélangent pour aboutir à une sélection. Et à des examens « sur pièces » ou « sur place », réglés par des procédures très précises.

La masse des déclarations est triée chaque année en vue d'opérer quelque 2,5 millions de « contrôles sur pièces » (environ 2 millions de dossiers de particuliers et 500 000 d'entreprises). On a vu que la DGI possède de puissants outils informatiques lui permettant d'opérer les premiers tris automatiques et croisements d'informations. Sans même que le contribuable soit au courant, son dossier est ouvert au centre des Impôts — « sur place » — pour un examen rapide. Baptisé « chemise modèle 2004 », ce document, qui sera bientôt dématérialisé grâce à l'informatique, contient normalement de nombreuses pièces : les déclarations de revenus, de bénéfices pour les commerçants ou professions libérales, celles des employeurs, les documents sur la résidence principale ou secondaire, sur les successions, sur l'assujettissement à l'ISF, sur les impôts fonciers ou locaux, les copies des cartes grises des véhicules ou deux-roues, les relevés de valeurs mobilières des banques...

L'examen de la situation peut révéler de petites erreurs matérielles : des adresses manquantes, l'absence de justificatifs, des pièces incomplètes. C'est le cas le plus banal et le plus fréquent. Le contribuable est simplement invité à donner quelques précisions ou à rectifier des erreurs.

Mais les vrais contrôles sur pièces visent surtout à repérer les incohérences ou les écarts de montants. Chaque déclaration de contribuable peut se voir attribuer tous les ans une note, reposant sur une probabilité d'incohérence, en fonction des anomalies habituellement constatées chez les fraudeurs types. Selon la revue *Le Particulier,* « cette méthode semble relativement efficace puisqu'on estime que 30 à 40 % des dossiers ainsi sélectionnés donnent lieu, par la suite, à des redressements [1] ». D'autre part, les agents chargés de l'examen formel des dossiers peuvent cocher la case YK (en haut de la dernière page de la déclaration de revenus) qui signale à l'informatique des anomalies probables. La liste des YK est passée au crible. Il suffit, par exemple, à l'ordinateur de recracher les noms des contribuables

1. Voir « Contrôle fiscal, comment faire face », *Le Particulier,* n° 117, juin 1996. Voir également l'ouvrage très pratique *Face au contrôle fiscal 2000,* par Jean-Louis Laborie et Florence Le Bras, Éd. du Dauphin, 1999, ainsi que *Contrôle fiscal, comment s'y préparer,* par Guy Fonte et Valérie de La Varende, Dunod, 1995. Pour une approche juridique plus fouillée, on consultera notamment *Contrôle fiscal, droit et pratique,* par Thierry Lambert, PUF, 1998 ou *Le Contrôle fiscal, droits, garanties, procédures,* par Jean-Pierre Casimir, Groupe Revue fiduciaire, 1988.

qui ont affiché des montants de salaires inférieurs d'au moins 5 % à ceux déclarés par leur employeur pour pister les petits cachottiers. Ou de sélectionner les dossiers de ceux qui déduisent de leurs revenus des pensions alimentaires, des intérêts d'emprunt, des déficits fonciers, des travaux d'entretien, des dons à des œuvres. Histoire de vérifier qu'ils n'ont pas forcé sur la note...

Du coup, entre les salariés — totalement transparents aux yeux du fisc — et les professions commerçantes ou libérales, dont les revenus plus opaques nécessitent des contrôles plus pointus, l'égalité de traitement n'existe pas. Les données sur ce sujet sont rares, parce que très sensibles. La seule estimation officieuse figure dans le rapport parlementaire de G. Bêche[1] qui remonte à... 1989 : on y apprenait avec stupéfaction qu'un salarié était contrôlé en moyenne tous les 8 ans, comme les grandes entreprises réalisant plus de 20 milliards de chiffre d'affaires annuel, alors qu'un exploitant d'auto-école ne l'était que tous les 25 ans, un avocat tous les 33 ans, un réparateur autos tous les 34 ans, un boulanger tous les 40 ans, un médecin généraliste tous les 51 ans, un chirurgien-dentiste tous les 55 ans et un agriculteur tous les... 134 ans. Cette inégalité avait de quoi susciter quelques remous ! Depuis 1989, ces chiffres cités dans le rapport parlementaire n'ont pas été actualisés. « Ils n'ont jamais été officiels, commente-t-on aujourd'hui au cabinet du ministre chargé du Budget. Ce sont des chiffres totalement fantaisistes que nous démentons formellement. Les contrôles sont beaucoup plus réguliers. Les salariés sont contrôlés en moyenne tous les 8 ans, les entreprises tous les 6 ans et les non-salariés souvent plus fréquemment. Il n'y a aucune profession protégée ou sanctuarisée. »

---

1. Rapport d'information sur le contrôle fiscal, *JO*, Assemblée nationale, juin 1989.

Le propos se veut rassurant. Et dissuasif : il n'est plus question de donner l'impression à certains que le fisc les laisse totalement tranquilles... Seul petit problème : il ne correspond pas à la réalité. Dans son rapport présenté devant les cadres de la DGI en septembre 1998, l'inspecteur général des Finances Daniel Lallier reconnaissait que « le contrôle sur pièces est pratiqué avec des méthodes de sélection souvent peu diversifiées, routinières, et très focalisées, dans des secteurs d'assiette, sur les salariés sans revenus accessoires ; ces méthodes reviennent à privilégier les dossiers les moins complexes ».

Certaines catégories de contribuables font néanmoins l'objet d'une surveillance particulière de la part de la DGI. Outre les plus fortunés ou les plus volatils (sportifs, artistes), le fisc a souvent dans le collimateur ceux qui changent fréquemment de domicile ; ceux qui ont déjà fait l'objet de redressement ou de taxation d'office par défaut de déclaration ; ceux qui procèdent à des gros achats immobiliers ; ceux qui vendent de gros paquets de valeurs mobilières : ceux qui héritent de biens d'un certain montant ; ceux qui cessent leur activité ou partent à la retraite ; ceux dont les revenus augmentent de plus de 20 % d'une année sur l'autre.

Des ciblages sont également effectués zone par zone, lors d'opérations ponctuelles de « programmation ». Un service départemental des Impôts peut décider de contrôler particulièrement les contribuables d'une rue entière, ou les propriétaires bénéficiant de revenus fonciers importants, ou les créateurs d'entreprises ayant bénéficié d'exonérations particulières, ou les professions libérales ayant des bénéfices déclarés supérieurs de 50 % à la moyenne départementale... « Tout est une question de dosage et d'efficacité », explique un directeur départemental.

Éclaircissements et justifications

Une fois ces dossiers triés, les agents procèdent directement aux recoupements d'usage. Ils auscultent chacune des rubriques de la déclaration ; les croisent avec les éléments complémentaires reçus des banques ou des notaires ; comparent les déclarations et impositions des trois dernières années puisque c'est le délai légal de reprise de l'administration le plus couramment appliqué en matière fiscale[1] ; passent à la loupe les changements familiaux ou patrimoniaux ; recensent les principaux achats effectués et les autres « éléments de train de vie » ; vérifient les exonérations ou abattements accordés ; calculent une balance simplifiée des recettes et des dépenses du foyer.

Si l'écart constaté est supérieur aux 5 % de marge de tolérance généralement admise et s'ils gardent des doutes sur la cohérence de l'ensemble des revenus avec la déclaration, ils peuvent user du droit de communication auprès de tiers. Et l'inventaire des anomalies fait l'objet d'une « demande de renseignements » ou d'une « demande d'éclaircissements ou de justifications » au contribuable.

— La *demande de renseignements* est généralement faite par écrit (formulaire n° 754). Ne bénéficiant d'aucun champ légal, elle n'a théoriquement aucun caractère contraignant. Le contribuable n'est pas obligé de se manifester. Mais les experts conseillent, malgré tout, de

1. Passée la fin de la troisième année qui suit celle au titre de laquelle l'impôt sur le revenu, l'impôt sur les sociétés ou les taxes assimilées sont dus, les faits sont prescrits. Le contrôle est donc possible jusqu'au 31 décembre 2000 pour les revenus de 1997, 1998 et 1999. Le délai de reprise est de quatre ans pour les entreprises clôturant un exercice en cours d'année ; de cinq ans en cas d'agissements frauduleux entraînant une plainte pénale ; et de dix ans pour les droits d'enregistrement (successions, ISF, etc.).

répondre dans les trente jours, histoire de ne pas froisser les agents des Impôts et de prouver sa bonne foi... Si les précisions apportées suffisent à clarifier la situation, le dossier est classé. Sinon, un redressement peut être notifié directement. À moins que le fisc ne passe à la deuxième salve de courrier.

— La *demande d'éclaircissements ou de justifications* (formulaire n° 2172), envoyée sous pli recommandé, est plus encadrée juridiquement. Elle ne concerne que l'impôt sur le revenu, les droits de succession ou l'impôt de solidarité sur la fortune. Elle doit clairement indiquer les points litigieux des déclarations, en contradiction les uns avec les autres ou avec des informations que le fisc a recueillies par ailleurs. Les justifications (des preuves matérielles) ne peuvent être réclamées que sur certains points précis : la situation de famille (certificat de scolarité, fiche d'état civil, etc.), les charges déduites (contrat de prêt), les avoirs à l'étranger, la base des revenus fonciers. Les justifications sont également exigibles lorsque le fisc suppute que les revenus réels sont plus importants que les revenus déclarés. Et, bien sûr, le fisc peut demander des précisions quand il suspecte la disparition de certains actifs dans les déclarations de succession.

Le délai pour répondre au formulaire n° 2172, de deux mois minimum, doit être précisé dans le courrier du centre des Impôts. Si ce temps imparti est trop court pour réunir tous les éléments, le contribuable peut demander par écrit un sursis supplémentaire. En cas de réponse jugée insatisfaisante par le fisc, ce dernier peut accorder un nouveau délai d'un mois pour fournir des compléments. Mais, quelle que soit la date prescrite, un silence ou une réponse tardive peuvent être fatals : une taxation d'office guette le contribuable, sur la base des éléments de revenus ou de train de vie calculés par l'administration. À charge ensuite pour lui de prouver que cette taxation est trop élevée...

Dans tous les cas, mieux vaut fournir les éléments de réponse les plus précis possibles. « Exhiber de vieux bas de laine ou fournir de simples explications générales sur un enrichissement ne suffit pas, explique un avocat. Il faut des chiffres, des documents, des choses vérifiables. » Relevés de comptes bancaires, copie des chèques, contrat de prêts, preuves de l'origine des fonds donnés à des tiers ou prêtés aux enfants : tout doit être contrôlable.

Si l'agent des Impôts estime que les réponses fournies éteignent ses soupçons sur les incohérences relevées, il classe le dossier. Mais si le doute persiste, il peut expédier par lettre recommandée *une notification de redressement* (formulaires n° 2120 ou 2120 *bis* dans le cadre du contrôle sur pièces). Celle-ci précise la nature de l'impôt, les années concernées et les motifs du redressement. Elle doit mentionner que le contribuable peut, dans le cadre d'un débat contradictoire, se faire assister d'un conseil et qu'il dispose d'un délai de 30 jours pour transmettre son acceptation ou ses observations au fisc. Là encore, il est recommandé de se manifester car l'inertie vaut accord tacite avec le redressement notifié. Or le fisc est tenu de répondre aux observations du contribuable.

En cas de désaccord persistant, le contribuable peut saisir le supérieur hiérarchique du vérificateur et un interlocuteur départemental (un directeur divisionnaire des Impôts) qui peuvent dégrever les sommes initialement réclamées.

Puis, il est en droit de saisir, dans les 30 jours suivant la réception de la décision maintenant le redressement, une Commission départementale des Impôts directs et des taxes sur le chiffre d'affaires. Composée de représentants de l'administration et de contribuables, présidée par un magistrat, cette instance doit rendre un avis motivé sur les faits (les justificatifs existent-ils, sont-ils probants ?), sans pouvoir se prononcer sur les questions de droit ou de procédure. « Cela signifie que nous sommes incompétents dans un cas sur deux, sans possibilité de rendre un avis », se lamente un juge, habitué de ces commissions purement consultatives qui sont de plus en plus encombrées. À Paris, par exemple, le nombre de dossiers reçus est passé de 687 en 1992 à 1 079 en 1997 et les délais de traitement dépassent souvent une année ! Le fisc suit généralement l'avis rendu par cette commission (dans 96 % des cas à Paris). Puis il transmet sa décision définitive au contribuable. En appliquant, en plus du redressement, les pénalités classiques :

— *L'intérêt de retard,* au taux de 0,75 % par mois (soit 9 % par an), calculé à compter du premier jour du mois qui suit celui où l'impôt aurait dû être payé. Il n'est pas exigé quand l'insuffisance notifiée n'excède pas 5 % de la base après redressement, considérée comme la fameuse marge de tolérance. Mais, bien que son taux soit actuellement très supérieur au loyer de l'argent, cet intérêt de retard n'est pas susceptible de remise ultérieure ;

— À ces intérêts, s'ajoute une *majoration de 10 % en cas de retard ou défaut de déclaration,* portée à 40 % si la déclaration n'est toujours pas souscrite dans les 30 jours suivant une mise en demeure, et à 80 % après la deuxième mise en demeure ;

— Puis vient la pénalité traditionnelle de *10 %, pour défaut ou retard de paiement de l'impôt.* Celle-ci est quasiment systématique en cas de bonne foi reconnue, puisque le redressement présume un défaut ou un retard, au moins partiel, de l'impôt dû ;

— Cette majoration passe à *40 % en cas de mauvaise foi,* appréciée de manière unilatérale par l'administration (mais les tribunaux peuvent la corriger) sur la base d'éléments de comportements, de méconnaissance répétée des obligations, de réponses systématiquement évasives... ;

— La majoration atteint *80 % en cas de manœuvre frauduleuse,* définie de manière jurisprudentielle, selon l'avocat Guy Fonte, par « la mise en œuvre de procédés, de façon consciente et volontaire, destinés à donner l'apparence de la sincérité, et ayant pour effet de réduire ou supprimer l'impôt ou d'obtenir indûment du Trésor des remboursements injustifiés[1] ». La « manœuvre frauduleuse » n'est reconnue que si des éléments matériels concrétisent cette volonté de cacher l'infraction. La majoration de 80 % s'applique aussi en cas « d'abus de droit », c'est-à-dire de « manœuvre destinée à éluder l'impôt en utilisant des constructions juridiques qui, bien qu'apparemment régulières, ne traduisent pas le véritable caractère des opérations ».

— Enfin, le supplément peut atteindre le taux record de 150 % en cas d'opposition au contrôle fiscal. Cette dernière arme est souvent utilisée de manière dissuasive face aux contribuables qui refusent de coopérer durant les contrôles. La menace d'une telle pénalité les conduit rapidement à de meilleurs sentiments...

À l'arrivée, la somme des pénalités peut grimper en flèche, jusqu'à dépasser aisément la base du redressement. Même quand la bonne foi est reconnue, la note est au minimum de 10 %, plus les intérêts de retard, qui s'alourdissent chaque mois de 0,75 %. De quoi réfléchir.

Si le désaccord perdure toujours, il reste alors plusieurs solutions : une demande de transaction ou de remise gracieuse, afin de négocier avec le fisc les majorations d'amendes fiscales : une réclamation contentieuse auprès de l'administration (dans les trois ans qui suivent la mise en recouvrement) ; et, après la réponse du direc-

1. *Contrôle fiscal, comment s'y préparer, op. cit.*, p. 126.

teur à la réclamation, l'éventuelle saisie d'une juridiction, c'est-à-dire le recours au tribunal administratif pour les litiges portant sur les impôts directs et les taxes sur le chiffre d'affaires, et au tribunal de grande instance pour les autres impôts.

Résultat de ce marathon ? Le contrôle sur pièces affiche de pseudo-performances : le total des droits rappelés (sans les pénalités), relativement stables depuis trois ans, a tout de même atteint 21,9 milliards de francs en 1998, soit 85 % de plus qu'il y a dix ans. Ces redressements portent essentiellement sur l'impôt sur le revenu (8,8 milliards), les taxes sur le chiffre d'affaires (5,9 milliards), les droits d'enregistrement (3,8 milliards) et l'impôt sur les sociétés (3,1 milliards). Sur les quelque 2 millions de dossiers de particuliers épluchés chaque année, la moitié environ (précisément 1 149 380 en 1998) a fait l'objet d'un redressement moyen de 9 000 francs.

Mais ce bilan quantitatif flatteur masque de graves lacunes structurelles. L'inspecteur général des Finances Daniel Lallier s'est chargé, en septembre 1998, de détailler les failles du contrôle sur pièces : « Les missions réalisées par l'IGF (inspection générale des Finances) mettent en lumière année après année les faiblesses de cette activité. Dans des directions par ailleurs bien gérées, le contrôle sur pièces constitue en général le maillon faible. Dans les secteurs d'assiette, mais aussi dans les inspections spécialisées, absorbées par leurs tâches de gestion courante, le contrôle sur pièces sert trop souvent de variable d'ajustement de la charge de travail ; son volume et sa qualité sont généralement peu satisfaisants [...] La réalisation des objectifs quantitatifs masque très souvent ce qu'on peut appeler une gestion "paresseuse" des contrôles ; l'absence de confrontation entre les différentes déclarations (ISF/IR) constitue une observation récurrente, de même que la négligence marquée des nouvelles inspections pour la fiscalité personnelle “lourde”. Les résultats sont décevants : ainsi, par exemple, dans un département représentatif, 80 % des redressements résultaient de taxations d'office à l'encontre des contribuables défaillants. Cette situation est d'autant plus regrettable qu'en termes de recouvrement effectif, le contrôle sur pièces représente d'ores et déjà un enjeu équivalent au contrôle fiscal externe. »

Faiblesse structurelle, gestion paresseuse, négligence marquée, résultats décevants : difficile d'être plus limpide...

Le poids des contrôles sur place

Si les contrôles sur pièces ont quelques ratés, le fisc peut éventuellement se rattraper, en se lançant dans le « contrôle fiscal externe », baptisé aussi « contrôle sur place ». Bien qu'ils ne soient généralement pas enclins à visiter les personnes physiques à leur domicile, les vérificateurs peuvent en effet se rendre « sur place », dans les locaux des entreprises qu'ils sont chargés de contrôler. Ces opérations relèvent de l'artillerie lourde. Elles sont programmées, via les « fiches 3909 », sur la base des recoupements, des renseignements glanés par les équipes spécialisées, d'une politique systématique de surveillance des grandes entreprises et d'incohérences importantes relevées lors d'un contrôle sur pièces. « Nous agissons en fonction des enjeux financiers, en ciblant d'abord la masse des entreprises assujetties à la TVA, les secteurs sensibles à la fraude ou les dirigeants de plusieurs sociétés », assure un responsable de la DGI qui tient à détailler le processus de décision : « Quand un agent fait une proposition de contrôle, celle-ci doit être motivée par des suspicions précises de fraude, basée sur des éléments objectifs. Cette proposition est transmise au chef hiérarchique, puis au directeur de rang départemental, qui doit donner son feu vert. Un agent ne décide rien tout seul, ni un directeur. »

Le contrôle sur place peut prendre deux formes : une « vérification de comptabilité » pour les entreprises ou un « examen contradictoire de la situation fiscale personnelle » (ESFP) pour les individus.

Les vérifications de comptabilité = 60 milliards

Les « vérifications de comptabilité » sont les plus fréquentes : le fisc en a mené 47 879 durant l'année 1998. Mais si le nombre d'entreprises touchées ne progresse que lentement (+ 22 %) depuis dix ans, le montant des redressements et des pénalités qui en découlent a, lui, littéralement explosé : il est passé de 23 milliards de francs en 1989 à 60 milliards en 1998 !

Cette frappe massive s'organise en plusieurs temps. Elle débute par l'envoi d'un « avis de vérification » (formulaire n° 3927) accompagné de la « charte du contribuable » qui résume ses garanties et détaille les règles de la procédure. Le contrôle ne peut durer plus de trois mois pour les entreprises commerciales de moins de 5 millions de chiffre d'affaires et les entreprises non commerciales ou de services réalisant moins de 1,5 million de francs d'activité. Puis, quelques jours après, le vérificateur se rend dans les locaux de la société. Il a alors tout loisir d'examiner la conformité de la comptabilité avec les textes, d'étudier les achats et les ventes, de décortiquer tous les mouvements financiers, de contrôler les factures et les prix pratiqués. Si les comptes révèlent des irrégularités ou si l'entrepreneur refuse de fournir les pièces demandées, le vérificateur est en droit de rejeter la comptabilité. Et de taxer l'entreprise sur la base d'un chiffre d'affaires et de bénéfices reconstitués par ses calculs. En général, à la hausse...

C'est la fameuse chasse aux « trous » des commerçants, qui sous-estiment parfois leurs recettes afin de minorer leurs impôts. Un magistrat qui voit défiler les contentieux fiscaux raconte : « J'ai vu le cas d'un bar où l'inspecteur avait dénombré 200 000 paquets de sucre achetés pour... 60 000 cafés servis officiellement. Difficile d'imaginer que chaque consommateur ait utilisé plus de trois morceaux par tasse. Le cafetier a bien expliqué qu'il y avait des pertes, que les enfants repartaient avec des sucres dans les poches, cela n'a guère suffi à convaincre le fisc, ni le tribunal. »

Les agents des Impôts ont ainsi quelques « trucs » qui leur permettent de repérer rapidement les grands écarts entre les achats, les consommations intermédiaires et les ventes d'un commerce. Ils comparent le nombre de baguettes achetées au nombre de sandwichs vendus officiellement dans une brasserie ; les serviettes lavées avec les clients servis dans un restaurant. Les consommations de vins — qui représentent en moyenne 15 % d'une facture de repas — permettent également de faire d'utiles recoupements. Mais, parfois, les agents soupçonneux vont si loin dans la reconstitution du chiffre d'affaires qu'ils aboutissent à des chiffres surréalistes. Le directeur général des Impôts s'est d'ailleurs ému de ces dérives dans sa note de février 1999, en prônant une « application mesurée de la loi fiscale » : « L'évaluation du chiffre d'affaires doit être réaliste et tenir compte des conditions d'exploitation et de l'environnement des entreprises, écrit-il. Provoquer le dépôt des déclarations ne s'obtient pas en retenant des bases exagérées. L'expérience montre qu'une évaluation raisonnable des bases est tout aussi efficace. En outre, des évaluations démesurées peuvent ôter toute crédibilité à l'action de l'administration (par exemple, lorsque la reconstitution ne prend en compte aucune charge) et fragiliser le dossier au contentieux. »

À l'exception des cas où l'entrepreneur a refusé de déposer ses déclarations fiscales — qui autorisent le fisc à une imposition d'office —, les désaccords constatés durant la vérification doivent faire l'objet d'un débat oral contradictoire entre les parties, avant que la notification de redressement (formulaire n° 3924) ne soit expédiée. Le débat précise alors les motifs du rappel, le mode de calcul du bénéfice reconstitué si la comptabilité a été rejetée, ainsi que les pénalités afférentes. Il indique aussi que le contribuable dispose de 30 jours pour faire part de ses observations ou de son accord. Les procédures de contestations sont alors les mêmes que celles qui suivent un contrôle sur pièces, mentionnées plus haut.

Un an minimum pour une vérification personnelle

Les examens contradictoires de la situation fiscale personnelle (en abrégé ESFP) ne touchent que quelques milliers de contribuables tous les ans : 4 658 exactement en 1998. Un nombre bien loin du score record de 1976, année durant laquelle les foudres giscardiennes avaient conduit au déclenchement de 7 977 vérifications personnelles ! Mais bien au-dessus des 3 066 ESFP réalisées en 1989. Cette minorité de « contrôlés » rapporte gros, puisque le fisc leur a notifié 4,4 milliards de droits simples et pénalités en 1998, soit presque deux fois plus qu'il y a dix ans... et sept fois plus qu'en 1976.

À qui réclame-t-on en moyenne 945 000 F d'impôts et de pénalités supplémentaires ? Pas au *vulgum pecum*, bien sûr, même si, théoriquement, chaque contribuable peut faire l'objet d'un ESFP. La lourdeur de la procédure exige une mobilisation des agents sur des cas qui en valent la peine : des gros poissons avec des soupçons sérieux de fraude portant sur des montants importants. La plupart des ESFP sont en réalité déclenchés sur des dossiers suspects repérés lors du contrôle sur pièces ou sur des dirigeants de sociétés, parallèlement à leur « vérification de comptabilité ». Histoire de vérifier que leurs revenus déclarés correspondent peu ou prou aux évaluations de leurs ressources et de leur train de vie.

La démarche commence, là aussi, par l'envoi d'un avis de vérification (formulaire n° 3929) qui mentionne le droit de se faire assister par un conseil, précise les années contrôlées. La « charte du contribuable » y est obligatoirement adjointe, sous peine de nullité de procédure. La durée de l'ESFP est fixée à un an. Mais elle peut être prolongée de quelques mois, voire jusqu'à deux ans si le vérificateur découvre une activité occulte durant le contrôle. Ou si le contribuable ne fournit pas, dans les 60 jours suivant la réception de l'avis, le détail de tous ses relevés bancaires réclamés par le fisc... Ce qui est très fréquent. « Dans la pratique, explique l'avocat Guy Fonte, pour des contribuables disposant de plusieurs comptes bancaires, il est rare que l'on réussisse à fournir tous les relevés. Certains feuillets ont disparu. Du coup, l'administration saisit la moindre carence pour doubler le temps du contrôle. » Et, selon une jurisprudence nourrie, nul ne peut avancer une « lassitude », ou même le fait d'être incarcéré, pour justifier d'une absence de réponse !

Aucun texte ne prévoit où doit se dérouler l'ESFP. Le vérificateur peut se rendre au domicile du contribuable si ce dernier est d'accord. Mais l'administration conseille plutôt à ses agents de procéder aux travaux dans ses bureaux, ce qui constitue de fait la règle générale. Fort des éléments figurant dans son dossier et de renseignements glanés grâce à son droit de communication, le fonctionnaire part alors en chasse des revenus cachés qu'il subodore. En expédiant éventuellement les fameuses « demandes d'éclaircissements ou de justifications » (formulaire n° 2172 et 2172 *bis*) auxquelles le contribuable est tenu de répondre dans un délai minimum de deux mois. Et en utilisant trois méthodes de calculs complémentaires.

Les signes extérieurs de richesse

L'observation des richesses d'un contribuable peut suffire à déclencher la curiosité de l'administration, surtout s'il semble exister un écart entre les biens possédés et les revenus déclarés. Cette présomption de fortune ne date pas d'hier. Le Directoire avait institué en 1798 un fameux impôt sur les portes et les fenêtres. Le nombre d'ouvertures d'une maison traduisait le niveau de richesses de ses habitants. Cet indicateur rustique a laissé place, au fil du temps, à une estimation plus sophistiquée du train de vie des contribuables. L'article 168 du Code général des impôts cite en effet une douzaine de signes extérieurs de richesse, parmi lesquels les résidences principales et secondaires, les employés à domicile, les automobiles, les bateaux de plaisance, les chevaux de course, les avions, les droits de chasse ou autres cotisations à des clubs de golf !

Le fisc ne se contente pas de lister ces éléments, supposés symboliser une parcelle de richesse sonnante, un mode de vie ostentatoire de milliardaire. Il leur affecte une valeur virtuelle de revenus correspondants. Autrement dit, ceux qui possèdent ou usent de ces « signes » de richesse sont censés avoir des ressources d'un certain montant. On entre là dans une cuisine mathématique, aussi étrange qu'arbitraire, qui peut conduire le fisc à reconstituer le train de vie d'un contribuable suspecté d'avoir minoré ses déclarations, avant de le taxer d'office « d'après les signes extérieurs de richesse ». Sur quelle base ? Le fisc dispose d'un barème légal d'évaluation forfaitaire des « éléments du train de vie » permettant cette taxation d'office. Il était le suivant en 1998 :

— Une résidence principale laisse présager un revenu égal à cinq fois la valeur locative cadastrale de la propriété. Le forfait est le même pour les résidences secondaires ;

— L'emploi de personnel de maison (femmes de ménage, précepteur, gouvernantes) équivaut à 30 000 F de revenus pour la première personne (de moins de 60 ans) puis à 37 500 F pour chacun des employés suivants. Cette base est réduite de moitié si ce personnel de maison sert essentiellement à l'exercice d'une profession ;

— La propriété d'une voiture automobile équivaut à un revenu égal aux trois quarts de la valeur du véhicule neuf, avec un abattement de 20 % après un an d'usage, puis de 10 % chaque année suivante, durant quatre ans. Quand l'automobile est surtout utilisée professionnellement, la base, là aussi, est divisée par deux. Mais pour une voiture seulement ;

— L'usage d'une moto de plus 450 cm^3 augure d'un revenu égal à la valeur neuve de l'engin, avec une décote de 50 % après trois ans ;

— Les yachts ou bateaux de plaisance à voiles jaugeant au moins trois tonneaux sont évalués en fonction de leur puissance : revenu de 7 500 F pour les trois premiers tonneaux ; 2 250 F pour chaque tonneau supplémentaire entre 4 et 10 tonneaux ; 3 000 F entre 10 et 25 tonneaux ; 6 000 F au-dessus de 25 tonneaux. La base est multipliée par cinq quand le bateau bat le pavillon d'un pays n'ayant pas conclu avec la France une convention d'assistance administrative en vue de lutter contre la fraude et l'évasion fiscale. Le yacht amarré aux pontons d'un paradis fiscal exotique présume d'énormes revenus cachés !

— Les bateaux à moteur ou hors-bord d'une puissance d'au moins 20 CV « valent » 6 000 F de revenus pour les 20 premiers chevaux et 450 F pour chaque cheval-vapeur supplémentaire, avec une décote pour les vieux bateaux, et une base quintuplée, comme pour les navires à voile, si le bateau bat un pavillon peu coopératif ;

— Les avions de tourisme sont évalués également en fonction de leur moteur : 450 F par cheval-vapeur ;

— Les chevaux de course âgés d'au moins deux ans sont taxés selon leur origine : 30 000 F pour un pur-sang et 18 000 F pour les autres chevaux et notamment les trotteurs ;

— Les chevaux de selle de moins de deux ans sont évalués chacun pour 9 000 F, à compter du second ;

— La location de droits de chasse et la participation dans les sociétés de chasse équivalent à des revenus de deux fois le montant des loyers payés ou des participations versées lorsqu'il dépasse 30 000 F ;

— Enfin, les participations dans les clubs de golf subissent le même traitement : deux fois le montant des sommes versées au-delà de 30 000 F.

Il suffit ensuite au fisc d'additionner toutes les sommes correspondant à ces « signes extérieurs de richesse » pour évaluer une base d'imposition forfaitaire. Si celle-ci dépasse un certain seuil, réévalué chaque année — 308 510 francs en 1999 pour les revenus de 1998 —, le fisc se mobilise. Dans son rapport parlementaire publié en septembre 1999, le député Jean-Pierre Brard a proposé de ramener le seuil de déclenchement de cette évaluation forfaitaire de 308 510 à 200 000 F, afin de pouvoir surveiller le train de vie de trafiquants de drogue ou de délinquants à partir de leurs achats de voitures ou de motos de grosse cylindrée. Cette suggestion, probablement utile aux enquêtes policières, élargirait le champ de surveillance du train de vie à quasiment tous les propriétaires de France ! Car le calcul des biens immobiliers fait déjà facilement grimper la facture au-delà du seuil déclencheur de 308 510 F : un seul appartement parisien de 100 m², d'une valeur locative annuelle de 100 000 F, suffit à hisser le montant des revenus virtuels à 500 000 F ! Malheur au fortuné alignant six signes extérieurs de richesses qui font monter sa base forfaitaire au-delà de deux fois ce seuil, soit 617 020 F en 1999 : il risque alors une majoration de 50 % de sa base d'imposition ! Un million de francs de train de vie vaudront immédiatement 1,5 million... La taxation d'office sera alors basée sur ce montant de revenus rehaussés. Jérôme Grosclaude et Philippe Marchessou, professeurs de droit fiscal, ajoutent même une pincée de sel à ces calculs en précisant : « Il résulte d'une jurisprudence fournie que la notion de disposition doit s'entendre de la possibilité d'utiliser tel ou tel élément dès que le désir s'en fait sentir[1]. » Autrement dit, si des amis vous prêtent facilement leur villa sur la Côte d'Azur ou leur voiture de sport, ces biens peuvent être considérés comme des éléments de votre train de vie, au prorata d'un temps d'usage durant l'année...

Mais la taxation d'office ne peut être réellement déclenchée qu'en cas de « disproportion marquée » entre la base d'imposition forfaitaire et le revenu déclaré. À partir de quel seuil atteint-on cette « disproportion » ? Concrètement, si le calcul de l'administration dépasse de plus d'un tiers le revenu net global déclaré par le contribuable les deux dernières années, le fisc est en droit de frapper. Évidemment, l'absence de dépôt de déclaration vaut au contribuable une base déclarée égale à zéro franc et une « disproportion » quasi automatique !

1. Voir leur ouvrage, *Procédures fiscales*, Dalloz, 1998.

La méthode peut paraître pifométrique et arbitraire. « Elle l'était incontestablement, estime Robert Baconnier, ancien directeur général des Impôts, actuel directeur du Bureau Francis Lefebvre. Les critiques ont conduit le législateur en 1987 à mieux encadrer l'usage de l'article 168 du CGI, qui est de moins en moins utilisé. » Dès qu'il a reçu sa base d'imposition forfaitaire, le contribuable peut, en effet, apporter la preuve que ses revenus exonérés d'impôts ou l'utilisation de son capital ou les emprunts qu'il a contractés lui ont permis d'assurer son train de vie. Mais c'est à lui de démontrer que le fisc a tort. Et, ces dernières années, les agents des Impôts s'en sont parfois servis pour rogner certains avantages fiscaux utilisés par des contribuables. Dans la note déjà citée de février 1999, le directeur général des Impôts a demandé à ses services de se calmer : « Même si le revenu net à prendre en compte est le revenu net global (après déduction des charges), l'article 168 n'a pas vocation à être utilisé pour remettre en cause des mesures d'incitation fiscale voulues par le législateur (loi Malraux, loi Pons...). »

Nul ne sait si ce rappel à l'ordre aura quelque effet.

L'examen détaillé des comptes bancaires

Les textes sont clairs : dans le cadre d'un ESFP, les agents peuvent exiger le détail des relevés de comptes bancaires de n'importe quel contribuable. S'ils ne les obtiennent pas, ils sont en droit de les réclamer directement aux établissements financiers, qui ne peuvent se soustraire à leur envoi. Dès qu'ils sont en possession de ces précieux relevés, les vérificateurs procèdent à une opération simple : l'addition de tous les chiffres de la colonne de droite, celle des crédits. Pourquoi ? Aux yeux du fisc, la somme de tout ce qui arrive sur les comptes d'un ménage — salaires, virements, indemnités, primes, cadeaux, prêts, remboursements — est révélatrice d'un certain niveau de ressources. Il suffit que le total de ces mouvements soit supérieur au revenu déclaré du foyer pour alerter le fisc. Et ceci, quels que soient les motifs de cet écart !

Or il est très courant qu'aux revenus déclarés viennent s'ajouter des opérations purement bancaires — virements de compte à compte au sein d'une famille — ou des prêts, sans incidence sur les recettes d'un foyer. Dès lors, n'importe quel contribuable peut être suspecté de triche. Saisis de nombreuses plaintes, les tribunaux ont tenté, ces dernières années, de limiter les pouvoirs de l'administration dans ce domaine. Le fisc n'est autorisé à expédier au contribuable une « demande de justifications » (art. L. 16 du Livre des procédures fiscales) que lorsque l'écart entre les crédits bancaires et ses revenus déclarés atteint une certaine proportion. De quel montant ? Dans deux jugements de 1988, le Conseil d'État avait estimé que les questions du fisc étaient infondées quand l'excédent de crédits n'était que « légèrement supérieur » aux revenus déclarés. D'autres jurisprudences ultérieures ont précisé que cet écart ne devait pas être inférieur à 50 %, voire à 80 %. Mais au-delà de 100 %, c'est-à-dire quand le total des crédits dépasse deux fois les revenus, le fisc était autorisé à expédier sa « demande de justifications » sur l'origine et la nature des sommes créditées. Cette « règle du double » n'était cependant formalisée par aucun texte, ni aucun jugement jusque très récemment. Dans un arrêt du 5 mars 1999, le Conseil d'État a censuré la cour administrative de Bordeaux qui avait estimé suffisant un écart de 1,96 pour envoyer une demande de justification [1].

1. Arrêt Bancarel n° 164412. À ce sujet, voir « Demandes de justifications : une chasse de plus en plus encadrée », par Emmanuelle Mignon, maître des requêtes au Conseil d'État, *Revue de Jurisprudence fiscale* 4/99, Éditions Francis Lefebvre. Ainsi que l'article

Ce faisant, la plus haute juridiction a érigé cette « règle du double » en véritable norme, qui s'impose désormais à l'administration. La clarification est salutaire, car elle évite l'arbitraire d'un seuil mouvant de déclenchement d'une procédure inquisitoriale. Mais le piège reste, malgré tout, largement tendu. Tout simplement parce que le fisc est en droit d'inclure dans son calcul les sommes apparaissant sur un compte mixte (professionnel et personnel) d'un contribuable, sans tenir compte, *a priori*, de l'argent transitant sur le compte ou des charges supportées par cette activité professionnelle. Comme ces crédits peuvent très facilement dépasser le double des revenus déclarés, le fisc est libre de décocher ses flèches.

De plus, la date d'appréciation de l'écart est capitale : entre le jour du premier examen des crédits et la date d'envoi d'une demande de justifications, le fisc a, en théorie, toute latitude pour déterminer l'origine de telle ou telle somme : salaires, traitements, compensation de compte à compte, débits concomitants, etc. S'il déduisait ces montants du total des crédits bancaires pour ne comparer que les sommes apparemment « injustifiées » aux revenus déclarés, la règle du double ne s'appliquerait pas dans la plupart des cas. Selon qu'elle se déclenche au premier coup d'œil, ou une fois le dossier examiné, la situation est donc radicalement différente. Conscient de l'absurdité d'une telle situation, le directeur général des Impôts, dans sa note de février 1999, recommande aux agents d'éviter cette méthode arbitraire : « Pour les redressements opérés en matière de revenus d'origine indéterminée, il est souhaitable de ne pas se limiter à l'examen des crédits bancaires, l'étude des débits étant parfois susceptible de permettre, d'em-

---

« Contrôle fiscal, une décision capitale », par Fabrice Longevialle, *La Vie française* du 29 mai au 4 juin 1999, p. 87.

blée, l'identification de virements de compte à compte. »

Mais, quelques semaines après la diffusion de cette note, la jurisprudence, longtemps hésitante sur cette fameuse date, a fini par basculer dans le sens le plus rude. Dans l'arrêt Cadart du 5 mars 1999, le Conseil d'État a, en effet, considéré que le fisc avait eu raison d'envoyer une demande de justifications à un contribuable dont les crédits bancaires (467 525 F) étaient plus de trois fois supérieurs à ses revenus déclarés (129 514 F), alors qu'une analyse rapide de la situation avait permis de réduire à 186 213 F (soit 1,43 fois les revenus déclarés) le montant des crédits inexpliqués [1].

Les conséquences de ce durcissement ? Même si les agents sont incités par leur direction à procéder à un examen préalable des comptes, ils n'y sont pas contraints juridiquement. Ils n'ont aucune raison de s'y atteler, d'autant que ce traitement donnerait, dit-on, trop de travail aux vérificateurs et compliquerait les procédures, déjà passablement casse-tête... La règle du double s'applique donc sans ménagement.

D'autres pièges attendent ensuite le contribuable avec ses crédits bancaires. Car il faut justifier l'origine de chacune des lignes créditrices. Or c'est l'administration, soucieuse de repérer les anomalies, qui est juge de la validité des réponses fournies. Si elle considère que les explications sont peu convaincantes, elle est libre de les réfuter. La procédure est redoutable, selon Emmanuelle Mignon, maître des requêtes au Conseil d'État : « La demande de justifications est d'autant plus radicale qu'elle impose au contribuable, s'il entend échapper à la menace de la taxation d'office, non seulement de fournir des explications à l'administration, mais encore

1. Arrêt nº 176799, ministre de l'Économie et des Finances/Cadart du 5 mars 1999, voir *RJF* 4/99, *op. cit.*

d'apporter la preuve de ses allégations [...] de simples réponses telles que "j'ai gagné au Loto", "j'avais des économies", non assorties de pièces justificatives, sont assimilables à un défaut de réponse et ne font donc pas obstacle à la mise en œuvre de la procédure de taxation d'office. Or, ce que le contribuable n'a pu justifier au stade de la procédure d'établissement de l'impôt, il est peu probable qu'il pourra le prouver au stade de la procédure contentieuse [1]... »

Le niveau d'exigence du fisc peut aller très loin. Pour justifier des revenus provenant, par exemple, de gains au Loto, le contribuable doit fournir le numéro gagnant, la date de l'encaissement du lot, la caisse où ce lot a été perçu, la copie du chèque recto verso du gain, autant d'informations que l'administration ira vérifier auprès du centre de paiement ! Et les éventuels jackpots aux courses ou dans les casinos doivent être justifiés de la même manière avec copies des chèques ou virements et contrôles auprès des payeurs...

Emmanuelle Mignon estime que ce système peut piéger n'importe qui, et pas seulement des fraudeurs présumés : « De nombreux contribuables, de parfaite bonne foi, seraient bien incapables de prouver que tel élément de leur patrimoine, dont ils ont utilisé le produit de la vente, leur vient de leur arrière-grand-mère ou que telle somme portée au crédit du compte bancaire constitue un remboursement de frais avancés pour des proches ou des amis. Aux difficultés de la preuve, s'ajoutent les désagréments, voire le coût, des recherches susceptibles de devoir être effectuées par les contribuables pour justifier de l'origine de leurs ressources. Rappelons que les contribuables ne sont pas astreints à l'obligation de tenir une comptabilité pour leurs opérations privées [1]. »

Au fil des contentieux soumis aux tribunaux, une

1. Voir *RJF* 4/99, *op. cit.*

jurisprudence s'est progressivement forgée sur ce qui est considéré comme une justification suffisante ou imprécise[1]. Il n'est pas inutile d'en connaître quelques grandes lignes. Si le contribuable explique sans plus de précisions que son crédit bancaire provient d'un versement en espèces, d'un don reçu d'un parent, d'économies accumulées avant le contrôle, de remboursements de bons anonymes, d'un prêt familial, du produit de la vente de bijoux, il s'expose à un couperet de l'administration : la réponse est jugée insuffisante ou inexistante et peut conduire illico le fisc à imposer une taxation d'office sur les sommes litigieuses.

En revanche, des compensations entre comptes ou la cession d'actifs patrimoniaux comme des œuvres d'art, des lingots d'or ou des bons du Trésor peuvent être jugées suffisantes. Mais encore faut-il que leur acquisition, antérieure au contrôle, puisse être justifiée et que leur cession soit contrôlée chez un intermédiaire. Dans un arrêt du 6 novembre 1998 (n° 143806), le Conseil d'État a confirmé que le fisc peut exiger de connaître la date exacte de l'achat de ces biens. Même s'il remonte à des temps antiques !

Ce fil ténu des justifications acceptées par le fisc exaspère les magistrats chargés de juger les contentieux en la matière. L'un d'entre eux explique : « En matière civile ou pénale, il y a toujours une prescription qui permet de détruire les archives et d'effacer le passé. Là, si on mobilise le produit d'un don oublié reçu il y a plus de vingt ans pour acheter par exemple un bien immobilier, on peut être redressé ! Il n'y a pas de vraie prescription. »

1. Voir *Contrôle fiscal, droit et pratique*, *op. cit.*, p. 324-334.

Le calcul de la balance des espèces

C'est la troisième méthode du fisc pour traquer l'argent noir. Le vérificateur évalue les dépenses en espèces du contribuable et les compare aux ressources liquides du foyer, principalement les retraits en billets des comptes bancaires. Si les besoins de liquidités équivalent aux espèces officiellement disponibles, la balance est équilibrée. Aucun reproche ne sera adressé au contribuable. Mais si le montant des espèces utilisées est supérieur à l'argent liquide repérable, le fisc interrogera alors le contribuable sur l'origine des ressources ayant permis de financer le solde. Faute de réponse jugée satisfaisante, le fisc considérera que le déséquilibre correspond à des revenus cachés et notifiera un redressement sur ces sommes.

Les artisans et commerçants qui encaissent une partie de leurs recettes en liquide sont évidemment les premiers à être suspectés de dissimuler une partie de leurs revenus. Mais ils ne sont pas les seuls. Tout contribuable ayant un certain niveau de vie et procédant à d'importants mouvements financiers sur ses comptes est également dans le collimateur. L'établissement d'une balance des espèces n'est pourtant pas une science exacte. Car le vérificateur doit évaluer les dépenses courantes d'une famille (achats alimentaires, produits d'entretien, sorties, vêtements, etc.), généralement effectuées en liquide, tout en tenant compte du statut social, des charges de famille et des autres moyens de paiement utilisés, comme les chèques ou les cartes bancaires, les virements, les prélèvements automatiques. Ce calcul contient forcément une part d'approximation. Les acquisitions patrimoniales (voitures, équipement électroménager, immobilier, travaux, etc.) sont également épluchées, afin de savoir comment elles ont été réglées. La somme des espèces dépensées est alors rapprochée des billets retirés aux distributeurs ou aux guichets des banques, de l'argent liquide tiré de vente d'objets, de dons ou d'héritages. Le vérificateur aura une estimation de trésorerie et demandera au contribuable de lui fournir la sienne. C'est alors à ce dernier de prouver que le fisc a surestimé ses propres dépenses en espèces [1]. Et si le désaccord subsiste et que la taxation d'office sur de présumés revenus d'origine indéterminée a été imposée, il reste aux tribunaux à trancher ce débat mathématique : en évaluant le train de vie en espèces d'un foyer normal !

Heureusement, comme l'écrit Emmanuelle Mignon, « pour des raisons qui tiennent au caractère plus ou moins approximatif de l'évaluation du train de vie en espèces et à la brusquerie de la procédure, le juge a mis quelques bornes à l'utilisation de cette méthode ». Tout d'abord, l'écart calculé d'une balance des espèces ne doit pas provenir d'une simple estimation arbitraire du train de vie en espèces ou d'une seule extrapolation des années antérieures. Ensuite, il ne peut inclure des espèces provenant d'un patrimoine acquis avant les années contrôlées.

Une balance de trésorerie complète enfin le dispositif : celle-ci prend en compte l'ensemble des dépenses estimées d'un foyer (quel que soit le mode de règlement) et la totalité des ressources. Si le solde est positif de manière « significative » (aucune règle du double ne s'appliquant ici), le fisc peut demander des justifications sur cet « enrichissement » constaté. Une fois les explications du contribuable entendues et l'estimation des revenus réalisée, le vérificateur rédige un rapport — consultable, sous certaines conditions, par la personne contrôlée — à son supérieur hiérarchique. Si on ne lui reproche rien, le contribuable reçoit un « avis

1. Voir *Contrôle fiscal, droit et pratique, op. cit.*, p. 334-340.

d'absence de redressement » (formulaire n° 3953). S'il n'a pas déposé sa déclaration dans les temps, s'il s'est opposé au contrôle fiscal ou s'il a répondu de manière insatisfaisante aux demandes d'éclaircissements ou de justifications, nous avons vu que le fisc peut, après une mise en demeure, le taxer d'office. Enfin, s'il est suspecté d'enrichissement inexpliqué ou de revenus cachés, il est alors destinataire d'une « notification de redressement » (formulaire n° 3924) dans le cadre d'une procédure contradictoire. Il a alors trente jours pour formuler ses observations. Les événements s'enchaînent ensuite comme décrit précédemment pour le contrôle sur pièces : réponse aux observations du contribuable, dégrèvements éventuels, recours au supérieur hiérarchique, à la Commission départementale des impôts directs et des taxes sur le chiffre d'affaires (sur des questions de fait), mise en recouvrement, réclamation contentieuse puis devant les tribunaux... L'ensemble des recours pouvant prendre entre cinq et dix ans...

Bilan globalement négatif

Telles sont les règles légales et pratiques du « contrôle sur place ». Reste à savoir comment elles sont appliquées. Dans son exposé de septembre 1998, le ponte de l'inspection générale des Finances (IGF) Daniel Lallier critiquait sévèrement ceux qui en sont chargés. Qu'on en juge : « Les deux missions réalisées récemment par l'IGF dans deux directions à compétence régionale ont conduit à certains constats préoccupants. En ce qui concerne le contrôle fiscal dans les DSF (directions des Services fiscaux), même si la montée en puissance des brigades départementales de vérification constitue un progrès, les missions réalisées dans ces directions corroborent, en les accentuant, les observations faites dans les

DR (directions régionales). Tout en portant au crédit de la DGI l'augmentation des rappels de droits et pénalités, certaines faiblesses sous-jacentes, communes à toutes les structures vérifiées, appellent des réactions.

« *a) La politique d'animation est généralement défaillante* : la défaillance de l'animation du contrôle fiscal de la part de l'encadrement constitue le constat de fond, qui explique l'essentiel des dysfonctionnements. Les directions n'ont pas toujours une véritable politique de contrôle fiscal ; les chefs de brigade ne jouent que rarement leur rôle d'animation et de suivi du travail des vérificateurs. Chez ces derniers, c'est bien souvent une véritable logique de profession libérale qui prévaut, sans que le travail des meilleurs vérificateurs soit récompensé, ni que l'inefficacité de certains entraîne la moindre conséquence. Un tel climat aboutit, parfois, comme cela a été observé, au naufrage collectif d'une brigade. Dans ces conditions, les missions de l'IGF ont constaté, dans de nombreuses brigades, l'apparition de comportements de spécialisation sur les redressements de décalage (ceux qui « ne font pas mal ») ou sur les réductions de déficit ; par ailleurs, l'incapacité des vérificateurs à tirer les conséquences des vérifications effectuées sur la situation des personnes physiques revêt une portée générale. La faible correctionnalisation des affaires traduit également souvent une médiocre pugnacité (dans une direction, on enregistrait, pour chaque brigade, une proposition de plainte en moyenne tous les trois ans). Un élément important intervient en contrepoint de ce constat. Les instruments de mesure de l'efficacité du contrôle fiscal externe sont inadéquats : la qualité du travail des vérificateurs, la variété des redressements effectués, l'impact du contrôle en termes de recouvrement, tous ces points essentiels ne sont, pour ainsi dire, pas évalués. »

Travail aveugle, chefs incompétents, dérive de brigades, absence de mesures : les carences dénoncées par Daniel Lallier sont effrayantes. Elles conduisent, selon lui, à une politique aberrante des contrôles fiscaux externes :

« *b) La couverture du tissu fiscal est trop inégale* : les lacunes de l'animation expliquent les écarts, parfois considérables, qui ont été constatés dans la couverture du tissu fiscal. Elles entraînent des comportements de spécialisation sur des secteurs "faciles" dans tous les sens du terme (en termes de rentabilité des redressements et de simplicité de la culture fiscale) et l'apparition de secteurs sous-contrôlés.

« Quelques exemples permettent d'illustrer ces appréciations :

« — les secteurs où la vérification suppose des reconstitutions de recettes, qui sont jugées fastidieuses par des vérificateurs largement autonomes (hôtellerie, cafés, commerces de détail), sont des secteurs que les agents hésitent à vérifier ;

« — le taux de contrôle des BNC (bénéfices non commerciaux) est systématiquement très inférieur à celui des autres catégories. Vous savez tous que les vérificateurs préfèrent éviter de s'en prendre à ces contribuables "difficiles" ; et j'ai moi-même entendu, il y a deux ou trois ans, les directeurs le dire, sans chercher à dissimuler la vérité, lors d'un comité régional des directeurs en Auvergne ;

« — le taux de vérification des bénéfices agricoles ferme la marche : la mission réalisée dans un département a chiffré la périodicité à une vérification par millénaire, alors que d'autres secteurs économiques (marchands de biens) donnaient lieu à une vérification tous les trois ans. »

De trois ans à mille ans : on est loin de l'égalité de traitement revendiquée officiellement par Bercy ! Après ce constat cruel, l'inspecteur général des Finances peut bien mettre un léger bémol à ses critiques : « Toutes ces observations ne sont pas exclusives de constats positifs : il a été, par exemple, relevé que la politique de programmation d'une DR (direction régionale) était imaginative, soucieuse d'efficacité et d'évaluation des résultats. De même, le travail mené en matière de recherche du renseignement (BEP, BCR) s'est amélioré, même si l'appréciation portée sur ces services demeure généralement négative. Sur la base de tous ces constats, et compte tenu à la fois des enjeux budgétaires et de l'exigence de la lutte contre la fraude, l'IGF (inspection générale des Finances) a recommandé que l'on réfléchisse aux améliorations à apporter à l'exécution des missions de contrôle fiscal externe. »

Le bilan des contrôles sur place, véritables labyrinthes juridiques et financiers, est donc, de l'aveu même de Bercy, globalement négatif. Pas étonnant que ces vérifications se transforment souvent en cauchemar. Car ils reposent concrètement sur une logique aussi absurde que mystérieuse : la statistique.

8.

Le diktat de la statistique

Ils appellent cela « faire des cartons », c'est-à-dire notifier des redressements à tort et à travers pour gonfler les chiffres et afficher de glorieuses statistiques, dont la progression rassurante doit exaucer tous les vœux. Il faut que le ministre puisse claironner en fin d'année des résultats de redressements en hausse. « C'est vrai que je réclamais une augmentation de 5 % par an », avoue un ancien titulaire du poste. Il faut que les directeurs puissent se vanter d'une efficacité croissante pour obtenir un petit plus dans leur budget et une promotion attendue. Que les agents soient bien notés et affectés là où ils le souhaitent le jour venu. Que les syndicats conservent leur pré carré et leur clientèle. Sourires, carrières, rallonge et paix sociale. Que demander de plus ?

Le revers de la médaille est sombre : c'est une dévotion au dieu des chiffres. Et des situations souvent surréalistes, où des redressements notifiés se dégonflent ensuite à force de protestations et de dégrèvements. C'est ainsi que l'entreprise de cycles Starway a vu sa note ramenée de 29 millions de francs en 1994... à 140 000 F en 1998 [1]. Entre-temps, la société a dû déposer son bilan.

---

1. Cas rapporté par l'Ifrap dans son dossier 62-63 de mai-août 1999, « La DGI au service d'elle-même ».

Mais la DGI est sauve : le redressement de 29 millions a été notifié. Il est venu gonfler les sacro-saintes statistiques. On se croirait sous la houlette des plans quinquennaux soviétiques, qui affichaient trompeusement des tonnages de blé ou d'acier en hausse constante pour prouver l'efficacité du « socialisme réel »...

Il s'agit à peine d'une caricature. Pour s'en convaincre, il suffit, là aussi, de se plonger dans les écrits... des hauts fonctionnaires de Bercy sur leur propre maison. Avec une rare continuité, ils n'ont cessé de décrire le caractère ubuesque de ce diktat de la statistique. En 1990, dans son rapport d'audit sur le ministère, commandé par Pierre Bérégovoy après les grandes grèves des agents des Impôts de l'année précédente, l'inspecteur général des Finances Jean Choussat constatait avec stupeur : « Dans aucune autre entreprise au monde (sauf l'INSEE, sans doute...), les statistiques n'occupent une place aussi importante qu'à la DGI. L'observateur extérieur ne peut qu'être frappé par le caractère obsessionnel, passionnel, irrationnel des attitudes que ce terme suffit à susciter. Il est vite convaincu qu'il y a là un problème majeur, quasi pathologique, dont il cerne mal les contours. Pourquoi donc une technique aussi austère que la statistique déclenche-t-elle des réactions aussi viscérales ? Il finit par comprendre — ou croit comprendre — les griefs qui lui sont adressés : il y a trop de statistiques, il n'y a pas de retour des statistiques, les statistiques ne donnent qu'une image imparfaite du travail accompli, la gestion du personnel est trop influencée par les statistiques. Il y a sans doute [...] l'impression de vivre en permanence sous le regard froid de la caméra statistique. Il y a en tout cas une charge émotionnelle considérable : comment expliquer autrement que les agents aient inventé un néologisme : on fait ce qui statistique. »

Le diagnostic était peu flatteur. Pour calmer les

troupes après les grèves, l'administration s'est contentée de corriger à la marge les méthodes des contrôles fiscaux : les notations négatives des agents les moins productifs — les experts appelaient cela la « démodulation » — ont été supprimées ; et l'objectif de nombre de contrôles fiscaux par agent vérificateur a été ramené de 14 à 12 par an [1]. Deux gestes qui n'ont rien changé à la culture statisticienne de la DGI. Au contraire.

La norme des douze vérifications

La règle des douze « vérifications » par an s'est imposée depuis une décennie. À raison de 18 jours ouvrables en moyenne par vérification, et en tenant compte des congés payés, la douzaine de contrôles doit théoriquement être atteinte dans l'année par chaque agent. C'est de l'arithmétique pure ! Sans être obligatoire — personne ne risque de sanction —, ce qui était une moyenne indicative est devenu un impératif. « Il est imprudent d'être en dessous, mal vu d'être au-dessus », raconte un vérificateur. La qualité des contrôles, leur complexité, leurs suites financières ou contentieuses importent moins que le respect quasi religieux de ce chiffre magique.

Le rapport Roy, un document rédigé par des membres de la DGI en août 1997, et consacré essentiellement aux contrôles fiscaux sur les petites entreprises, déplore cette logique immuable. Il décrit surtout les effets pervers de cette obéissance aveugle à la norme des douze « cartons » annuels : « Hors ESFP (l'examen contradictoire de la situation fiscale personnelle, réservé aux particuliers), il existe pour 94 % des opérations un tarif

1. Notes du 30 mars et du 4 mai 1990 de la DGI.

— chaque opération compte pour un et douze sont à réaliser chaque année — et une méthode, la vérification générale. À partir de cette position de base, la gestion devient pratiquement mécanique à tous les niveaux hiérarchiques : le vérificateur réalise “ses” douze contrôles ; le chef de brigade calcule “sa production annuelle” en appliquant le coefficient de douze au potentiel humain disponible ; le directeur gère de la même manière en s’attachant moins à surveiller le tissu de son département qu’à démontrer à l’administration centrale qu’il respecte bien le tarif affiché. »

Très révélateur, ce même document livre quelques-unes des recettes employées par les fonctionnaires pour « tenir l’objectif » et se faire bien voir : « Dans cette logique, chaque échelon est son propre assureur. L’essentiel pour le vérificateur est d’avoir réalisé “ses” douze avec des résultats financiers acceptables. Pour le chef de brigade à huit vérificateurs “ses” 96, en dosant les “conformes”, les “moyennes” et les “grosses”. Pour le directeur de faire si possible un peu plus que “son quota” en nombre, en ménageant une légère progression des montants financiers. Pour parvenir à ce résultat “équilibré” sur l’année civile, chacun joue sur le stock des affaires en cours pour éviter les ressauts qui pourraient donner une image défavorable de l’opérateur. »

Les conséquences de ce suivisme sont caricaturales, selon ce rapport administratif : « Même si la direction générale se défend d’une approche par trop quantitativiste, tout en annonçant chaque année des résultats en progrès, force est de constater que toute la filière est motivée par la pression sur les résultats attendus en nombre de contrôles et en montants financiers auxquels s’ajoutent en deuxième ligne les poursuites pénales. » Conclusion ? Dès lors, toute l’activité de contrôle, à commencer par la sélection des opérations, est moins axée sur la surveillance du tissu fiscal, le contrôle des entreprises à risque ou encore l'appréhension de la fraude, que sur des résultats identifiés et sur la charge de conduite des opérations. Mieux vaut réaliser en quelques demi-journées une taxation d'office tardive au montant élevé et au recouvrement incertain qu'une vérification longue avec reconstitution de recettes pour un résultat financier aléatoire. »

L'aveu, venant de la DGI elle-même, est à peine croyable. On ne saurait être plus limpide : le contrôle fiscal n'a pas pour objectif la chasse aux vrais fraudeurs ! Il s'autojustifie par la conformité à des objectifs quantitatifs bidons. Les agents et leurs supérieurs doivent simplement respecter le « tarif affiché ». Quitte à faire au plus rapide, au plus commode. À frapper fort sur les contribuables les moins malins ou les plus faibles : c'est la conséquence d'un fonctionnement archaïque.

Ces défauts ont même été accentués ces dernières années par les outils informatiques de la DGI. Un logiciel, baptisé d'un joli nom champêtre, Alpage, comptabilise en effet les résultats détaillés du contrôle fiscal externe. Selon le rapport Roy, cette application informatique est « calée » sur cette logique quantitative, « qu'elle conforte dans son isolement ». Et elle contribue à rigidifier le système : « Le dispositif informatique est également très normatif dans la saisie des résultats, la valorisation des opérations, le suivi individuel des agents. En particulier, les statistiques de suivi par agent [...] posent pour chaque agent l'objectif de douze, détaillent les vérifications principales et analysent les résultats financiers, droits et pénalités, avec le total, les moyennes et médianes. »

Bref, Alpage sait jongler avec les chiffres. Mais il accroît, selon les termes du document de la DGI, trois défauts du système : « la coupure entre la gestion, le contrôle et le recouvrement » ; « la mise en exergue du résultat du contrôle comme valeur indépendante, voire supérieure » aux autres missions de la DGI ; enfin, « la part excessive de l'appréciation individuelle au travers des résultats financiers du contrôle ».

Car le vérificateur n'est pas seulement contraint de notifier coûte que coûte douze redressements chaque année. Ceux-ci doivent aussi atteindre un certain montant. Le tarif n'est pas officiel, puisque les textes interdisent théoriquement de noter les agents en fonction de leur « rendement ». Saisi d'un recours par un syndicaliste de la CFDT, le Conseil d'État a précisé en 1987 que « l'on ne peut pas relier l'appréciation portée sur la valeur professionnelle d'un agent au montant des droits rappelés à la suite des vérifications [1] ».

Dans la pratique, les notes qui déterminent l'avancement sont attribuées par les directeurs « à la tête du client ou sur la base des rendements affichés... », estime un syndicaliste. Le système d'évaluation est, en effet, basique : « Pour noter un agent, les circulaires posent comme seuls objectifs tolérés des notions telles que l'aptitude physique des agents, l'ordre, la mémoire appliquée, le sens de la prévision, l'organisation, le sens du travail en commun », écrit le chercheur Muriel Tremeur [2]. Mais ces notions « subjectives » ne peuvent vraiment entrer en ligne de compte que si les évaluateurs connaissent personnellement l'agent. Or, le supérieur hiérarchique direct n'intervient que marginalement dans l'appréciation. C'est le directeur départemental ou régional qui fixe les notes, en se référant assez naturellement aux seuls éléments « objectifs » dont il dispose, c'est-à-dire le montant des redressements qui servent à

---

1. Arrêt Plahuta du Conseil d'État, n° 61845 du 27 mai 1987. *Recueil des décisions du Conseil d'État*, Éditions Sirey, mai-juin 1987, p. 183-184.

2. *La Politique publique du contrôle fiscal*, par Muriel Tremeur, Economica, 1993, p. 99.

élaborer les statistiques nationales. Voilà comment des chiffres deviennent des seuils.

Soyons même plus précis : les témoignages concordent pour affirmer qu'à moins de 1 million de francs notifié en moyenne par entreprise redressée, les agents grimacent, car les notations risquent d'être moins favorables et les rêves d'avancement peuvent s'évanouir. Un des responsables d'une équipe de vérificateurs de la région parisienne ne cache pas sa fierté, en annonçant un score de 1,2 million de francs par redressement. Juste de quoi se faire bien voir de ses collègues et être apprécié par ses supérieurs...

Le rapport Roy l'affirmait sans détour : le vérificateur « est aujourd'hui davantage jugé sur ses résultats financiers que sur ses diligences, son goût de la recherche, son sens de l'approfondissement, sa capacité à proposer d'arrêter un contrôle ». Conscient de ces dérives grossières, le rapport suggérait, sans plus de précision, de « revoir la structure des indicateurs », lesquels survalorisent le nombre d'opérations et les montants des droits et pénalités rappelés, sans faire de lien en amont « avec l'assiette et la richesse du tissu » et, surtout, en aval avec « l'encaissement effectif au profit du Trésor » !

Autrement dit, la spécificité des entreprises ciblées, moins riches ou plus cachottières par exemple que les moyennes nationales, n'a quasiment aucune incidence sur les normes fixées. Et le fait que les sommes notifiées soient payées (ou pas) n'est absolument pas pris en compte dans l'évaluation du travail des agents. Cela peut paraître aberrant. Mais c'est une réalité décrite par ce rapport de la DGI. Le contrôle fiscal externe est, selon ses auteurs, « étranger à tout l'environnement auquel il est censé donner une fiabilité »... Le contrôle n'a même pas l'excuse d'une pseudo-efficacité. La DGI tourne comme un Gosplan. Coupé du monde réel.

À la recherche d'autres critères

La volonté de sortir de ce système préhistorique surgit de manière récurrente. La DGI cherche de nouveaux instruments de mesure de son activité. Elle s'intéresse, par exemple, au « temps moyen nécessaire pour réaliser chaque type d'opération de contrôle ». Cette donnée est actuellement absente du logiciel Alpage. Le rapport Roy de 1997 vantait les mérites de cette technique : « La plupart des organisations privées et publiques consignent le temps nécessaire pour réaliser une mission. Dans le privé, c'est un facteur essentiel du prix de revient et de la facturation. Ceci vaut pour le gros œuvre (bâtiment) comme pour les services (plomberie) et les cabinets d'audits consignent le temps passé sur chaque dossier. Dans le public (URSSAF, l'organisme collecteur des charges sociales des entreprises et salariés), le temps passé constitue un élément du rapport du vérificateur et il est utilisé à des fins statistiques [...] ils savent ainsi que, pour une entreprise exerçant tel type d'activité, réalisant tel chiffre d'affaires avec tel effectif, il faut en moyenne tant de temps pour effectuer tel contrôle [...] Cette approche exclut toute appréciation de la performance personnelle de l'agent qui peut, évidemment, se trouver confronté à un contexte particulier [...] (mais) ces moyennes constituent par ailleurs des repères pour éviter la prolongation anormale des contrôles dans les cas classiques. Elles sont, enfin, un élément de sécurité pour le vérificateur qui a effectué les diligences normales dans le temps habituellement nécessaire et qui n'a procédé à aucun redressement. »

Le document recommandait donc « d'enrichir les informations statistiques relatives aux vérifications de la durée des investigations sur place, comptées en demi-journées ». C'est ainsi qu'est née l'idée du comptage des contrôles en demi-journées de travail. Le document était bien conscient des limites sous-jacentes de ce modèle : « Le risque est que le vérificateur se concentre trop sur le comptage prédéfini et qu'il ne mène pas toutes les investigations qui seraient nécessaires. » D'où la nécessité d'un diagnostic *a priori* et d'un ajustement *a posteriori.* Ce mode de comptage suppose également que les règles d'évaluation soient claires, sans quoi des discussions et mécontentements peuvent survenir à l'issue du travail entre les vérificateurs et leur chef de brigade. « Il faut donc coupler le comptage *a priori*, qui est une valeur terrain mesurable (chef de brigade), avec un contrat global basé sur un taux de couverture (c'est-à-dire le pourcentage d'entreprises ou de particuliers visés) et de nombre d'opérations qui est plus politique [...] »

Cette méthode — nouvelle, mais complexe — impliquait de renoncer au « tout contrôle » quantitatif. Et au « suivi individuel des résultats financiers » pour lui préférer des résultats agrégés au niveau de la brigade puis de la direction. Tâche délicate, selon le rapport Roy : « C'est un point difficile qui exige une volonté politique. Il suppose d'admettre que l'augmentation du nombre des opérations, le meilleur ciblage par l'analyse-risque, le comptage *a priori* avec l'examen des investigations et du temps passé par les chefs de brigade, rapporteront autant, sinon plus, que le système actuel. L'instinct du chercheur et du chasseur chez le vérificateur ne disparaîtra pas avec la suppression du suivi individuel dans Alpage. Cet aménagement n'empêchera pas les chefs de brigade de juger objectivement leurs collaborateurs sur la quantité et la qualité de leur travail qui sont des valeurs reconnues par tous. Enfin, cette approche évitera de ternir l'image des services de contrôle par des redressements "d'apparence" destinés à "améliorer les résultats". Cette évolution s'est réalisée en quelques années à l'URSSAF, elle doit être possible à la DGI. »

En prenant exemple sur les règles de fonctionnement des contrôleurs de l'URSSAF, l'administration des Impôts pensait avoir trouvé la pierre philosophale pour passer « de la quantité à la qualité ». Sortir du tout-statistique pour entrer enfin dans l'ère du management moderne...

Pleine de résolutions, la DGI a testé en 1998 une nouvelle version du logiciel de suivi du contrôle, baptisée Alpage II, qualifiée de plus « ergonomique ». Comme prévu, celle-ci ne suit plus les objectifs par vérificateur, mais par brigade. Complexe, elle recense 300 types de redressement possibles, de manière à les suivre au plan financier. Et l'activité y est bien mesurée en nombre de demi-journées de travail, comme à l'URSSAF.

Mais c'était sans compter sur « les résistances au changement » propres à la DGI. Confrontés à ces nouveaux outils, les syndicats de la maison ont hurlé au loup : « Devra-t-on arrêter une vérification au bout de 10 jours et demi, parce que l'ordinateur n'a prévu que cette durée de travail sur ce type de redressement ? » interroge un fonctionnaire. Le SNUI a dénoncé « l'approche productiviste et normative du contrôle au travers de l'outils Alpage II » et s'est engagé à boycotter sa mise en application. De son côté, la CFDT a dénoncé l'éventuel « flicage » des agents et « l'absence de concertation » ayant précédé Alpage II. Tout en reconnaissant que le système ancien était complètement obsolète : « La course à la fiche est devenue la règle au mépris de la mission de contrôle, écrivait ce syndicat. La statistique s'est érigée en unique critère d'évaluation de la lutte contre la fraude. Aujourd'hui, l'administration condamne officiellement ce système qu'elle a mis en place et défendu jusque dans la notation des vérificateurs [...] Oui, il faut moderniser le contrôle fiscal externe, mais pas ainsi... »

Du coup, craignant des mouvements sociaux, la DGI

a prudemment décidé de rendre « optionnel » le comptage de temps. Puis elle a remballé pour le moment son Alpage II, qui nécessite de vrais « changements des mentalités ». Habile manière d'avouer que les esprits doivent encore mûrir un peu et qu'il faut s'armer de patience, avant de repartir à la charge.

Dans son exposé sur la DGI en septembre 1998, l'inspecteur général des Finances Daniel Lallier a avancé quelques idées complémentaires sur « le système actuel d'évaluation » du contrôle fiscal qui, selon lui, entraîne « des effets pervers, par le biais d'une adaptation excessive des agents aux indicateurs ». Le refrain est connu. Le haut fonctionnaire de Bercy suggérait alors de ne « comptabiliser les résultats du contrôle fiscal qu'après la production de documents attestant de la prise en charge par les comptables des impositions complémentaires ». Autrement dit, de ne compter les redressements qu'en fonction des recouvrements réels, et plus seulement des sommes notifiées artificiellement ! Daniel Lallier allait même plus loin en proposant de mesurer l'efficacité du contrôle sur pièces en fonction du nombre de propositions de contrôle sur place émises et de taux de réussite — ou d'échec — de ces vérifications. Les statistiques seraient toujours reines, mais elles mentiraient un peu moins. Et surtout, ces méthodes de calcul obligeraient les services compartimentés de la DGI à travailler ensemble. Une vraie révolution... Depuis l'énoncé de ces propositions, la direction générale des Impôts prône de manière évasive l'instauration de nouveaux critères de présentation des résultats du contrôle fiscal, mêlant le « dissuasif » (suivi et prévention sur certains secteurs sensibles), le « répressif » (le montant des pénalités de mauvaise foi et de plaintes correctionnelles) et le « budgétaire » (recouvrement réel des redressements). Mais il s'agit, dit-on, de simples consignes d'affichage, qui n'ont pas vocation à s'appliquer au travail concret des vérificateurs...

Malgré les efforts déployés pour tenter de sortir la DGI de l'ère soviéto-statistique, celle-ci reste encore figée dans ses glaces. « On nous rebat les oreilles avec la fin du quantitativisme et des douze contrôles par an, résume un agent. Mais tous les projets censés substituer à ces critères chiffrés de nouvelles normes plus qualitatives restent totalement fumeux. Du coup, en attendant, on s'arrange avec nos chiffres bidons pour qu'ils soient en hausse tous les ans. »

N'est-ce pas finalement plus simple de continuer à faire des « cartons » ?

9.

Des pièges à éviter

Vous pensez être un honnête citoyen, respectueux des lois et de vos devoirs civiques de contribuable. Vous avez déclaré tout ce que vous estimiez devoir déclarer, conformément à vos habitudes ou au conseil d'experts *a priori* compétents. Vous payez vos impôts normalement. Rien ne peut vous arriver. Vous ne craignez ni contrôle, ni redressement, ni pénalités, puisque tout vous semble en règle.

Erreur. Grave erreur. Naïveté coupable. Votre innocence et votre bonne foi pourront peut-être vous éviter le pire. Mais vous avez forcément oublié quelque chose. Un détail. Des détails. Sur les trois dernières années que le fisc est autorisé à ausculter, vos revenus, votre niveau de vie ou votre situation patrimoniale ont bien dû changer un peu. Et les textes également. Ce serait bien le diable si l'administration fiscale, obsédée par les chiffres, ne découvrait pas une bricole. Quelques défauts dans votre déclaration. Ou des contre-indications à l'application stricte du Code général des impôts, qui compte pas moins de 4 000 articles. « Les textes sont si complexes qu'il est très facile de se tromper », explique André Le Lan, spécialiste des questions fiscales à l'Association des usagers de l'administration et des services publics (ADUA) qui voit défiler des centaines de dossiers chaque année. La stratification des lois successives, la difficulté d'en maîtriser le vocabulaire, les divergences d'interprétation sont autant de chausse-trappes imparables. Il n'est donc pas inutile de recenser quelques-uns des pièges méconnus dont semble raffoler l'administration fiscale pour notifier ses redressements. Avec plus ou moins de zèle ou de perfectionnisme, selon les régions, les services et les agents. Mais avec une constance remarquée. Voilà donc cinq choses à ne pas faire inconsciemment.

Acheter ou vendre un bien immobilier

C'est un grand classique. L'acquisition ou la cession d'un logement attire forcément l'attention du fisc. D'abord parce qu'il opère sa ponction sur toutes les transactions immobilières, notamment grâce aux droits de mutation, ramenés à 5,5 % en septembre 1999. Ensuite parce que ces changements de propriétaires et ces évaluations d'actifs permettent d'actualiser et de revaloriser les bases des taxes foncières et des taxes d'habitation. Enfin, parce qu'elles mobilisent des sommes d'argent colossales : lors des 500 000 transactions immobilières annuelles, ce sont entre 200 et 250 milliards de francs qui changent de mains. Curieux et intéressé, le fisc veut en connaître l'origine (d'où vient l'argent dont dispose l'acheteur ?) et la destination (que va faire l'heureux vendeur des sommes ainsi récoltées ?). Lors de ces transactions, des trésors cachés peuvent apparaître, des fortunes se reconstituer, des plus-values se dégager. C'est le moment idéal pour scruter revenus et patrimoine. Ainsi, son attention peut être attirée quand un contribuable officiellement non imposable s'achète soudainement un joli mas provençal de 2 millions de francs. Ou lorsqu'un commerçant habitué à manier des espèces investit dans un appartement huppé de Paris. La DGI revendique ouvertement cette surveillance. Dans son rapport annuel d'activité 1998, elle s'enorgueillit d'une « approche plus globale des dossiers » dans le domaine immobilier : « Les informations patrimoniales, notamment les informations de recoupements relatifs aux acquisitions de biens immobiliers sont essentielles dans le cadre d'un contrôle de cohérence afin de s'assurer que les dépenses engagées sont en rapport avec les ressources déclarées. La détection au moyen de renseignements fonciers des situations anormales s'inscrit pleinement dans le cadre des objectifs prioritaires de la DGI pour lutter contre la fraude. Pour orienter leur action dans ce domaine, les services ont été destinataires de listes d'acquisitions immobilières dont la valeur est significative et qui ont été effectuées par des contribuables non imposables ou inconnus. »

La DGI ne précise pas le montant « significatif » des transactions qui alerte ses troupes... De toute façon, elle peut modifier ce seuil comme elle le souhaite. Car rien ne lui échappe du marché immobilier. Les permis de construire et les déclarations de travaux sont enregistrés par le fichier Lore, qui note même les montages financiers, les matériaux utilisés et les rendez-vous pris avec les services concernés des mairies ! Le suivi du cadastre est assuré par le PCI (Plan cadastral informatisé) et le logiciel Majic (Mise à jour des informations cadastrales). Les informations des bureaux de conservations d'hypothèques sont accessibles par Madere (Module accéléré de délivrance de renseignements) et bientôt, l'ensemble de la publicité foncière, notamment les déclarations des notaires, sera informatisée grâce à un logiciel au nom qui sent bon le paradis exotique, Fidji (Fichier informatique de la documentation juridique des immeubles). De plus, les prix pratiqués lors des transactions sont analysés par l'Œil (Observatoire des évaluations immobilières locales)... Relevant les prix au mètre carré, il suit chaque micromarché local, établit des fourchettes et permet de détecter la moindre vente effectuée au-dessous des prix moyens. C'est en général un indice de paiement « au noir » d'une partie de la transaction. Le fisc peut alors tenter de récupérer le manque à gagner — même minime — de taxes correspondantes...

Toutefois, certains abus du fisc dans ce domaine ont commencé à provoquer des réactions, au sein même de l'administration. Au point de figurer en bonne place dans la note du directeur général des Impôts datée du 3 février 1999[1]. On y relève notamment ce propos de bon sens : « La loi laisse un grand pouvoir d'appréciation dès lors qu'il s'agit de taxer une valeur par rapport aux éléments de comparaison significatifs [...] Mener un dialogue serein, alors même que le contribuable ne dispose pas des mêmes informations que l'administration, implique de ne pas retenir systématiquement et exclusivement les éléments de référence qui lui sont les plus défavorables, en l'absence d'argument démontrant qu'ils sont plus pertinents que les autres [...] »

Cette remarque générale du patron de la DGI est ensuite illustrée de trois conseils pratiques, en matière immobilière :

« — Ne pas perdre de vue qu'au sein d'une même ville ou d'un même quartier ou arrondissement, il peut exister des micromarchés où les prix constatés ne sont pas significatifs pour évaluer les biens situés en dehors de cette zone géographique privilégiée.

« — Il est souvent peu pertinent de raisonner sur la base d'un prix moyen au mètre carré, car les grands appartements se vendent proportionnellement moins cher que les studios ou les deux-pièces.

« — Il est recommandé de ne pas rejeter sans discus-

1. Voir l'intégralité de cette note du DGI en annexe, p. 263.

sions les observations du contribuable et d'aller visiter les lieux si le contribuable le propose par écrit, notamment pour apprécier la vétusté des locaux et l'ampleur des travaux à réaliser. »

Bref, le fisc est prié par sa direction d'avoir plus de discernement...

Emprunter de l'argent à des proches

Vous n'y songez jamais, car personne ne vous l'a dit : tout argent prêté par un tiers — famille, amis, connaissance — doit officiellement faire l'objet d'une déclaration à votre perception. Le Code des impôts précise, en effet, que « les personnes qui interviennent à un titre quelconque dans la conclusion des contrats de prêt [...] sont tenues de déclarer à l'administration fiscale la date, le montant et les conditions du prêt ». Vous tombez des nues ? Rassurez-vous : peu de contribuables connaissent ces règles élémentaires, qui permettent théoriquement de se couvrir contre tout redressement ultérieur. Car le fisc se délecte de ces prêts non signalés, de ces sommes qui arrivent inopinément sur les comptes bancaires, dont l'origine est suspecte puisque non officialisée. Ses vérificateurs ont pris l'habitude de les ranger dans la catégorie des « revenus d'origine indéterminée », taxables comme des revenus normaux. Une tolérance existe pour les prêts d'origine familiale de faible montant, qui peuvent échapper à la sentence, pourvu que les bénéficiaires apportent quelques éléments de bonne foi.

Mais les emprunts entre amis sont souvent redressés. Michel T., patron d'une petite société de sécurité dans l'Essonne, en sait quelque chose. Traversant une période économiquement difficile, cet entrepreneur, engagé dans la réinsertion des jeunes, avait emprunté

500 000 F à une amie pour soutenir passagèrement la trésorerie d'une de ses sociétés. Il avait pris la précaution de signer une reconnaissance de dette, d'établir un échéancier de remboursement qu'il avait même commencé à appliquer. Mais il avait omis de signaler ce prêt ponctuel aux impôts. Conséquence : « Malgré les papiers signés et le témoignage écrit de mon amie, le fisc a considéré que ces 500 000 F étaient des revenus cachés. » Avec les intérêts de retard et les pénalités, le montant du redressement atteignait les 500 000 F !

Mais attention : un piège peut en cacher un autre. Car il ne suffit pas toujours de faire, au moment du prêt, la démarche auprès du percepteur pour être totalement protégé. Marc, 38 ans, malade du sida, se retrouve ainsi dans la nasse. Un jour de 1997, le fisc lui demande de justifier des 378 000 F qui ont été crédités sur son compte, alors qu'il ne déclare que 40 000 F de revenus. Marc répond qu'il s'agit notamment de versements en espèces, suite à un prêt de 250 000 F que lui a consenti son père en juin 1992. Pour prouver sa bonne foi, Marc produit un document au fisc : il s'agit d'une attestation de ce prêt paternel, dûment enregistré à la recette des Impôts. Selon lui, tout est en règle puisqu'il a pris la précaution de signaler ce prêt au fisc. Il se trompe !

L'administration estime que cette attestation ne justifie rien, puisqu'elle ne précise pas les modalités de versement de ce prêt paternel, sous forme d'espèces ou de chèques. Bref, rien ne prouve que les versements effectués en liquide sur le compte bancaire de Marc quelques années plus tard proviennent de cet emprunt. Le malade a beau avancer qu'il a conservé cet argent à son domicile sans y toucher, le décalage entre la date du prêt et la remise des billets à la banque est considéré comme suspect ! Bien qu'aucun texte légal n'oblige quiconque à déposer immédiatement de l'argent liquide sur un compte, le fisc sanctionne Marc, qui a pourtant effectué la démarche, peu courante, en déclarant son prêt au fisc. D'autres versements de dons, en chèques ou en espèces, provenant d'amis ou de membres de sa famille, sont également contestés, au motif qu'il n'y a aucune concordance entre ces rentrées et les sorties de ces sommes. Marc doit aller plaider sa cause devant la Commission départementale des impôts d'Île-de-France. Il a apporté un épais dossier constitué de photocopies de chèques, d'attestations, de lettres. Un de ses donateurs s'est même déplacé pour témoigner qu'il lui a bien donné 10 000 F. Rien n'y fait. L'attestation de prêt ne suffit pas ! Les documents sont jugés peu probants. Le témoin n'est même pas entendu. Le fisc va redresser les sommes comme des revenus d'origine indéterminée... Maigre sortie de secours : porter le contentieux en justice. D'ici dix ans, Marc aura peut-être gain de cause...

Créer une entreprise nouvelle

Vous pensiez, comme d'autres entrepreneurs, que l'exonération de l'imposition sur les bénéfices de votre « entreprise nouvelle » vous avait été accordée pour trois ans de manière automatique et définitive. Encore une erreur. « Sous prétexte que des avantages fiscaux ont été accordés par le gouvernement à certaines catégories professionnelles ou à quelques types d'investissements, Bercy, opposé par principe à toutes ces mesures dérogatoires, fait tout pour réduire ces avantages, conditionner leur octroi, contrôler tous ses bénéficiaires, estime un juge administratif. Le fisc récure à la petite cuillère tout ce qui a été accordé. »

L'administration a d'abord contesté le caractère « nouveau » des entreprises bénéficiaires. Certains petits malins avaient, en effet, rebaptisé leur ancienne activité ou créé des filiales afin de pouvoir bénéficier de ces exonérations. « Dans 80 % des cas, la mauvaise foi était évidente », commente un ancien ministre du Budget. Le fisc a également restreint le champ des bénéficiaires aux seules activités industrielles ou commerciales, excluant curieusement les entreprises nouvelles réalisant, même à titre accessoire, des bénéfices non commerciaux, c'est-à-dire des prestations de matière grise ! Résultat : de nombreux créateurs de bonne foi ont été coincés. Ils ont tenu compte de ces exonérations pour leurs premières années d'activité et ont dû subir de sévères redressements sur leurs bénéfices trois ans après. Au motif qu'ils exerçaient naguère des métiers similaires ou qu'ils mélangeaient dorénavant plusieurs types d'activités...

Catherine M., 35 ans, en fait partie. Cette ancienne salariée d'une chaîne hôtelière a créé en 1995 une petite société de réhabilitation d'intérieur, qui réalise de menus travaux ainsi que des études de conception et d'architecture intérieure. Elle a obtenu facilement son statut d'entreprise nouvelle. Mais, trois ans après, le fisc a contesté le régime qui lui a été accordé. D'abord parce que la gérante exerçait à son compte la même activité que celle qu'elle exécutait comme salariée de la chaîne d'hôtellerie. Aux yeux du fisc, la différence de statut ne faisait rien à l'affaire ! Ensuite parce que son travail comportait une part de prestations immatérielles — qualifiées de libérales —, mélange qui proscrit l'exonération. Catherine M. a été redressée sur la totalité de ses bénéfices des trois années antérieures, soit 1,5 million de francs. Sans compter les pénalités. « Autrement dit, pour avoir droit à l'avantage fiscal des entreprises nouvelles, elle devait changer de métier et surtout ne pas dispenser un franc de conseil, soupire son avocat. C'est complètement antinomique avec la logique actuelle d'essaimage et avec l'évolution des micro-entreprises vers les métiers de services et des technologies de l'information. Le fisc voudrait décourager la création d'entreprises qu'il ne s'y prendrait pas autrement. »

Léger infléchissement ? La note précitée du directeur général des Impôts, de février 1999, évoque ces problèmes d'exonération. Le directeur estime d'abord que les délais de remise en question par le fisc de ces avantages sont souvent trop longs : « Lorsque l'administration fiscale a la conviction qu'un régime de faveur n'est pas applicable (abattement réservé aux entreprises nouvelles, crédit d'impôt-recherche). Il convient de ne pas laisser s'écouler un délai trop important de nature à obérer la situation financière de l'entreprise et de régulariser au plus vite la situation. Tel est tout particulièrement le cas lorsque les activités sont clairement en dehors du champ d'application. »

Mais au-delà des questions d'agenda, le directeur des Impôts incite également à une plus grande tolérance des différentes activités des créateurs d'entreprises. Mais dans certaines limites : « Le régime d'exonération des entreprises nouvelles implique l'exercice exclusif d'une activité éligible. Mais il n'y a pas lieu de remettre en cause ce régime lorsque l'activité exercée par le contribuable est très marginale (exemple : peintre en bâtiment, par ailleurs artiste « à ses heures », vendant très épisodiquement et pour une somme sans rapport avec son chiffre d'affaires). »

Les textes sont si contraignants que le pauvre artisan pouvait jusqu'à présent subir les foudres du fisc s'il tâtait du pinceau le week-end !

Toucher des indemnités de licenciement

Théoriquement non imposables, les indemnités de licenciement sont dans le collimateur du fisc. Jusqu'à ces dernières années, la jurisprudence protégeait la partie de ces sommes correspondant à des dommages et intérêts. *Grosso modo* la portion des indemnités assimilée à un simple « revenu de remplacement » était taxée et celle réparant un « préjudice moral » ne l'était pas. La frontière dépendait de chaque cas dont les tribunaux étaient saisis. La montée du chômage et la difficulté de retrouver du travail après un certain âge justifiaient cette défiscalisation partielle, consécutive à une rupture brutale du contrat de travail. Mais ces règles ont évolué : certains licenciements ou départs négociés donnent désormais lieu à des versements consistants, dont le fisc s'estime injustement écarté. « Comme les textes sont flous sur le sujet, l'administration est libre de requalifier ce qu'elle veut selon ses propres critères. Les vérificateurs prennent souvent des positions de plus en plus radicales, en contestant la totalité de ces sommes. Il faut maintenant se bagarrer pied à pied jusqu'au tribunal pour défendre la notion de dommages », explique Jean-Louis Laborie, avocat au cabinet Jean Lucien. Leurs méthodes ? « Ils surveillent les annonces de plans sociaux, puis contre-attaquent en se concentrant sur les cadres qui partent avec de belles indemnités », indique l'avocat. C'est ainsi qu'une quarantaine de cadres français d'une banque britannique, éjectés lors d'une charrette, ont été redressés. Les contentieux sont en cours devant les tribunaux... En octobre 1999, les dizaines de millions de francs d'indemnités de départ présumées de l'ancien président d'Elf Aquitaine, Philippe Jaffré, ont marqué les esprits : choqués par de tels « parachutes dorés », les députés de la majorité ont immédiatement voté un amendement taxant systématiquement la partie des indemnités transactionnelles supérieure à 2,365 millions de francs...

Cependant, en dessous de ce seuil, le fisc ne lâche pas toujours prise. La chasse aux cagnottes des licenciés peut même toucher des salariés aux revenus modestes.

Mme Grimal était employée à l'usine Cit-Alcatel près de Cherbourg. En 1988, les restructurations du secteur des centraux téléphoniques conduisent cette filiale importante du groupe Alcatel à procéder à des licenciements. Le plan social touche 216 salariés de l'usine. La direction verse des indemnités en fonction de l'ancienneté et des salaires. Le pécule moyen est de 150 000 F par licencié. Tout juste de quoi amortir le choc et tenter de se reconvertir dans une région portuaire touchée de plein fouet par la crise économique. « On nous a dit que ces indemnités n'étaient pas imposables, alors personne ne les a déclarées », se souvient Mme Grimal. Trois ans plus tard, à la limite de la date de prescription, les services fiscaux de Saint-Lô passent tous les licenciés de Cit-Alcatel à la moulinette. Et redressent à tout va la plupart des salariés sur leurs indemnités, pour des sommes allant de 5 à 50 000 F. Les victimes du plan social n'en reviennent pas : « Nous avions déjà été frappés une fois, et cela recommençait. Certains étaient encore au chômage, d'autres avaient dû se mettre en préretraite. La plupart avaient déjà dépensé cette somme. Nous étions tous choqués. »

Conscients de la faiblesse de leurs moyens de défense s'ils restaient isolés face à cette contre-attaque fiscale, les 216 salariés s'organisent. Une association de défense du plan social d'Alcatel (ADPSA) voit le jour, présidée par l'époux de Mme Grimal. « Il est apparemment plus facile pour le fisc de persécuter les petits que les gros. Mais nous avons décidé de tout contester », explique celui-ci. Malgré l'inquiétude perceptible de certains ex-licenciés qui craignent alors des poursuites, l'association recommande à ses membres de refuser de payer les sommes mises en recouvrement par le fisc. Et conseille de déposer des recours devant le tribunal administratif de Caen, quitte à fournir les garanties financières exigées en cas de contentieux.

Le bras de fer, long et usant, n'est pas payant. Le tribunal condamne, en effet, les plaignants à régler les impôts sur leurs indemnités de licenciement. Des pénalités classiques de retard s'ajoutent à l'addition. Pris à la gorge, les membres de l'ADPSA sont contraints de vider leur bas de laine. Ils obtiennent seulement des remises gracieuses sur certaines pénalités, après être intervenus collectivement auprès du ministre du Budget de l'époque, à savoir Michel Charasse. Mais les combattants ne s'avouent pas totalement vaincus. Ils font appel de la décision du tribunal devant la cour administrative d'appel de Nantes. Après des années d'instruction, cette instance finit par leur donner raison. Le fisc est obligé de rembourser les impôts injustement collectés aux 216 salariés ! Nous sommes alors en 1997, soit près de dix ans après les licenciements...

« Nous pensions être enfin débarrassés de cette vieille histoire », poursuit Jean-Jacques Grimal. C'était compter sans la persévérance acharnée de l'administration, qui porte l'affaire devant le Conseil d'État. « C'est le pot de fer contre le pot de terre, poursuit le président de l'ADPSA. On a l'impression que le fisc s'accroche à nos dossiers pour obtenir une jurisprudence sur le sujet. Il est prêt à aller jusqu'au bout, quel que soit le ridicule de la situation et les sommes en cause. Et il sait très bien que bon nombre de gens comme nous, simples ouvriers, n'ont pas les moyens de se payer une défense devant le Conseil d'État. Et que certains sont découragés : ils ont été obligés de geler ces 15 à 20 000 F depuis plus de douze ans, sans pouvoir en disposer à leur guise. Vu les délais de traitement des affaires devant le Conseil d'État, certains seront morts avant de savoir s'ils ont raison ou tort. »

En attendant, les ex-salariés de Cit-Alcatel peuvent se consoler : ils ne sont pas seuls à être dans cette galère. L'usine de Cherbourg a subi de nouvelles vagues de licenciement au début des années 1990. Plusieurs centaines de salariés éjectés par les plans sociaux ont, eux aussi, connu la même mésaventure fiscale. Une deuxième association est née. D'autres victimes de charrettes, sur les sites d'Orléans, Guingamp, Perpignan, du groupe Alcatel ont également été redressées. Les contentieux ont fleuri aux quatre coins de l'Hexagone. Le fisc veut sa part du gâteau des licenciements. Épatant, non ?

Gérer sans soucis une association

Sept cent mille structures, 9 millions de bénévoles et 1,2 million de salariés : le secteur associatif français est bien vivant. Comme la plupart de ces structures ne poursuivent aucun but lucratif, elles ne sont théoriquement pas imposables sur les bénéfices, ne règlent pas de taxe professionnelle et bénéficient d'exonération de TVA. Seules les associations ayant une activité entrant directement en concurrence avec des entreprises étaient soumises à ces impositions. La frontière pouvait paraître claire. Mais, en réalité, de nombreuses associations à but non lucratif ont développé au fil du temps quelques activités marchandes. Et certaines d'entre elles ont été punies par le fisc. Comme ce club de sport de Nanterre, redressé de 1 million de francs parce qu'il organisait des voyages pour ses membres... comme un tour operator.

Jugeant ce régime fiscal « inadapté et ambigu », le secrétariat d'État au Budget a décidé de tout remettre à plat. Un nouveau Plan comptable, destiné à rendre les associations plus transparentes, a été élaboré pour entrer dans les faits à partir du 1er janvier 2000. Le régime fiscal devait subir un dépoussiérage. Dans un rapport prudent sur ce sujet, Guillaume Goulard, magistrat au Conseil d'État, jugeait au printemps 1998 que

« l'assujettissement aux trois impôts commerciaux remettrait en cause, sinon l'existence des associations qui en sont menacées, du moins leur logique de fonctionnement, et notamment l'apport de leurs bénévoles ». Le document expliquait que le « risque de distorsion de concurrence ne devait pas être surestimé », ajoutant « qu'en dehors des cas de paracommercialisme avéré, qui restent très rares, il ne doit pas conduire à remettre en cause les avantages fiscaux dont bénéficient les associations[1] ».

Le message n'a été que partiellement entendu. Le coup d'éponge promis sur les ardoises fiscales passées n'a guère été suivi d'effet. En septembre 1998, une instruction ministérielle a précisé le régime fiscal, et notamment celui des exonérations, devant s'appliquer à partir du 1er janvier 2000 : une association paie des impôts commerciaux si elle est « intéressée ». Autrement dit, si « des rémunérations ou des avantages significatifs sont consentis à des dirigeants ou à des tiers ». Ce qui veut dire que tout versement d'une rémunération à un salarié d'une association suffit à la rendre taxable ! Ou si « elle développe une activité exercée par une entreprise lucrative, en visant le même public, en pratiquant des prix comparables et en ayant recours à des méthodes commerciales[2] ».

Devant le tollé du milieu associatif, les pouvoirs publics ont précisé dans la loi de Finances 2000 que les recettes commerciales ne seraient taxables que lorsqu'elles sont supérieures à 250 000 F par an. Cette franchise libère la plupart des petites associations de soucis

---

1. Cité par l'avocat Noël Raimon, avocat au cabinet Fidal, dans son article « Fiscalité des associations, le bénévolat recalé », *Les Échos*, 28-29 mai 1999.

2. Voir l'article de *La Tribune* du 27 mai 1999, « La fiscalité des associations bute toujours sur des difficultés ».

majeurs. Mais cette mesure ne calme pas les craintes des associations de taille moyenne, dont le fragile équilibre financier ne tient souvent qu'à quelques recettes complémentaires de buvette, de tombola ou de ventes de tee-shirts. Pour peu qu'elles emploient un permanent à mi-temps ou engrangent un peu plus que les 250 000 F requis, le fisc peut les imposer. « Les nouvelles dispositions clarifient la plupart des règles du jeu, estime l'avocat Noël Raimon. Elles vont dissuader certaines associations de faire tout et n'importe quoi. Mais il est évident qu'il y aura pas mal de contentieux fiscaux car il y a de nombreux points à préciser, notamment sur les comparaisons avec des activités commerciales classiques. » Bénévoles, les casse-tête vous guettent...

Faire un montage d'optimisation fiscale

Vous voulez diminuer vos impôts légalement ? C'est possible. Chaque établissement bancaire, chaque assureur, chaque expert-comptable, chaque avocat spécialisé, chaque notaire, chaque expert des placements a sa petite idée sur ce qui peut vous convenir. Des exonérations, des placements défiscalisés, des déductions, des abattements, des déficits, des montages de sociétés civiles. Apparemment, il serait stupide de passer à côté de toutes les astuces légales quand on peut réduire ainsi son « exposition fiscale ».

Mais attention, l'administration veille. L'exemple des investissements défiscalisés dans les DOM-TOM ou dans les parts de bateaux (quirats) a fait couler beaucoup d'encre : le fisc a, en effet, redressé de nombreux contribuables qui croyaient avoir investi dans des niches fiscales et n'avaient, en réalité, pas toujours respecté à la lettre les conditions d'octroi. « Beaucoup de gens de bonne foi se sont fait rouler, affirme un avocat. On leur a vendu des placements qu'ils croyaient défiscalisés. Puis, lorsque le fisc leur est tombé dessus, ils se sont rendu compte que les bateaux n'étaient pas exploités à partir des territoires français ou que les hôtels construits aux Antilles étaient vides. Alors ils ont dû assumer les pertes de leur investissement et une refiscalisation des sommes contestées. » Cette double punition n'émeut guère les responsables de la DGI, qui estiment avoir ciblé des abus grossiers. « Comme il s'agissait d'avantages fiscaux portant souvent sur plusieurs millions de francs, nous étions en droit d'y regarder de près. »

Cette chasse légitime aux dérives se transforme en piège redoutable lorsque le fisc se sert d'une de ses bombes juridiques : « la répression de l'abus de droit ». Codifiée par l'article L. 64 du Livre des procédures fiscales, cette disposition permet à l'administration de frapper sévèrement les contribuables qui, sous couvert d'opérations juridiques, réalisent des montages dont le seul but est d'éluder l'impôt. Requalifiant ces opérations, le fisc applique alors la pénalité maximale de 80 %, dite de « manœuvre frauduleuse ». Les tribunaux ont progressivement affiné la jurisprudence de « l'abus de droit » que le professeur de droit Maurice Cozian, de l'université de Bourgogne, définit comme « un mensonge juridique destiné à tromper le fisc [1] ».

Jusqu'à ces dernières années, cet article L. 64 était utilisé de manière très exceptionnelle par la DGI : une vingtaine de dossiers étaient soumis chaque année pour avis à un Comité consultatif de répression des abus de droit. Cet arsenal servait surtout à sanctionner les cas les plus graves d'évasion fiscale, comme des donations déguisées en ventes ou des crédits d'impôts fictifs. C'est ainsi qu'entre 1983 et 1989, la plupart des grands groupes industriels français ont, avec l'aide de banquiers

1. Cité dans *Contrôle fiscal, comment s'y préparer*, *op. cit.*, p. 34.

complices, bénéficié dans des conditions discutables de 40 milliards de francs de crédits d'impôt en jonglant avec des parts de fonds communs de placement, baptisés « Fonds turbo ». L'affaire semblait si grave que le fisc est intervenu en arguant d'abus de droit. Mais l'administration, se réfugiant derrière un avis négatif de la Commission des infractions fiscales, n'a pas pu dénoncer ces faits au parquet. De plus, saisi de nombreux contentieux sur ce sujet, le Conseil d'État a finalement estimé en avril 1998 que les bénéficiaires n'avaient pas commis d'abus, mais simplement profité des failles de la loi. Et le tribunal administratif de Toulouse a même précisé, en décembre 1998, que c'était au fisc de prouver que ces fonds communs de placement avaient commis des irrégularités [1].

Ce revers dans l'affaire des « Fonds turbo » n'a pas découragé la DGI. Au contraire. Selon l'avocat Jean-Marc Tirard, l'arme de l'abus de droit « fait l'objet d'une application de plus en plus fréquente chaque fois qu'un contribuable utilise des dispositions qui lui sont offertes par la loi pour atténuer sa charge fiscale ». Et plusieurs fiscalistes citent une série de montages qui peuvent être désormais dans la ligne de mire de l'article L. 64 : les sociétés civiles immobilières [2] ; l'absorption de société bénéficiaire par une société déficitaire ; les transferts d'actions via des PEA (plans d'épargne en actions) entre des associés de cabinet de professions

---

1. Voir l'avis du Conseil d'État du 8 avril 1998 et jugement du tribunal administratif de Toulouse du 8 décembre 1998. Cités dans l'article de Henri de Feydeau dans *Les Échos* du 5 juillet 1999, « Fonds turbo : premier jugement après l'avis du Conseil d'État d'avril 1999 ». Voir également pour un commentaire sur la décision du Conseil d'État à propos des fonds turbo le *Rapport public* du Conseil d'État, 1999.

2. Voir à ce sujet l'article « Le fisc traque les SCI », par Patrick Lelong, *La Vie française*, 11-17 septembre 1999.

libérales ; les filialisations d'activités destinées à gonfler les amortissements ; la création de holdings familiaux pour différer des impositions de dividendes ou plus-values.

Reconnaissant implicitement cet usage parfois intempestif, le directeur général des Impôts a expliqué à ses troupes, dans sa fameuse note de février 1999, que la répression des abus de droit — « procédure d'exception » — doit « être utilisée avec discernement ». Sage cadrage. Mais gare ! Tout ce qui frôle l'évasion nécessite maintenant de savants conseils. Car l'épée de Damoclès pèse lourd : 80 % de pénalités ! Même quand on est riche...

10.

Riches et célèbres, gare à vous

« Eux, ce sont les pit-bulls ! Ils ne lâchent jamais prise. Comme ils s'attaquent à des gens qui manient pas mal d'argent, ils voient de la fraude partout. Même quand ils ont tort, ils ne veulent pas l'admettre et vont jusqu'au bout. » À qui s'adressent ces gentillesses, proférées, en langage peu juridique, par un haut magistrat d'un tribunal administratif, spécialiste de contentieux fiscal ? Aux quinze brigades spécialisées de la DNVSF, autrement dit, la direction nationale de vérification de situations fiscales. Cet intitulé générique masque le ciblage pointu de la « clientèle » dont la DNVSF s'occupe : le haut de gamme. Les personnalités. Les riches et les célèbres.

En d'autres temps, on aurait parlé de « brigade mondaine ». Mais la DNVSF ne s'occupe pas d'affaires de mœurs... Ses 240 agents s'intéressent — avec détermination, disent ses défenseurs — aux impôts des huit à dix mille VIP. Sur la base de soupçons de fraude, elle en contrôle environ 600 chaque année, inspectant soit la comptabilité de leurs sociétés, soit leur situation fiscale personnelle (ESFP). Et parfois les deux... On comprend que ses vérificateurs se fassent craindre ! « Nous n'avons aucune animosité particulière, clame un des responsables de la DNVSF. C'est vrai que les sommes en jeu sont plus importantes. Mais il n'y a pas de raison que les gens qui gagnent bien leur vie ne respectent pas leurs obligations fiscales ou échappent à des contrôles réguliers. Nous les traitons comme les autres contribuables. »

Comme les autres ? Pas tout à fait. Car la DNVSF a justement été créée en 1983 pour « traiter » spécialement une population particulière. Il est vrai que durant les années 1970 des personnalités des arts et du spectacle prenaient parfois quelques libertés avec le fisc. Il a fallu le zèle de Giscard, d'abord ministre des Finances, puis président de la République, pour que l'administration commence à traquer les oublieux. Jusqu'à les harceler méthodiquement. C'est ainsi que le chanteur Michel Polnareff fut déshabillé par le fisc qui lui réclamait 5 millions de francs en 1974. La vedette a fini par s'exiler aux États-Unis. Le fisc n'a reconnu sa bonne foi qu'en 1988 [1]. D'autres chanteurs ont également été alignés par les Impôts, comme Claude François, Johnny Hallyday, Richard Anthony, Charles Aznavour, Dalida. Sylvie Vartan a préféré établir sa domiciliation fiscale aux États-Unis. L'animateur télé Philippe Bouvard a été contrôlé trois fois en dix ans et s'en est tiré à chaque fois avec des redressements modestes. Guy Lux a été, en revanche, sévèrement accroché.

La litanie des stars épinglées se poursuit tout au long des années 1980 et 1990. Le compositeur Jean-Michel Jarre écope d'un redressement de plusieurs millions de francs en avril 1981, pour n'avoir pas fait de déclaration durant trois ans. Le comique Coluche n'échappe pas aux contrôles, laissant à sa mort, en 1986, une importante dette fiscale à ses héritiers. Le bel Anthony Delon subit également un sévère rappel en 1988. L'animateur de télé et de radio Julien Lepers, soupçonné d'avoir oublié de déclarer d'importantes recettes, s'acquitte

---

1. Voir les *Dossiers du Canard enchaîné*, « L'enfer du fisc », octobre 1999.

finalement de son dû. Il a été condamné en 1994 à un an de prison avec sursis et 150 000 F d'amende par le tribunal de Nanterre en première instance. Son collègue Patrick Sabatier, trop discret sur les millions de francs encaissés par sa nouvelle société de production Télévasion, s'est d'abord vu infliger un sérieux redressement, avant d'être condamné à 250 000 F d'amende et à quatre ans de prison avec sursis en 1996[1]. Décision qu'il a, bien sûr, contestée en appel. Tant que ces dossiers ne sont pas jugés en appel, aucune sanction n'est définitive, et les contribuables visés sont, bien sûr, présumés innocents.

Un vivier très varié

Est-ce à dire que les agents de la DNVSF ne se passionnent que pour les vedettes du *show-biz* et de la télévision ? Pas vraiment. Le vivier de cette direction n'est pas défini par le hit-parade de la chanson ou les modes médiatiques. Il est plus large : la DNVSF a théoriquement compétence pour contrôler les contribuables dont les revenus du foyer fiscal — ou le chiffre d'affaires pour les membres des professions libérales — sont supérieurs à 5 millions de francs par an, ainsi qu'à ceux qui sont soumis à la dernière tranche de l'ISF (impôt de solidarité sur la fortune), correspondant à une valeur de patrimoine taxable supérieure à 45,58 millions de francs en 1998.

De plus, elle peut hériter d'autres dossiers jugés « complexes », comme ceux des dirigeants de grandes sociétés, des personnes relevant d'au moins deux conventions fiscales internationales ou de résidents se prétendant domiciliés à l'étranger, que le fisc pour-

1. Cas rapportés dans les *Dossiers du Canard enchaîné*, *op. cit.*

chasse assidûment[1]. La DNVSF a donc dans sa mire un large échantillon d'environ dix mille « hauts revenus » où se côtoient la star et le milliardaire, le top-model et le footballeur, le grand patron et l'avocat en vue, le boxeur et le *golden boy*, l'ancien ministre et le chirurgien renommé.

Pour s'occuper de tous ces « cas sensibles », cette direction dispose de moyens spéciaux. Ses bureaux, à part, ne ressemblent en rien aux immeubles de béton et de verre fumé de la direction générale des Impôts, qui jouxte le siège des Finances, à Bercy. La DNVSF loge, en effet, dans un vieil immeuble de style, aux parquets lambrissés et aux escaliers bourgeois, dans une artère cossue du XVIIe arrondissement de Paris. Une adresse de bon ton pour recevoir une clientèle qui habite souvent dans l'Ouest parisien[2]. L'administration a pris la précaution de ne pas afficher trop ouvertement sa présence sur le fronton de sa porte, afin, sans doute, de ne pas attirer l'attention de voisins curieux sur les honorables visiteurs qui en franchissent le seuil !

Dans cet antre discret, les dossiers sont rangés dans des coffres hermétiquement clos. Car la maison recèle bien des petits secrets, sur tout ce que la France compte de personnalités, qui ne souhaitent pas vraiment que l'on connaisse leurs revenus... et souvent encore moins qu'on détaille leurs démêlés avec le fisc. De toute façon, le secret fiscal, valable pour tous les contribuables, est censé les protéger d'éventuels dévoilements. Mais les

---

1. Voir à ce sujet le chapitre 11, « Halte aux domiciliations fictives ».

2. Selon les données du ministère des Finances pour l'année 1998, les trois arrondissements parisiens du VIIe, XVe et XVIe concentrent en effet 21 297 assujettis à l'impôt de solidarité sur la fortune, soit 11 % du total français (193 944), qui ont payé 2,3 milliards de francs (107 642 F par personne), soit 20,5 % des 11,1 milliards collectés au plan national pour l'ISF.

vérificateurs de la DNVSF ne cachent pas que ce silence imposé les met épisodiquement en rogne : « Quand on entend tel ou tel acteur se plaindre publiquement à la télévision d'un harcèlement fiscal dont il se dit victime, alors que l'on connaît parfaitement son dossier et ses pratiques frauduleuses, nous enrageons de ne pas pouvoir répondre vertement », explique l'un d'eux.

Pour intégrer les équipes de cette direction qui doit savoir se contenir, la sélection est rigoureuse. Les compétences dans le domaine de la fiscalité internationale sont évidemment recherchées. Experts en paradis fiscaux, en montages juridiques, en placements financiers, en droit des sociétés forment l'ossature des quinze équipes de contrôleurs. Lesquels sont prévenus qu'ils ne sont pas là pour se faire signer des autographes par les gens célèbres dont ils ont la charge. « Certains s'imaginent qu'ils vont côtoyer des vedettes, raconte un ponte de la DNVSF. Mais nous les décourageons d'entrée. Au mieux, nous voyons les avocats de tout ce beau linge... »

Une liste visée en haut lieu

En lien avec les limiers de la direction nationale des Enquêtes fiscales (DNEF) ou des brigades régionales et locales qui glanent les renseignements, ou avec les équipes de la direction des Vérifications nationales et internationales (DVNI) qui contrôlent les grandes entreprises, les agents de la DNVSF tentent de repérer de « bons clients ». Autrement dit, ceux dont le train de vie apparent — achats de voiture de luxe, de villas somptueuses, d'antiquités ou de tableaux — ou dont les gains médiatisés — indemnités de départ, plus-values boursières, stock-options — semblent décalés par rapport aux éléments déclarés sur les revenus ou la fortune (ISF). Et quand, après enquête et recoupement, les « discordances » se confirment et qu'ils ont des « motifs sérieux » de douter de la sincérité des VIP, les agents « programment » leurs contrôles. À ces cibles individuelles s'ajoutent des « axes de recherche » visant une catégorie particulière de hauts revenus, suspectée d'avoir un penchant manifeste pour l'évasion fiscale : ce fut le cas des footballeurs professionnels à la fin des années 1980, dont les « sociétés d'image » domiciliées à l'étranger servaient à soustraire des millions de francs versés par les clubs aux appétits du fisc. Les mannequins ont ensuite pris le relais : leur mobilité permanente les incitait à ne pas déclarer de revenus en France ou à se domicilier à Monaco ou Gibraltar. Le « programme » a finalement été arrêté, la plupart des top-models ayant fui la France... « On en a un peu trop fait », reconnaît un agent de la DNVSF. Désormais, ce sont les nouveaux riches, liés à l'Internet, au commerce électronique qui sont dans le collimateur. Auxquels viennent s'agréger, de manière récurrente, quelques « axes » classiques, touchant avocats, conseillers financiers, chirurgiens, dentistes, professionnels du textile...

Avant de débuter les contrôles, la liste de toutes les proies est soumise pour aval à la direction générale des Impôts ainsi qu'au cabinet du ministre du Budget. « On ne déclenche pas les vérifications sans avoir informé les hautes autorités de nos soupçons et reçu un feu vert sur notre programmation », explique un agent de la DNVSF. La plupart des titulaires du portefeuille du Budget exigent d'ailleurs d'être mis au courant des enquêtes fiscales sur telle ou telle personnalité, tout simplement parce qu'elles viennent souvent plaider leur cause ou tenter d'obtenir *in fine* un « arrangement » dans leur bureau [1]. Et certains ministres, prudents ou protecteurs, n'hésitent pas à intervenir pour rayer un nom des « pro-

1. Voir, pour plus de détails sur le rôle actif des ministres, le chapitre 15, « Le ministre est au courant... »

grammations ». C'est ainsi que l'un d'entre eux, marqué à droite, stoppa net les investigations envisagées sur une grande star de la télévision, classée à gauche, alors même que les agents avaient repéré de très mystérieux mouvements financiers de plusieurs millions de francs sur ses comptes, logés dans le paradis fiscal de Jersey...

Mais, en règle générale, à partir du moment où le dossier paraît étayé, la DNVSF a les coudées franches. Même s'ils peuvent rester courtois, ses contrôleurs ne prennent alors plus de gants. « Ils connaissent la musique, admet un avocat qui les côtoie souvent. Difficile de leur raconter des histoires sur des opérations de défiscalisation du type loi Pons, dont ils connaissent toutes les ficelles. Dur de les coincer sur les sociétés civiles immobilières, les conditions de domiciliation fiscale ou les systèmes d'évasion avec des sociétés écrans. » Georges Bellavoine, le patron de la DNVSF, renchérit : « Les montages d'évasion et de fraude sont souvent sophistiqués, mais nous ne sommes pas dupes[1]. »

Du coup, les redressements de la DNVSF sont sévères : 2 millions de francs en moyenne pour les contrôles personnels. Ils peuvent même grimper jusqu'à plusieurs dizaines de millions ! Certains gros contribuables leur échappent : c'est ainsi que les agents n'ont pu empêcher le multimilliardaire François Pinault d'éviter temporairement l'impôt de solidarité sur la fortune, grâce à de subtiles astuces portant sur les déficits de ses sociétés personnelles. En revanche, leurs collègues de la DVNI n'ont pas loupé l'industriel Jean-Luc Lagardère, en lui imposant, selon *Le Canard enchaîné*, un redressement de 50 millions de francs sur ses sociétés patrimoniales, son hôtel particulier, ses haras et ses tableaux[2].

---

1. Propos recueillis par l'auteur, cité dans « Comment le fisc vous traque », *L'Express* du 18 février 1999.

2. Voir *Le Canard enchaîné* du 7 avril 1999 et du 29 septembre 1999. Ainsi que les *Dossiers du Canard enchaîné, op. cit.*

Ces rappels déclenchent inéluctablement la colère des « personnalités ». « Ils ont les mêmes garanties que les autres contribuables, raconte un agent. Mais, très souvent, ils se désintéressent complètement du contrôle fiscal pendant son déroulement normal, laissant passer toutes les voies de recours prévues. Et ils se réveillent à la fin, quand ils reçoivent l'addition. À ce moment, ils s'agitent beaucoup, écrivent, menacent. Ils demandent des rendez-vous à tout le monde, font monter au créneau leurs avocats, leurs amis, leurs appuis politiques. Leur version n'a évidemment rien à voir avec la nôtre. Quand on leur explique qu'ils auraient pu venir s'expliquer plus tôt ou nous fournir les justificatifs demandés, ils font semblant d'être surpris. On connaît tout ce petit jeu, qui nous fait évidemment perdre du temps... La seule chose à faire est de garder son sang-froid. »

Ces bras de fer se terminent toujours de la même manière. Un peu de dégrèvements et beaucoup de contentieux : les quelque 600 contrôles annuels de la DNVSF entraînent près de 700 recours chaque année, soit plus d'un par dossier, certaines vérifications de comptabilité pouvant donner lieu à plusieurs différends. Et, puisque les riches doivent donner l'exemple, la DNVSF transmet une cinquantaine de plaintes pour fraude fiscale par an à la justice...

Comme ils savent jongler avec les textes et qu'ils ont les moyens de se défendre, personne ne les plaint. Alors le fisc ne les ménage pas, comme en témoignent les quatre histoires suivantes, piochées au fil de l'actualité des dernières années.

Le yacht maudit de Bernard Tapie

À tout seigneur, tout honneur. Les démêlés de l'ancien homme d'affaires ont défrayé la chronique. Il n'a cessé de se bagarrer avec l'administration fiscale, qui a fini par le faire trébucher. En 1982, Bernard Tapie a acheté la société Alain-Colas-Tahiti SA, détentrice du gigantesque yacht qu'il rebaptise *Phocéa* et fait réaménager durant quatre ans pour quelque 70 millions de francs de travaux. Immatriculé comme « navire de commerce », le *Phocéa*, souvent amarré dans le Vieux Port de Marseille, devient le symbole de la réussite de l'homme d'affaires. Il y invite ses amis et ses contacts, qui peuvent admirer les dix cabines doubles aux murs tapissés d'alcantara, les salles de bains en marbre, le salon-discothèque, le dupleix du propriétaire[1]... Mais voilà : le yacht n'est guère utilisé comme « navire de commerce ». Son entretien — 12 millions de francs par an — est supporté par le groupe Bernard Tapie (FIBT), dont les pertes permettent au contribuable Tapie d'éviter de payer des impôts en 1990 et 1992.

Du coup, l'administration finit par s'émouvoir. Elle lui avait déjà infligé trois redressements pour dissimulation de revenus en 1977, 1980 et 1987, le dernier, sous le règne d'Alain Juppé au Budget, s'élevant à 2,7 millions de F[2]. La gauche a longtemps protégé le redresseur Tapie. Mais là, la DGI estime qu'il va trop loin. À ses yeux, l'utilisation du *Phocéa* à des fins personnelles constitue un avantage en nature d'environ 22 millions de francs entre 1989 et 1991. Et d'autres minorations de bénéfices, liées à son train de vie, portent sur des dizaines de millions. Michel Charasse, ministre du Budget, ne peut, en 1992, qu'approuver la proposition de contrôle fiscal présentée par la DGI. Les procédures se prolongent jusqu'au règne de Nicolas Sarkozy à Bercy.

---

1. Voir l'article « Enquête sur le bateau de Tapie », par Jérôme Dupuis et Jean-Marie Pontaut, *L'Express*, 11 avril 1996.
2. Voir l'article « Le cas Tapie à la loupe », par Eddy Murano, *Capital*, février 1997.

L'ancien ministre de la Ville écope d'un nouveau rappel de 40 millions de francs, dont 12,5 millions à cause du seul *Phocéa.* De plus, sa gestion acrobatique du yacht conduit le fisc à renvoyer en 1994 le dossier en correctionnelle pour présomption de fraude fiscale et d'abus de bien sociaux. En mai 1996, le tribunal de Paris sanctionne le parlementaire européen Bernard Tapie d'une peine de six mois de prison ferme pour fraude et de trente mois avec sursis plus une interdiction de gérer de dix ans pour banqueroute par détournement d'actifs et abus de biens sociaux. Mais l'homme d'affaires conteste ce jugement de première instance devant la cour d'appel de Paris. Le 4 juin 1997, celle-ci le condamne à dix-huit mois d'emprisonnement dont douze avec sursis pour fraude fiscale. Puis, le 2 juillet 1998, la Cour de cassation confirme cet arrêt, en rejetant l'ultime pourvoi de Bernard Tapie. Pour éviter un nouveau séjour en prison, il s'est bagarré pour obtenir que cette peine soit confondue avec celle de huit mois ferme, déjà purgée en 1997 après l'affaire du match truqué OM-Valenciennes.

Les coups du boxeur Fabrice Tiozzo

Le boxeur Fabrice Tiozzo, frère de deux autres champions, a été terrassé doublement. Alors qu'il avait atteint le niveau du championnat du monde à 22 ans, le jeune homme ambitieux avait délégué à un avocat et à un expert-comptable la gestion de ses recettes de combat, lesquelles peuvent être évidemment aussi importantes qu'aléatoires. Mais ceux-ci n'ont pas déposé de déclaration de revenus pour leur client et son épouse en 1993 et 1994. La fraude fiscale était présumée. Soumis à un redressement de 278 000 F en 1995, le boxeur ne reconquiert son titre de champion du monde des lourdslégers qu'en novembre 1997, à Las Vegas. Ce combat lui permet enfin de s'acquitter de sa dette fiscale, qui est remboursée totalement en janvier 1998. « Il pensait être quitte », résume son avocat Thierry Braillard. Mais c'est compter sans l'acharnement du fisc qui transmet son cas à la justice. Elle conduit le boxeur devant le tribunal de Lyon en juin 1999. « Nous ne contestions pas l'infraction pénale. Simplement, nous avons avancé que Fabrice avait réparé sa faute et n'avait pas fraudé intentionnellement puisqu'il faisait simplement confiance à ses conseils », explique son avocat. Clément, le tribunal condamne le boxeur à quatre mois de prison avec sursis et 10 000 F d'amende, tandis que son épouse écope de deux mois avec sursis et également de 10 000 F d'amende. Fabrice Tiozzo, qui n'a pas fait appel, ne s'en tire pas trop mal. Mais il est amer. « Je n'ai rien à cacher, j'ai payé mes arriérés, je déclare tout et je ne suis pas parti en Suisse comme tous les autres sportifs de haut niveau, je vis dans la banlieue de Lyon depuis dix ans », a-t-il expliqué en sortant du tribunal. Il est vrai que la plupart des footballeurs champions du monde, les coureurs automobiles, les cyclistes, les athlètes se sont exilés pour adoucir leur ardoise fiscale. « Fabrice doit être un des rares à payer ses impôts en France », conclut son avocat.

La guérilla fiscale de Jean-Marie Le Pen

Le leader du Front national est un contribuable procédurier. Ses dossiers contentieux se comptent par dizaines. Ses avocats multiplient les recours. C'est que l'extrémiste de droite est un dur à cuire. Voilà plus de vingt ans qu'il joue à cache-cache avec le fisc. Il lui est reproché de ne pas avoir déclaré quelque 2 millions de francs de revenus entre 1978 et 1981. Une somme colossale pour l'époque. L'oubli porte sur trois sources de revenus.

La première est boursière : Le Pen a gagné beaucoup d'argent (754 351 F en 1979 et 391 489 F en 1980) en spéculant notamment sur le marché de l'or. Et il n'a rien déclaré au titre des « bénéfices non commerciaux ». Ses proches affirment qu'il n'y était pas obligé. Dans une décision du 12 mai 1998, confirmant un premier jugement du tribunal administratif de Paris de 1995, la cour administrative d'appel de Paris a pourtant estimé que Jean-Marie Le Pen « a sciemment soustrait ces revenus au paiement de l'impôt[1] ».

La deuxième source de contestation est immobilière : le leader du Front national a hérité du cimentier Hubert Lambert d'une grande résidence de 365 m², ceinte d'un parc de près de 5 000 m², sur les collines de Saint-Cloud (Hauts-de-Seine). Cette propriété était juridiquement entre les mains d'une société civile immobilière dite du Pavillon de l'Écuyer, contrôlée par Jean-Marie Le Pen et son ex-épouse. Le couple versait un loyer à cette SCI : 9 150 F en 1978, 24 000 F en 1979, 36 000 F en 1980 et 36 563 F en 1981. « Une opération neutre de vases communicants puisque le couple était propriétaire et locataire », affirment ses avocats. Mais le fisc a estimé que ces versements étaient « anormalement bas » au regard de la superficie occupée et des prix pratiqués aux alentours. Ce qui constituait un « avantage en nature » permettant au couple Le Pen de créer artificiellement des déficits fonciers sur la SCI, qui venaient ensuite alléger ses impôts. L'arrêt de la cour administrative d'appel de Paris a, pour le moment, confirmé le redressement notifié portant sur cette « sous-évaluation de valeur locative » en l'assortissant des pénalités de mauvaise foi !

Enfin, à force de recoupements, le fisc a déniché des versements en espèces inexpliqués d'un montant de

---

1. Voir *L'Express* du 20 mai 1999, p. 38, « Extrême droite : Le Pen rattrapé par le fisc », par Jérôme Dupuis et Romain Rosso.

587 000 F en 1981 sur les comptes bancaires du candidat à l'élection présidentielle de cette même année. Pour expliquer cette discordance, Jean-Marie Le Pen a déclaré qu'il s'agissait du fruit de collectes organisées auprès de sympathisants au cours de réunions électorales. « Ces dons n'ont fait que transiter par son compte pour financer les activités politiques », affirment les avocats. Mais le leader n'aurait pas apporté de documents probants et vérifiables sur l'origine et sur l'usage définitif de ces fonds. Du coup, le fisc a redressé d'office ces « revenus d'origine indéterminée » de 52 185 F en 1979, 297 551 F en 1980 et 645 995 F en 1981.

Malgré deux jugements administratifs défavorables, Jean-Marie Le Pen n'est pas du genre à se laisser faire. Même s'il risque parallèlement d'être déféré un jour devant un tribunal correctionnel pour fraude fiscale, le Breton a prévu de se pourvoir en cassation devant le Conseil d'État. Vu les délais d'instruction devant cette ultime instance, le dossier fiscal ne sera certainement pas jugé avant 2001. Soit plus de vingt ans après les faits.

Les « broutilles » de Roland Dumas

Il a parlé de « broutilles [1] ». Alors président du Conseil constitutionnel, mis en examen dans l'affaire Elf, Roland Dumas a ainsi tenté de minimiser ses erreurs ou omissions fiscales qui sont apparues au fil des enquêtes instruites par les juges Éva Joly et Laurence Vichnievsky. Car des sommes rondelettes (près de 10 millions de francs) ont transité sur les comptes bancaires de l'ancien ministre et de certains de ses proches, entre 1989 et 1997, sans qu'elles aient, semble-t-il, été déclarées au fisc. En septembre 1998, ces découvertes ont conduit le

1. *Le Nouvel Observateur*, 19 novembre 1998.

parquet à saisir, comme il y est obligé, l'administration fiscale, tenue, dès lors, d'engager des vérifications sur la base de ces soupçons de fraude[1]. Les agents de la DNVSF ont donc déclenché un examen de la situation fiscale personnelle sur l'ensemble des revenus et du patrimoine de Roland Dumas.

La palette des « broutilles » qui font l'objet d'une vérification approfondie est vaste. Sur quelque 3,3 millions de francs versés en espèces de 1991 à 1996 sur son compte personnel, l'ancien avocat a expliqué aux juges que ces sommes provenaient notamment de la vente de cinq lingots d'or, propriété de sa mère, de la cession d'œuvres d'art (notamment des sculptures de Giacometti) et d'un prêt de 500 000 F obtenu auprès d'un ami suisse[2]. Mais il ne se souvenait plus si ces ventes ont été déclarées en temps utile et il a admis que cet emprunt n'avait pas été signalé au fisc à l'époque. Sauf s'il fournit de nouvelles pièces justificatives durant le contrôle fiscal, il s'expose à ce que ces sommes soient requalifiées de « revenus d'origine indéterminée ».

De plus, le solde des versements sur ses comptes et ceux de ses proches — soit 7,7 millions de francs — proviendrait « d'économies » accumulées sur les honoraires d'avocats et cachées dans différents coffres et tiroirs, le ministre avouant aux juges une « hantise d'être démuni d'argent liquide ». Mais il n'a pas précisé l'origine précise de ces sommes. « Je préfère m'en remettre aux autorités fiscales que vous avez saisies [...] qui feront la lumière sur cette question », a expliqué Roland Dumas aux juges. Que la lumière soit !

---

1. Voir l'article « Roland Dumas est visé par une enquête de la direction générale des Impôts », par Hervé Gattegno, *Le Monde*, 28 novembre 1998.

2. Voir « L'argent de Dumas, ce que les juges ont découvert », par Gilles Gaetner, *L'Express*, 22 octobre 1998, ainsi que son livre, *Le Roman d'un séducteur*, Jean-Claude Lattès, 1998.

11.

Halte aux domiciliations fictives

« Là-dessus, nous sommes impitoyables ! » Si l'on veut faire sortir de leurs gonds les austères responsables de la sous-direction du Contrôle fiscal au ministère du Budget, rien de plus facile : il suffit d'aborder avec eux le thème des domiciliations plus ou moins fictives de certains contribuables, qui cherchent à échapper à l'impôt en prétendant être résidents à l'étranger. Le sujet peut paraître anecdotique et semble ne concerner qu'une infime minorité de personnes. En réalité, il est ultrasensible. Dans un espace européen unifié où marchandises et capitaux peuvent circuler sans contraintes, comment ne pas être tenté de se domicilier fiscalement là où les impôts sont moins lourds qu'en France ? Si l'on peut vendre et voyager sans frontières, pourquoi interdire aux contribuables le droit de localiser leur entreprise personnelle sur les docks de Londres, de ne payer que les faibles taxes des sociétés installées à Dublin ou au Luxembourg ? Le libéralisme absolu se heurte là à une règle fiscale de base : « C'est une question de principe : on paie ses impôts là où l'on vit et où l'on travaille », répètent les serviteurs de l'État français. Sinon ? Sinon, ce serait la pagaille...

L'impôt fait partie de la citoyenneté. Mieux, il contribue à la souveraineté. Sans ce principe géographique de prélèvement, jamais les États, battant monnaie et levant impôts, n'auraient vu le jour, ses résidents trouvant toujours une bonne raison de revendiquer leur drapeau sans se soumettre aux obligations financières qui permettent de le hisser. La construction européenne a dilué progressivement cette sensation, les voyages et les carrières permettant à de nombreux cadres de sauter les frontières sans réfléchir. Mais le principe d'imposition fiscale dans le pays de résidence — celui d'origine ou d'expatriation — reste intangible. Les États ont mis au point des conventions bilatérales qui évitent à un citoyen d'être taxé pour les mêmes revenus dans les deux pays. Mais pas question d'échapper aux contraintes fiscales, fussent-elles minimes, du pays de résidence. Ceux qui rêvent de payer les impôts anglais en vivant moitié à Londres et moitié à Paris doivent redescendre sur terre. Ils sont pourtant de plus en plus nombreux à y songer. Tout en se réfugiant derrière des grands principes de lutte contre la fraude fiscale, l'administration a bien du mal à masquer une peur viscérale : celle de perdre « son assiette ». Autrement dit, la moindre tolérance sur les règles de domiciliation risquerait d'ouvrir la voie à un exode massif des contribuables français vers des pays voisins moins imposés. Ce qui pourrait ruiner l'État !

Les « nouveaux Coblençards »

Or cette fuite est déjà entamée. Oh, bien sûr, chacun s'emploie, à Bercy, à minimiser le problème, de manière à ne pas l'encourager par la seule publicité. Le ministère des Finances ne recense officiellement que quelques dizaines de départs chaque année parmi les assujettis à l'ISF. Ancien directeur général des Impôts et aujourd'hui patron du Bureau Francis Lefebvre, Robert

Baconnier pense que l'on sous-estime le phénomène : « Il y a un lien direct entre l'excès d'impôts et l'évasion des contribuables les plus fortunés ou la délocalisation des entreprises, beaucoup plus courantes que le gouvernement ne veut bien le reconnaître. Mais, dirais-je cyniquement, faut-il supprimer toutes les soupapes de sécurité dans une société où les pressions sont devenues très fortes ? Certaines mesures ont été dramatiques ces dernières années, comme le déplafonnement de l'impôt sur la fortune ; ou l'abandon de la réforme de l'impôt sur le revenu qui, avec une tranche marginale à 54 % (sans compter la CSG), est de nature à décourager les Français les plus entreprenants [...] à 54 %, ils atteignent un niveau hallucinant, supérieur de dix points à celui de nos grands partenaires européens[1]. »

Les exemples d'expatriation de riches patrons et de personnalités françaises abondent. Le député Jean-Pierre Brard, auteur d'un rapport dénonçant l'évasion fiscale, les appellent les « nouveaux Coblençards », en référence aux aristocrates ayant fui la Révolution française et réfugiés outre-Rhin, à Coblence. La liste de ces migrants fiscaux comprenait déjà le pilote automobile Alain Prost, le tennisman Cédric Pioline, Paul-Georges Despature, le patron de Damart, le réalisateur Henri Verneuil, le roi des vins Pierre Castel, réfugiés de longue date en Suisse. Il est vrai que les pourtours du lac Léman sont plus cléments fiscalement pour ceux qui y séjournent et y créent des holdings. La liste s'est allongée ces dernières années avec l'exil helvétique de l'ancien président de l'Oréal François Dalle, du lunettier Alain Afflelou, du couturier Daniel Hechter, de l'actrice Isabelle Adjani, de Corinne Bouygues, de l'ancien propriétaire du vignoble Clos d'Estournel, Bruno Prats, de la joaillière Caroline Arpels, des hommes d'affaires Michel Rey-

1. *Le Figaro Magazine*, 9 janvier 1999.

bier et Roger Zannier. La Belgique, où l'on échappe à l'ISF et où les plus-values de cession sont moins taxées, a vu débarquer Denis Payre, le fondateur de Business Objects, une brillante société de logiciels, ainsi que Lotfi Belhassine, l'ancien animateur d'Air Liberté et du Club Aquarius. Éric Guerlain a franchi la Manche, tout comme Philippe Foriel-Destezet, une des plus grosses fortunes hexagonales, actionnaire d'Adecco, leader mondial de l'intérim...

Selon les estimations d'experts fiscalistes, rapportées par *Le Point*[1], plus de 600 milliards de patrimoine auraient ainsi fui la France ces dernières années. Une véritable saignée. Et un manque à gagner annuel d'au moins 50 milliards de francs pour l'État.

Panique à bord. Il est temps d'arrêter l'hémorragie. Plutôt que de diminuer drastiquement la charge fiscale qui fait fuir la plupart de ces fortunes, le gouvernement a préféré mettre des barrières... à la sortie. Une disposition méconnue de la loi de Finances de 1999 a largement refroidi les ardeurs des candidats à l'émigration : sauf à revenir dans un délai de cinq ans, tout propriétaire d'au moins 25 % d'une société doit désormais payer l'impôt sur les plus-values latentes de sa participation avant de quitter le territoire. Même s'il n'a aucunement l'intention de vendre ses parts ! Autrement dit, le fisc réclame aux entrepreneurs de régler l'impôt sur une plus-value qu'ils n'ont même pas touchée. Et si le contribuable implore un sursis de paiement, il peut l'obtenir moyennant la constitution de garanties financières au fisc, comme ses titres ! Même si certains petits malins peuvent revendre quelques parts pour redescendre audessous du seuil fatidique de 25 %, « c'est une manière

1. *Le Point* du 16 janvier 1999, n° 1374, « Pourquoi les riches quittent la France », par Marc Nexon.

d'enchaîner les entrepreneurs au sol français », s'indigne l'avocat Thierry Genieys de Giacomo.

Certains experts s'interrogent même sur la solidité juridique d'une telle mesure. Dans une décision de 1993, le Conseil constitutionnel a déjà estimé que la liberté d'aller et venir comportait aussi le droit de quitter le territoire national. Et le Conseil d'État s'est également prononcé en 1992 contre des restrictions fiscales à cette liberté de la circulation : « Le fait de subordonner au paiement d'une taxe la sortie du territoire apporte une restriction tant au droit de circuler librement à l'intérieur du territoire national qu'à celui de le quitter, liberté qui figure parmi les principes de valeur constitutionnelle[1]. » Les recours risquent donc de se multiplier sur ce texte de loi de Finances 1999.

Gare à ceux qui ne coupent pas les ponts !

L'administration s'emploie également à tenir sa ligne Maginot, en tirant sur tout ce qui a des allures d'expatriations fictives. Avec des attachés fiscaux qui servent d'antenne dans six pays voisins et un droit de communication qui permet d'accéder à tous les petits détails de la vie courante trahissant une présence dans l'Hexagone — logement, achats, billets d'avions, notes de téléphone, d'électricité —, le fisc a les moyens de piéger les faux partants. En 1997, plus de 800 millions de francs de redressements ont ainsi été notifiés à des contribuables français qui affirmaient avoir leur résidence fiscale à l'étranger... tout en ayant gardé des liens en France. Bernard Pays, patron du Contrôle fiscal jusqu'en juillet

1. Conseil d'État, 7e et 10e sous-sections, 9 novembre 1992. Cité par Jérôme Turot, conférence du 11 décembre 1998 de l'IACF, dans *La Lettre de l'IACF*, n° 66, février 1999, p. 34.

1999, était fier de citer la condamnation pour fraude fiscale à deux ans de prison — dont un an ferme — et 150 000 F d'amende d'un « conseiller financier » qui essayait de se faire passer pour un résident au Luxembourg. Sa domiciliation fictive lui avait permis de soustraire au fisc hexagonal 1,3 million de francs d'impôt sur le revenu et 200 000 F de TVA. Mais il exerçait son activité à Paris, gérait en France plusieurs sociétés civiles immobilières et possédait un hôtel. Le fisc n'a pas hésité à le déférer devant une juridiction pénale. Pour l'exemple.

Les conflits de ce type risquent de se multiplier. « Les facilités de transport, les nouvelles technologies, les mouvements financiers viennent heurter de plein fouet des conventions fiscales vieillissantes et des règles françaises très strictes », estime un auditeur du Conseil d'État. Car il ne suffit pas de vivre au moins 183 jours par an hors de France pour obtenir une domiciliation à l'étranger. La conservation de parts d'une société, le maintien des enfants dans un lycée parisien ou les relevés de téléphone d'une résidence campagnarde peuvent piéger les faux partants. « Attention, prévient l'avocat Jean-Marc Tirard. Les textes sont très contraignants. Pour prétendre à une résidence fiscale à l'étranger, l'article 4 B du Code général des impôts précise qu'il ne faut garder en France ni activité professionnelle, ni foyer, ni lieu de séjour, ni l'essentiel de ses intérêts économiques. Autrement dit, il faut rompre définitivement avec le sol français. Ce n'est pas forcément une chose facile. Je préviens toujours les personnes qui ont de simples arrière-pensées fiscales et rêvent de partir sans partir vraiment : si elles gardent un pied en France, le fisc peut, sauf cas de conventions particulières, contester la domiciliation. »

Les exemples de contre-attaque du fisc abondent. Avant de disparaître dans la nature, Alfred Sirven, le personnage clé de l'affaire Elf, avait dû se bagarrer pour tenter de prouver sa domiciliation fiscale en Suisse. Nommé depuis 1989 à la tête d'Elf Aquitaine International, une mystérieuse filiale genevoise qui distribuait salaires et prébendes à des amis du groupe pétrolier, Alfred Sirven, l'homme de confiance du PDG Loïk Le Floch-Prigent, avait pris une fausse retraite à partir de 1992 sur les bord du lac Léman, obtenant même en 1993 un statut de résident suisse. Mais, très actif auprès des intermédiaires aux quatre coins du monde, Sirven était très souvent à Paris, côtoyant les personnalités politiques de tous bords. Il a revendu sa résidence normande pour faire retaper une propriété classée — avec immense roseraie et piscine — à Beaumont-en-Véron, en Indre-et-Loire. Poursuivi par le fisc pour ses revenus officiels de 1993 à 1995, il a dû constituer un épais dossier justifiant sa présence assidue en Suisse. Son appartement à Genève, le bureau d'Elf Aquitaine International, situé à deux pas de là, plaidaient en faveur de sa résidence helvétique. Mais sa présence régulière en France, son attention apportée à ses trois enfants, tous domiciliés dans l'Hexagone, son appartement à Chantilly et sa demeure dans le Pays de Loire attestaient d'un rattachement. Désireux de solder ce contentieux fiscal qui pouvait s'éterniser, Alfred Sirven trancha en faveur d'une... transaction amiable avec le fisc qui lui réclamait plusieurs millions de francs. L'administration française lui a ainsi donné quitus de ses ardoises, empêchant dès lors toute investigation fiscale nouvelle sur ses autres revenus cachés de la période. Vu les centaines de millions de francs qui, selon les juges suisses, ont visiblement transité sur les comptes de ce mystérieux homme de l'ombre, on peut comprendre, *a posteriori*, l'intérêt de Sirven à régler promptement cette affaire hexagonale ! Ses secrets helvétiques, et sa liberté de disparaître, valaient bien une petite transaction fiscale... Furieux que l'oiseau se soit envolé, l'administration s'est alors intéressée à la fille, déclenchant un contrôle fiscal censé livrer, peut-être, quelques clés d'accès à un père présumé généreux !

La chasse aux riches étrangers

Karl Lagerfeld, lui, n'a pas disparu. Le célèbre couturier allemand, qui revendiquait au début des années 1980 un statut de résident monégasque, a été poursuivi par le fisc français avec une opiniâtreté sans faille. Et il s'est également défendu bec et ongles. Pour l'instant sans succès. Plus de quinze ans après les faits — les suites d'un contrôle fiscal portant sur ses revenus des années 1982-1984 —, le tribunal administratif de Nice lui a — pour le moment — donné tort dans un jugement rendu en juin 1997. L'argumentaire, en six volets, est sévère :

« — Considérant qu'il est constant que le requérant, de nationalité allemande, avait, pour les années antérieures à l'année 1982, son domicile fiscal en France »... Le passé plaide en premier lieu en faveur de la France...

« — Que s'il allègue avoir transféré à compter du 1er janvier de ladite année son domicile à Monaco où il dispose d'un appartement en location et détient une carte de résident ordinaire monégasque, il ne conteste ni être locataire depuis l'année 1977 d'une résidence à Paris et propriétaire depuis l'année 1974 d'un château à P. dans le Morbihan pour lesquels il rémunère deux employés de maison à temps complet, ni disposer de deux voitures immatriculées en France »... Autrement dit, Lagerfeld réside et circule en France...

« — Que l'analyse de ses comptes bancaires en France révèle qu'il effectuait régulièrement des dépenses de toutes natures en France »... Mieux, le couturier consomme dans l'Hexagone...

« — Que l'examen de ses abonnements d'électricité et de téléphone en France fait apparaître des consommations régulières et importantes, attestant ainsi de la présence continue du requérant sur le territoire français alors même qu'il se borne à faire valoir, sans autre précision, que son appartement de Paris était occupé par des amis de passage »... Les factures épluchées trahissent le francophile...

« — Que le requérant n'établit pas qu'il réside en permanence à Monaco en se prévalant de l'achat d'un mobilier de valeur et en produisant des attestations d'un fleuriste de Monaco, chargé notamment de l'entretien des plantes de son appartement, et celle d'un restaurateur indiquant qu'il est un client habituel de son établissement, sans autre précision sur la fréquence des repas pris par l'intéressé à Monaco »... On frôle les détails sur le nombre requis d'arrosages et les menus engloutis !

« — Qu'au surplus, si M. Lagerfeld soutient que ses activités professionnelles s'exercent à partir de Monaco et couvrent l'ensemble de la planète, le caractère général de cette allégation n'est pas de nature à contredire que ses revenus proviennent principalement de ses activités en France »...

« — Que, dès lors, M. Lagerfeld doit être regardé comme ayant conservé son domicile fiscal en France, pays où il séjourne à titre principal, où il exerce ses activités professionnelles et où se situe le centre de ses intérêts économiques »... CQFD.

Voilà pourquoi le contribuable ne peut se prévaloir de la convention du 18 mai 1963 conclue entre la France et la principauté de Monaco en matière d'impôt sur le revenu. Voilà pourquoi il doit payer ses impôts dus... Lagerfeld, bien sûr, a fait appel de ce premier jugement, qui n'est donc pas définitif. Le feuilleton peut encore durer quelques années !

On le voit, le fisc français peut déployer les grands

moyens pour prouver la résidence fiscale française d'un contribuable. Surtout quand il est richissime. Même quand il ne possède que quelques attaches dans l'Hexagone. Tel est le cas d'Ali A., pseudonyme d'un Palestinien aisé, introduit dans tous les pays du Golfe, intime de l'émir d'Abu Dhabi, qui possède un bel appartement de passage à Paris et une propriété luxueuse sur la Côte d'Azur, où sont employés en permanence une dizaine de domestiques. Il s'acquitte normalement de son impôt sur la fortune et de ses impôts fonciers. Ali A. n'exerce aucune activité économique en France. Mais ses enfants y sont scolarisés et il possède des voitures. Une belle proie pour le fisc, qui a décidé de prouver que sa résidence hexagonale justifie une imposition de tous ses revenus. Les contrôleurs épluchent alors les consommations électriques de ses propriétés et y trouvent les traces de présence régulière. Puis vérifient tous ses crédits bancaires et exigent des justificatifs pour toutes les sommes. Ses avocats doivent fournir des preuves de ses séjours et de son train de vie à l'étranger, de l'origine de l'argent prêté par sa famille, puis de la vente de sa maison d'Antibes. La machine s'emballe. Ali A. se sent harcelé, maudit la France quand il reçoit une notification de redressement de plusieurs millions. Il ne veut rien payer et saisit les tribunaux administratifs. La Commission des infractions fiscales autorise de son côté le ministère du Budget à déposer une plainte pour fraude fiscale devant le parquet. L'affaire est en cours. Mais Ali A. ne remet que rarement les pieds en France. Il préfère maintenant dépenser son argent à Londres, où il séjourne de manière plus régulière...

À vouloir préserver à tout prix son « assiette fiscale », l'administration prend parfois le risque de la faire fuir. Est-ce un si bon calcul ?

12.

Des coups de massue sur les PME

La température est basse. Entre les agents du fisc et les patrons de petites et moyennes entreprises (PME), le climat relève de ce que les diplomates nomment pudiquement une « atmosphère franche ». Autrement dit, glaciale. Si l'on en croit les spécialistes, les PME sont pourtant beaucoup moins souvent contrôlées que les grandes entreprises : quand les unes sont vérifiées tous les cent ans, les autres passent sur le gril tous les six ans. Mais, paradoxalement, les contacts plus réguliers banalisent les relations. Les grands groupes sont dotés d'armées de juristes et de conseillers fiscaux. Ils disposent de temps, d'argent et d'arguments pour affronter le fisc. Leurs comptabilités sont régulièrement épluchées par les trente-neuf brigades de la direction des Vérifications nationales et internationales (DVNI), chargée des grandes entreprises, dont les agents sont rompus à leurs habitudes et à leurs tours de passe-passe fiscaux[1]. « C'est la routine, admet un avocat. Et quand

1. La direction des vérifications nationales et internationales (DVNI) est chargée du contrôle des 28 000 entreprises dont le chiffre d'affaires annuel dépasse 400 millions de francs (230 millions pour les activités de services) ainsi que de leurs principales filiales. Elle compte 492 agents, organisés en 30 brigades de vérification générale (spécialisées par secteurs d'activités) et 9 brigades de véri-

les redressements sont notifiés, il s'agit souvent de problèmes d'interprétation des textes, les grandes entreprises savent contester, marchander et obtenir des dégrèvements. »

En revanche, les patrons de PME, moins outillés et moins régulièrement soumis aux radioscopies des vérificateurs, n'ont pas l'habitude de ces parties de ping-pong. Pour eux, le contrôle est une épreuve. Pire, un combat personnel, puisque les agents du fisc déclenchent souvent simultanément des vérifications de comptabilité sur les sociétés et l'examen de la situation fiscale personnelle sur leurs dirigeants. Du coup, le climat devient vite passionnel. Les reproches fusent : « Les vérificateurs ne songent qu'à nous piéger, témoigne un entrepreneur de nettoyage implanté en Seine-et-Marne qui a subi un contrôle sévère. Ils imaginent que nous sommes tous des fraudeurs alors que nous nous démenons pour développer nos affaires. Ils sont hermétiques à nos métiers et nous redressent sans réfléchir, allant parfois jusqu'à la menace. » À ces propos vindicatifs répond l'opinion d'agents qui s'incarnent en chevaliers du service public : « Les petits patrons ne respectent pas toujours les règles du jeu et se croient tout permis, lâche l'un d'eux, qui travaille à la direction des Vérifications Île-de-France-Est, où l'on traite quelque 2 000 contrôles d'entreprises chaque année. Dans certains secteurs comme le textile ou les services, la fraude est très courante. Les sociétés rusent pour minimiser leurs imposi-

---

fication des comptabilités informatisées. Elle réalise environ 1 200 contrôles par an, sans compter 1 800 contrôles délégués aux directions régionales. Ces opérations ont donné lieu à 26 milliards de francs de redressements en 1997 (dont seulement 15 milliards de droits nets, le solde correspondant à des réductions de déficit reportable). Les spécificités de ce traitement et des problèmes de la fiscalité des grands groupes rendent leur situation peu comparable avec celle des petites entreprises.

tions. Mais comme nous sommes de plus en plus efficaces, eh bien, oui, l'ambiance est de plus en plus mauvaise. »

Ce bras de fer va-t-il tourner à la guérilla, comme au milieu des années 1970, lorsque des commerçants excédés s'attaquaient aux centres des Impôts ? Il faut espérer que non. Consciente d'avoir sans doute fait trop de zèle ces dernières années, la direction générale des Impôts a entamé en 1997 une réflexion interne sur le contrôle fiscal des petites entreprises. Après plusieurs mois de travaux réunissant des agents de terrain et des cadres, un rapport confidentiel a été rédigé sous l'égide de Jean-Michel Roy, directeur des services fiscaux des Yvelines, remis en août 1997. Outre des critiques — déjà mentionnées — très sévères sur l'obsession statistique des agents, ce document confidentiel dresse un bilan particulièrement instructif de la politique de contrôle fiscal mené sur les PME. Et suggère quelques réformes de fond.

Le rapport Roy admet d'entrée de jeu que la DGI est confrontée à un « tissu fiscal » qui lui échappe. D'abord parce qu'elle le connaît mal : « Les 3,2 millions d'entreprises sont recensées par différents fichiers (TVA, taxe professionnelle, impôts sur les bénéfices) dont l'articulation n'est pas toujours assurée et dont l'exhaustivité reste à démontrer. Cette image floue, associée à une insuffisance du contrôle terrain, laisse planer un doute sur la qualité du recensement. » Ensuite parce que les 230 000 créations et reprises chaque année et les milliers de disparitions rendent ce vivier très mouvant. Enfin, parce que le libéralisme ambiant fait reculer « l'économie administrée » et que certains « mettent à profit cette sphère nouvelle pour s'affranchir de la loi ». Selon la DGI, le monde des entreprises mélange par conséquent des grands groupes qui maîtrisent la fiscalité ; des micro-entreprises qui « subissent des obligations comptables et fiscales auxquelles les créateurs ne sont pas préparés », et enfin des « professionnels de la délinquance économique, financière et fiscale ».

Pour ne pas perdre pied et garder sa « légitimité », le fisc doit donc faire évoluer ses missions, pour aider les jeunes entrepreneurs, repérer les fraudeurs et proportionner les contrôles aux enjeux financiers. Vaste programme ! Si l'on en croit les auteurs du rapport Roy, le chantier est immense car le contrôle fiscal des PME souffre d'au moins trois défauts majeurs.

« Rien n'a changé »

Première faiblesse : les méthodes de vérification des entreprises n'ont pas évolué depuis des lustres : « Les modes de contrôle sur pièces et sur place des entreprises n'ont pas été modifiés. S'agissant des brigades [...] rien n'a changé depuis vingt-cinq ans, hormis les adaptations liées à la complexification des procédures [...] Les initiatives n'ont pas manqué mais elles n'ont peut-être pas procédé d'une approche d'ensemble [...] Ainsi l'administration a créé les BVCI (Brigades de vérification de comptabilités informatisées) pour s'adapter au développement des comptabilités informatisées, elle a multiplié les contacts avec ses partenaires étrangers pour répondre à la fraude internationale, elle s'est attachée à lutter contre le travail clandestin, contre les entreprises domiciliées et éphémères créées à des fins frauduleuses. Mais les techniques de gestion et de contrôle sont restées les mêmes alors que le portefeuille d'entreprises à gérer devenait plus vaste par l'internationalisation, plus volatil par la dématérialisation, plus morcelé par la nouvelle logique des groupes, plus mobile et plus éphémère par la créativité, la concurrence et la précarisation. »

Terrible constat, dont le rapport Roy tire une leçon

pour les troupes de la DGI : « Il s'agit donc de redonner une orientation globale à la dynamique qui existe dans les services, d'une part en réactivant des valeurs un peu perdues de vue (présence sur le terrain), d'autre part en adaptant mieux les ressources humaines et matérielles disponibles aux enjeux d'une époque. »

Deuxième défaut : la mauvaise préparation des contrôles fiscaux : « La programmation des opérations de contrôle fiscal est encore aujourd'hui trop souvent une opération qui s'accomplit dans la douleur en raison d'une anticipation insuffisante, lit-on dans le rapport Roy. Les services gestionnaires sont contraints ou "taxés" pour fournir un nombre suffisant de fiches 3909 (les fiches signalant des dossiers destinés à un contrôle fiscal). Les inspections doivent alors dans l'urgence examiner leur fichier pour proposer des entreprises utilement vérifiables, de préférence en pré-identifiant des redressements. Quelques semaines par an, souvent moins, sont consacrées, de façon résiduelle, à cette activité essentielle. Des moyens matériels, mais surtout humains, se trouvent ainsi mal employés à tous les stades de la chaîne assiette-contrôle-recouvrement. Le travail sommaire des inspections hypothèque l'action des brigades qui s'obligent à présenter un résultat financier honorable mais incertain qui hypothèque à son tour l'action de recouvrement. » Le rapport fustige ainsi le cercle vicieux du zèle tardif et d'une efficacité douteuse.

Troisième défaut : « le monolithisme du contrôle externe ». Au lieu de graduer son action selon les entreprises, le fisc ne se sert que d'armes disproportionnées, les VG (vérifications générales), qui représentaient 85 % des contrôles en 1996. Le rapport Roy critique cette « stratégie sans nuances » : « L'examen de l'évolution dans la dernière période (1992-1996) marque la tendance nette au développement des procédures lourdes au détriment des interventions légères, alors même que le nombre d'entreprises petites et à la durée de vie courte occupait une place plus grande sur l'échiquier économique... » Les effets pervers de cette dérive sont évidents : on mobilise du temps et des agents pour décortiquer les comptes de sociétés minuscules. Le fisc utilise des massues juridiques pour écraser des mouches économiques. Avec des résultats modestes.

Le document de la DGI s'interroge sur ce grand écart : « L'évolution observée ne peut manquer de poser tôt ou tard, dans un cadre politique, la question du "retour sur investissement" du travail des vérificateurs occupés à réaliser un petit nombre d'interventions lourdes sur des entreprises des catégories G et H (chiffre d'affaires inférieur au million de francs). » Il prône un retour aux vérifications légères ou ponctuelles, plus rapides et plus adaptées aux jeunes entreprises. Suivant les conseils de ce rapport administratif, la DGI a d'ailleurs mis en place depuis 1997 une « vérification générale des petites entreprises » (VGPE) qui épluche les comptes des PME sur une année seulement. Dans son rapport sur la fraude fiscale de septembre 1999, le député Jean-Pierre Brard se félicite de cette procédure allégée, qui permet de « dédramatiser le contrôle fiscal [1] ». Un petit pas dans la bonne direction.

Mais on est encore loin du compte. Car, pour les auteurs du rapport Roy, la DGI doit opérer une véritable révolution culturelle ! Vu le fossé de méfiance qui sépare les agents des entrepreneurs, la tâche est rude. Selon les mêmes rédacteurs, les entreprises réclament en effet un « mode de communication plus apaisé et moins comminatoire », des « modes d'intervention et de sanction mieux différenciés en considérant que les

1. *Rapport d'information* n° 1802, p. 38, « La lutte contre la fraude et l'évasion fiscales : retrouver l'égalité devant l'impôt », par Jean-Pierre Brard, Assemblée nationale, 8 septembre 1999.

voyageurs du train fiscal ne sont pas tous *a priori* des fraudeurs ». Le document insiste avec franchise sur cette impérieuse révision des esprits : « Les 230 000 entreprises qui se créent chaque année ne peuvent être traitées comme par le passé. » On ne saurait être plus clair !

Des propositions pour briser la glace

Pour mettre en pratique ces bonnes intentions, le rapport propose quelques pistes. La première recommandation est d'ordre psychologique : « Un *a priori* favorable doit présider au premier contact avec l'entreprise » même si l'administration « ne doit pas tomber dans l'angélisme ». Au vu d'un premier entretien « cordial » avec le responsable d'une nouvelle entreprise, l'inspecteur des Impôts doit pouvoir, « par quelques critères bien choisis, se faire une opinion qu'il consigne, sur le risque couru par l'État : montant du chiffre d'affaires prévisionnel, nature de l'activité, fonds propres engagés dans l'entreprise... ».

La deuxième suggestion consiste à délivrer quelques conseils écrits aux entreprises. Il arrive, en effet, que des patrons s'engagent sur la foi d'une discussion avec un agent, et sont finalement piégés par un contrôleur dont l'interprétation des textes peut être différente, quelque temps après. Le rapport Roy le reconnaît : « Dans un nombre de cas heureusement limité, il y a divergence d'appréciation entre service d'assiette, puis service de vérification, ou incompréhension du contribuable, voire mauvaise foi. Il faut donc encourager le service à consigner sa position dans une brève note de dossier dont une copie est remise au contribuable. »

Mais les auteurs précisent immédiatement que cette démarche doit être entourée « de précautions ». D'une part, ce conseil n'a rien d'un engagement juridique définitif puisque « le service peut se reprendre, à charge d'en aviser le contribuable et d'en garder trace au dossier ». D'autre part, en cas d'erreur du fisc découverte plus tard, aucun redressement ne peut être effectué mais le dossier du contribuable, « informé de la conduite à tenir », est « annoté en conséquence ». Enfin, ce conseil, que l'on nomme un « rescrit », doit être réservé aux entreprises nouvelles qui en font expressément la demande. On appelle cela de la prudence...

La troisième recommandation est censée calmer les critiques des entreprises qui vivent comme un drame leur premier contrôle fiscal, trois ou quatre ans après leur création. L'idée consiste à opérer un premier contrôle dès les six mois d'existence d'une entreprise. Mais « sans frais ». Les erreurs découvertes ne seraient pas sanctionnées. Le document juge nécessaire de « coupler la prévention et la pédagogie à une certaine mansuétude à l'égard des entreprises débutantes... ».

Comment coter les risques des entreprises

Pour clore leur chapitre de suggestions, les auteurs du rapport prônent surtout le développement de « l'analyse de risques » au sein de la DGI. Ce terme abscons recouvre une nouvelle technique de notation des entreprises. Elle part d'un constat simple : une société qui ne satisfait pas à ses obligations de paiement des impôts ne passe jamais totalement inaperçue. Soit elle commence à payer en retard sa TVA, soit sa situation financière est tendue, soit elle a des achats importants qui trahissent un chiffre d'affaires sous-estimé, soit ses dirigeants ont un train de vie sans rapport avec ses résultats déclarés. Bref, il existe des symptômes précurseurs de fraude. Il suffit de surveiller quelques indicateurs clés pour repérer les entreprises qui dérivent le plus vite ou celles dont les comptes sont trafiqués. Le fisc britannique est passé maître dans cette « analyse de risques », qui permet de cibler des contrôles et de gagner en productivité, notamment pour surveiller les demandes de remboursement de TVA. En France, l'URSSAF — région par région — et la Banque de France ont mis en place des systèmes informatiques sur la solvabilité des entreprises. Bercy songe à recourir plus intensivement à ces techniques. Avec l'objectif ambitieux de pouvoir « à terme » coter en permanence toutes les entreprises françaises selon leurs risques de défaillance ou de fraude fiscale. Mieux : les auteurs du rapport estiment que cette cotation est techniquement possible, pour peu que la DGI croise ses fichiers et enrichisse ses logiciels sur les entreprises. Ils vont même jusqu'à énumérer les « critères de risques envisageables » dont les informations sont déjà disponibles dans les ordinateurs de Bercy. Voilà la liste de ces 28 items, chacun affecté d'un point qui signale un risque de fraude :

— Entreprise de moins de deux ans (oui = un point) ;

— Existence d'une domiciliation (oui = un point) ;

— Entreprise mise en sommeil (oui = un point) ;

— Application du régime SPS : concerne les entreprises parties sans laisser d'adresse (oui = un point) ;

— Libération du capital (non = un point) ;

— Appartenance à un groupe (oui = un point) ;

— Défaillance dans le dépôt des déclarations de TVA (oui = un point) ;

— Existence de déclaration de TVA intra-communautaire (oui = un point) ;

— Existence d'une situation de crédits de taxes sur six mois consécutifs (oui = un point) ;

— Existence d'une demande de remboursement de crédits de TVA (oui = un point) ;

— Existence d'une discordance TVA entre acomptes déclarés et acomptes payés (oui = un point) ;

— Défaillance dans le dépôt des déclarations de résultat (oui = un point) ;

— Existence de déficits reportables (oui = un point) ;

— Existence de procédures judiciaires (oui = un point) ;

— Existence de fonds propres nets insuffisants au regard de l'endettement financier (oui = un point) ;

— Existence d'actifs à moins d'un an inférieurs aux dettes à moins d'un an (oui = un point) ;

— Absence de vérification (oui = un point) ;

— Existence d'une vérification précédente avec redressement (oui = un point) ;

— Existence d'une profession à risque reconnue à son code NAF sur une liste à déterminer par le service du Contrôle fiscal (oui = un point) ;

— Saisie d'un code « à revoir » annoté au moment du dépôt de bilan (oui = un point) ;

— Recours à un comptable (non = un point) ;

— Adhésion à un CGA (centre de gestion agréé) ou à une AGA (association de gestion agréée) (non = un point) ;

— Changement fréquent de siège (oui = un point) ;

— Entreprise faisant preuve d'une bonne coopération (non = un point) ;

— Reliquataire à la Recette (oui = un point) ;

— Discordance au niveau du revenu global du dirigeant décelée grâce au système SIR (oui = un point) ;

— Antécédents fiscaux défavorables du gérant (oui = un point) ;

— Surveillance du dossier (oui = un à trois points).

L'ensemble des points ainsi attribués — selon des critères révélateurs de l'état d'esprit de la DGI ! — devrait contribuer à l'établissement d'une note globale pour chaque entreprise et à des classements (annuels, pluriannuels) et sous-classements en fonction de l'ancienneté de l'entreprise, du montant du chiffre d'affaires, de la nature d'activité... Un vrai bijou !

Depuis la rédaction de ce rapport en 1997, « l'analyse de risques » n'est toujours pas pleinement opérationnelle à Bercy. Mais les esprits s'y préparent. Elle rallie chaque jour à sa cause de nouveaux partisans, séduits par sa modernité et sa fiabilité présumée. Elle prélude sans doute à une surveillance générale du « tissu fiscal ». Des entreprises. Mais aussi des particuliers. Dans son récent rapport parlementaire, le député Jean-Pierre Brard s'en fait l'ardent promoteur : « Grâce aux moyens informatiques, écrit-il, il est possible de procéder à une analyse de risque individuel [...] d'une part, au niveau du comportement du contribuable vis-à-vis de ses obligations déclaratives [...] d'autre part, au niveau de la solvabilité du contribuable et de son comportement passé en termes de paiement de l'impôt et de respect de ses engagements [1]... »

Ce fichage et cette cotation généralisée ne portent-ils pas en germe de nouveaux effets pervers ? Le député en convient, puisqu'il prend soin de préciser que cet outil nécessite des bases de données fiables, une mise à jour régulière et des critères de risques objectifs. Sinon, « la nouvelle démarche du contrôle fiscal ne manquerait pas de tourner au désavantage des contribuables identifiés une fois pour toutes, sur la foi d'informations parfois erronées, comme des contribuables à risque, et offrirait des possibilités de fraude difficiles à détecter de la part de contribuables qui auraient eu la chance d'échapper à cette classification ».

Erreurs d'étiquetage, soupçons de fraude indétectable : les dangers ne sont pas minces. À moins de garanties nouvelles, les particuliers comme les petites entreprises savent ce qui les attend...

1. *Rapport d'information* n° 1802, *op. cit.*, p. 34, 38.

13.

Fraude à la TVA : un gouffre insondable

Jean-Marc S. était un fils de famille convenable. Son père, fondateur d'une société de services portuaires au Havre, l'a pris à ses côtés pour démarrer sa carrière professionnelle. Au fil du temps, le jeune homme s'est forgé un réseau de relations dans le milieu du transit, des négociants et du commerce agro-alimentaire. Jean-Marc, à 35 ans passés, aimait l'argent, les belles voitures, la vie facile. Plus tard, ses contacts évoqueront devant les policiers la renommée de l'entreprise de son père, son look BCBG, sa personnalité séduisante et débrouillarde, sa franchise apparente. Ils n'avaient aucune raison particulière de se méfier.

Au contraire : Jean-Marc semblait prospérer en se contentant de passer des coups de fil sur son téléphone portable à quelques amis, notamment un certain Alain, devenu son comparse et qui se présentait comme le fournisseur régulier d'une grande chaîne d'hypermarchés. Le tandem faisait miroiter de bonnes affaires à des partenaires ayant pignon sur rue. « Il nous proposait d'être des intermédiaires entre un fournisseur et un client désigné par lui, pour créer un circuit commercial plus opaque pour l'industriel », racontera un important négociant agro-alimentaire de Rungis. Cette « opacité » ne le choquait pas : « Les négociants craignent souvent d'être court-circuités par les industriels auprès de leurs clients, dira-t-il. Alors, rendre le circuit moins transparent constitue une protection supplémentaire, ce qui rendait très crédibles les propositions de Jean-Marc S. » Le négociant obtint aisément l'accord de sa direction, d'autant qu'il s'agissait simplement de réceptionner les coordonnées du fournisseur et du client, de facturer hors taxes (HT) pour l'exportation ou avec les taxes (TTC) pour le marché français et d'être payé aussitôt par le client. En 24 heures, l'affaire était réglée. Le négociant de Rungis encaissait une commission de 1 % sur le montant des factures TTC et de 3 à 5 % sur les opérations HT transitant chez lui. Juteux et, *a priori*, sans risques...

Mais voilà : Jean-Marc et son associé Alain étaient de vrais fraudeurs. Entre 1995 et 1998, avec un groupe de complices dont certains de réputation douteuse — l'un d'eux était fiché au grand banditisme ! — le duo a monté une gigantesque toile d'araignée de plus de cent sociétés bidons réparties dans quatre pays européens (France, Portugal, Belgique, Grande-Bretagne), ayant pour but principal d'empocher indûment de la TVA sur des ventes européennes. Grâce à l'aide — consciente ou pas — de sociétés ayant une façade honorable, ils ont réussi à monter des livraisons fictives de produits agroalimentaires, essentiellement des barres chocolatées, émettant plus de 700 millions de francs de fausses factures et détournant environ 70 millions de francs de TVA. Un véritable jackpot !

La fraude aurait pu continuer encore des années, au nez et à la barbe de l'administration fiscale et de la justice, si l'un des intermédiaires, un avitailleur d'un grand port de l'Ouest, contacté pour une livraison de 20 millions de barres chocolatées à destination de la Grande-Bretagne, n'avait eu quelques doutes *a posteriori*. Personne ne semblait s'être soucié d'une quelconque date de péremption de ces produits lors de leur transport en container ! Malgré des documents comptables certifiant le sérieux de l'opération, ce professionnel portuaire a demandé au cabinet signataire de les authentifier et au transporteur de vérifier la réalité de ces livraisons. Or, le rapport comptable s'est révélé faux et le cachet du transporteur avait été falsifié...

Piégé, l'avitailleur a dénoncé la fraude au parquet de Nantes, qui a ouvert, en mars 1999, une information judiciaire contre X pour une vaste panoplie de délits : faux, altération frauduleuse de la vérité dans un écrit, usage de faux en écriture, faux dans un document administratif commis de manière habituelle, escroquerie, complicité d'escroquerie, recel d'objets obtenus à l'aide d'une escroquerie...

À partir de l'opération fictive signalée par l'avitailleur, les enquêteurs du service régional de police judiciaire de Nantes ont commencé à découvrir des dizaines d'autres ventes frauduleuses, portant sur des confiseries, du chewing-gum, du dentifrice, du textile, du matériel informatique. Plus de quatorze personnes ont été mises en examen. Et ce n'est encore qu'un début. Alertés ou avisés, Jean-Marc et Alain, les deux cerveaux du réseau, ont pris la poudre d'escampette dès le printemps 1999. Probablement à l'abri, avec leur magot, dans un îlot ensoleillé, ils doivent ironiser sur le bon tour qu'ils ont si longtemps joué aux autorités.

Des milliards détournés chaque année

Car la fraude à la TVA intra-communautaire est un mal invisible, presque indolore. Dans la plus parfaite indifférence des consommateurs qui n'y voient goutte, elle est en train de devenir un vrai cancer pour les pays européens. « J'ai mis du temps à comprendre le phénomène, mais je peux vous assurer qu'on sous-estime largement sa gravité », explique Jean-Pierre Brard, député, qui y a consacré une partie de son rapport parlementaire sur la fraude fiscale, rendu public en septembre dernier[1]. Car, jonglant avec les frontières et les sociétés-écrans, les fraudeurs privent les États de recettes. Ils gangrènent des secteurs clés de l'économie en faussant les règles du jeu. Et ils enrichissent surtout des réseaux criminels. En toute impunité. Autant le fisc peut se révéler une machine infernale pour le contribuable peu averti, autant il semble désarmé face aux montages internationaux des fraudeurs de TVA. Un ancien directeur général des Impôts l'affirme : « Le fisc aime cogner sur ce qu'il connaît bien. Mais il est faible sur la TVA, qui est pourtant devenue une passoire gigantesque de manière souterraine ! » Un haut fonctionnaire reconnaît cette impuissance : « Les mafias ont compris que ces escroqueries, que l'on appelle des carrousels, sont plus juteuses et moins risquées que le braquage de banques ou le trafic de drogue. »

Le mécanisme de l'escroquerie est, il est vrai, très simple. Depuis 1993, la taxe sur la valeur ajoutée est soumise au sein de l'Espace unique européen à une règle rustique : les exportations vers un pays de la Communauté sont facturées hors taxes. « Comme les douaniers ne contrôlent plus les marchandises aux frontières, le risque de fraude est énorme », explique Ariane Beetschen, avocat-associé au Bureau Francis Lefebvre. Il suffit de tricher sur la destination réelle des marchandises, pour déclarer des exportations, écouler les marchandises en douce sur le marché domestique et garder la TVA correspondante, soit 20,6 %.

1. Voir l'enquête de l'auteur parue dans *L'Express* du 9 septembre 1999, p. 110 : « TVA : alerte à la grande fraude », dont ce chapitre reprend quelques éléments.

La fraude, bien sûr, n'est pas à portée du premier escroc venu, puisqu'elle nécessite un minimum de moyens, des sociétés écrans dans les pays tiers — Belgique, Pays-Bas et Allemagne sont considérés comme les principales plaques tournantes —, des fausses factures, une expertise technique et des liens avec des intermédiaires ou des transporteurs. Mais, on l'a vu, les enjeux financiers sont tels que les fraudeurs peuvent aisément acheter ces complicités en intéressant financièrement tous les participants à ces opérations.

Au début, les plus audacieux ne se donnaient même pas la peine d'expédier les produits, aucune administration n'exigeant les documents attestant le transport transfrontalier. Mais, ces dernières années, l'obligation de fournir les preuves du déplacement physique des marchandises a été rétablie, compliquant la tâche des escrocs. Certains répètent ces fausses exportations avec les mêmes produits, qui vont et viennent plusieurs fois d'Allemagne en France, chaque vente permettant de gruger le fisc avant de revenir en France. D'autres se contentent de leurres. « Nous sommes tombés un jour sur de soi-disant cargaisons de jeans destinées à la Belgique qui ne contenaient que des sacs de sable ! » se souvient un responsable de la DGI. Quelques fraudeurs, plus pressés, ont installé des hangars près des zones frontalières afin d'accélérer le mouvement des marchandises. « Ils font franchir quatre frontières à leurs camions en 24 heures, entre la Belgique, le Luxembourg, l'Allemagne et la France », poursuit un enquêteur. Les plus malins, enfin, volent ou falsifient les cachets des tranporteurs, comme notre tandem de choc, afin de monter des livraisons totalement fictives, qui donneront lieu à des remboursements indus de TVA.

Ce que risquent les grands fraudeurs ? Dans l'Hexagone, les peines maximales encourues ne dépassent pas 5 millions de francs d'amendes et cinq ans de prison, alors que les bénéfices de telles fraudes peuvent se chiffrer en dizaines de millions de francs. « Avec un million de francs de mise, on peut arriver à organiser des opérations qui rapportent 50 000 F chaque jour, sans aucune complication, raconte un grossiste en électronique. Du 5 % de gain quotidien, qui dit mieux ? La rentabilité est telle que les fraudeurs n'ont aucun mal à rassembler les sommes initiales. Beaucoup l'empruntent à des banques plus ou moins complices ou à des gens peu recommandables qui veulent blanchir leur argent sale. Comme les sommes investies au départ peuvent atteindre 50 à 100 millions de francs, les profits sont énormes. »

Au cours de ses dix-huit mois d'enquêtes, le député Jean-Pierre Brard a lui-même été surpris des sommes en jeu : « Les douaniers britanniques m'ont montré un cas où l'escroquerie avait rapporté un million de francs par jour, et ce, pendant plusieurs mois. » Dans son rapport, le parlementaire propose, entre autres, d'instituer un délit pénal de « fraude à la TVA en bande organisée », passible de dix ans de prison et 50 millions d'amende.

L'ampleur de la fraude — le manque à gagner pour l'État français — est délicate à évaluer. Dès le démarrage du « régime transitoire » de la TVA intra-communautaire le 1er janvier 1993, les experts de la DGI avaient évalué les risques de fraude à une trentaine de milliards de francs par an. Un montant repris plusieurs fois par le SNUI, le Syndicat national unifié des impôts, dans ses communiqués... En épluchant les indicateurs de la comptabilité nationale, deux experts du ministère des Finances[1] ont tenté, en juin 1997, de calculer la TVA « éludée » à cause de l'économie « noire » ou « grise ». Ils l'évaluaient alors à environ 80 milliards de francs par

---

1. Jean-Pascal Beaufret, inspecteur général des Finances, directeur général des Impôts jusqu'en novembre 1999, et Hélène Pelosse, inspecteur des Finances.

an, en soulignant les difficultés méthodologiques d'un tel calcul. Comme la TVA constitue la principale recette de l'État, avec 650 milliards de francs glanés chaque année, l'évaporation d'une partie, même minime (entre 5 et 10 %), de ce trésor représente mécaniquement quelques dizaines de milliards !

Mais Bercy s'emploie aujourd'hui à minimiser ses pertes sur la TVA, et notamment sur la TVA intra-communautaire. « Ces escroqueries sont marginales », avance, rassurant, un haut fonctionnaire, sans vouloir citer de chiffres. Comme si avouer le problème serait reconnaître ses faiblesses. Comme si le nier suffisait à le régler... Dans son rapport, Jean-Pierre Brard estime que si l'économie souterraine pèse environ 300 milliards de francs, le manque à gagner pour l'État des 20,6 % de TVA représente au moins une soixantaine de milliards de francs. Dans ce gouffre, entre 5 et 10 milliards au minimum pourraient concerner les seules fraudes à la TVA intra-communautaire. Difficile d'aller plus loin dans ces calculs approximatifs. Une seule chose est certaine : ce sont bien des milliards qui s'envolent.

Des secteurs économiques pollués

« Ces pertes sont d'autant moins anecdotiques que la fraude touche plus particulièrement quelques secteurs et peut même menacer la survie d'entreprises », avance Jean-Pierre Brard. Le fléau s'est, en effet, infiltré de manière très inégale dans les circuits économiques. Certains métiers, comme l'électronique, y sont particulièrement perméables. Pour une raison simple : « Plus les produits sont chers et facilement transportables, plus la fraude est tentante », constate un enquêteur de la DGI. Les composants sont très prisés. Une seule valise contenant 300 plaques de Pentium vaut au moins un million de francs, ce qui permet de frauder environ 200 000 F sur la TVA de 20,6 %. De plus, des centaines d'intermédiaires et de revendeurs interviennent sur ce marché très spéculatif, ce qui peut susciter des vocations — et masquer — bien des trafics douteux.

Appelons-le Mathieu. L'homme veut rester anonyme. « J'ai peur », dit-il. Chef d'entreprise dans ce secteur ultra-concurrentiel des composants, Mathieu a su développer son business de fabricant et de distributeur au plan international. Sa société, implantée en région parisienne, réalise plusieurs centaines de millions de chiffre d'affaires. Mais il est effrayé de ce qui se passe sous ses yeux. « Depuis 1993, je vois de plus en plus de boutiques de revente de matériels électroniques, informatiques ou de téléphonie qui se sont ouvertes un peu partout dans les centres-villes. Beaucoup d'entre elles ne vivent que grâce à la fraude à la TVA. Les sociétés sont créées pour retenir la taxe avant de disparaître. Puis elles nous taillent des croupières en écoulant sur le marché français des puces soi-disant exportées, à prix bradés. Je les vois opérer en direct : nous vendons nous-mêmes des composants très spécialisés à un prix donné. Quelques jours après, certains réapparaissent à 10 % moins cher sur le marché. Il n'y a pas de miracle. La différence, c'est de la fraude, de l'escroquerie organisée. »

Alors Mathieu a peur. Peur d'être lui-même laminé par cette concurrence déloyale : « Cette fraude déstabilise les entreprises performantes qui ne peuvent résister à pareille concurrence. Nous sommes progressivement encerclés par des entreprises dont le seul mérite est de profiter directement de ce système. » Peur des « menaces physiques », du « chantage sur la famille » que certains de ses confrères ont reçu s'ils refusaient d'entrer dans de juteuses combines illégales. La tension est telle que quelques-uns ont dû faire appel à des gardes du corps. « On m'a proposé plusieurs fois de prendre un pourcentage pour participer à des montages de ce type, poursuit-il. J'ai toujours refusé, mais la pression économique peut en faire craquer certains. Je crains que beaucoup d'entreprises préfèrent rejoindre les rangs des fraudeurs plutôt que de disparaître. » Peur enfin d'être seul à dénoncer des pratiques qui mettent en jeu des centaines de millions de francs, détournés au profit de malfaiteurs organisés.

Officiellement, Bercy qualifie ces dérives de « ponctuelles ». « Il est exact que le secteur des composants est touché, explique un haut fonctionnaire. Mais il ne s'agit que de quelques réseaux. » Cependant, depuis deux ans, les limiers de la DGI ont lancé discrètement quelques coups de sonde. Et ils commencent à réviser ce jugement. Car les indicateurs économiques du secteur des microprocesseurs sont troublants. Selon les statistiques douanières, le montant des exportations françaises de composants actifs a augmenté de 16 % en 1998, pour atteindre 44 milliards de francs. Dans le même temps, les importations ont bondi de 28 %, à 37,5 milliards de francs. Le dynamisme du marché, l'organisation des circuits de production entre les pays européens et l'activité des négociants, notamment en fin de saison lorsqu'ils allègent les stocks des fabricants, peuvent expliquer une partie de ce boom. Mais pas totalement. Un responsable du Sitelesc, le Syndicat professionnel des industries de tubes électroniques et des semi-conducteurs, le reconnaît : « Vu la baisse constante des prix, ces chiffres sont aberrants. Il y a des flux parasites. Certains semi-conducteurs sont probablement comptabilisés plusieurs fois car ils franchissent les frontières dans tous les sens. » Les enquêteurs de la DGI, dubitatifs, essaient de pister les opérations fictives dans ces énormes flux. Non sans mal. « Nous suivons à la trace des lots de composants facturés. Certains semblent jouer à saute-frontières et finissent par s'évanouir dans la nature, sans destination réelle. »

Depuis deux ou trois ans, une mobilisation a été décrétée au plan européen contre ces fraudes. En novembre 1996, l'opération Poisson Rouge, déclenchée à la demande de la justice bavaroise, a conduit les forces de police de neuf pays européens à perquisitionner plus de 400 sociétés impliquées dans un vaste carrousel à la TVA et un réseau de contrefaçon de microprocesseurs [1]. En France, 37 revendeurs ont été visités et une dizaine de poursuites pénales ont été engagées, dont l'instruction a été confiée au juge Édith Boizette à Paris. Mais l'un des patrons — français — de ce réseau composé principalement de ressortissants laotiens s'est réfugié au large de la Floride...

Une mobilisation décevante

Depuis cette affaire retentissante, la coopération entre les administrations s'est améliorée. Un système informatisé de recoupement des acquisitions communautaires, baptisé VIES, recense tous les opérateurs, dont environ 300 000 entreprises françaises. « Cela permet de suivre tous les achats et ventes d'un même opérateur grâce à son numéro identifiant et de repérer les écarts importants », explique un des hauts fonctionnaires de la DGI.

De plus, les CLO (*Center of liaison offices*) de chaque pays échangent également en permanence des informations plus ciblées sur quelques milliers de sociétés suspectes. « Chaque fois que les Pays-Bas nous interrogent

1. Voir « Coup de filet dans l'informatique », par Fabrice Dalongeville, dans le magazine professionnel *Distributique*, 5 décembre 1996.

sur une société basée en France, on s'y intéresse de plus près, car les Néerlandais ciblent bien les fraudeurs », raconte un responsable du CLO hexagonal.

Enfin, un programme européen de lutte contre la fraude à la TVA a également été lancé en mars 1998, sous le nom de Fiscalis. D'une durée de quatre ans, il inclut des séminaires de formation et des financements pour des actions concertées de répression.

En France, les contrôles de facturation de la TVA, autorisés depuis 1993[1], se sont multipliés, passant de 2 000 en 1993 à 3 800 en 1998, dont les deux tiers mettent au jour des infractions. Une cinquantaine de perquisitions concernent chaque année des entreprises suspectées de frauder la TVA. Et deux brigades spécialisées sur les produits high-tech ont été constituées, afin de freiner la prolifération de la maladie dans ce secteur sensible.

Les résultats ? Ils restent modestes. « L'échange de données détaillées et précises entre les diverses administrations financières européennes s'effectue de manière longue et fastidieuse », se lamente le principal syndicat des impôts, le SNUI, qui dénonce le caractère « ubuesque » de l'application des textes sur la territorialité des opérations contrôlées. Un agent chargé de repérer les sociétés suspectes se plaint, lui aussi, de la lenteur des procédures : « Il faut des mois pour avoir le feu vert financier du programme Fiscalis afin de déclencher une opération européenne concertée. »

Intox ? Dans son rapport annuel pour 1997, la DGI affichait pompeusement plus de 4 milliards de francs de rappels de TVA intra-communautaire en 1997, soit

1. Procédure d'enquêtes destinée à contrôler, y compris de manière inopinée, le respect des règles de paiement de la TVA, réglementées par les articles L. 80 F et L. 80 J du Livre des procédures fiscales.

quatre fois plus qu'en 1996. Mais un de ses directeurs reconnaît en privé que ces chiffres sont trompeurs : « Ils incluent 3,6 milliards de rappels purement comptables sur les achats communautaires, qui sont immédiatement reversés. Seul le solde de 500 millions concerne vraiment les redressements liés à des fraudes présumées. » Et sur ces 500 millions notifiés, moins de 50 % seront probablement récupérés au fil du temps. « Nous arrivons souvent trop tard », poursuit ce responsable de la DGI. Quand les redressements sont envoyés, les sociétés-écrans, captatrices de TVA, ont disparu et les escrocs ont eu le temps d'organiser leur insolvabilité !

Certains fraudeurs vont même plus loin : alors que le fisc leur a signifié des redressements importants, ils poursuivent, en toute quiétude, leur montage frauduleux. Vu les profits engrangés et les amendes qui leur pendent au nez, ils se considèrent encore gagnants. Leur tactique ? Faire traîner au maximum la procédure fiscale, en jouant la montre et le recours au contentieux, afin de glaner encore quelques années de fraude, avant de partir se réfugier à l'étranger. C'est le cas de quelques affairistes dans le secteur de l'électronique, qui aurait détourné environ 700 millions de francs. Le fisc, après examen des comptes de leurs sociétés, n'a pu leur réclamer « que » 170 millions de francs de rappels de TVA.

Écœuré, un professionnel de ce secteur commente : « Le patron de ce réseau continue ouvertement de pratiquer son sport favori à grande échelle, alors qu'il est en plein contrôle fiscal. Cela lui rapporte tant d'argent qu'il se fiche royalement de ce qu'on peut lui réclamer. Le fisc peut même menacer de lui saisir ses biens personnels. Je parie qu'il s'est arrangé pour n'avoir évidemment aucun bien à son nom. » Un enquêteur de la DNEF avoue : « Le temps que nous ayons tous les renseignements sur leurs sociétés à l'étranger et que nous apportions la preuve de tous leurs détournements, ils auront filé. »

Du coup, la gangrène continue de se répandre. « Maintenant, en plus des composants, ce sont les mémoires, les disques durs, les consommables informatiques, les téléphones portables qui sont touchés », estime Fabrice Dalongeville, journaliste à *Distributique* et auteur de plusieurs enquêtes approfondies sur le sujet [1]. En septembre 1998, une information judiciaire a été ouverte à Paris, confiée au juge Brisset Foucault, portant sur un réseau de revendeurs de matériels Apple. Le constructeur informatique avait remarqué que certains de ses ordinateurs étaient proposés à ses revendeurs à des prix anormalement bas, notamment par l'intermédiaire de sociétés de vente par correspondance. Depuis plusieurs mois, les policiers de la brigade de répression des infractions financières examinent également les comptes d'un grossiste électronique dont l'activité a curieusement décuplé entre 1995 et 1997, passant de 200 millions à plus de 2 milliards ! Or l'un de ses administrateurs occupait durant la même période le poste stratégique de directeur des ventes européennes d'un grand fabricant de microprocesseurs... L'homme a été écarté discrètement de son poste en 1998 pour « conflits d'intérêts ». Mais les enquêteurs s'interrogent sur la complicité — active ou passive — des grands industriels dans les réseaux de fraude. « Ils sont finalement ravis d'écouler leur production, même à bas prix et à des revendeurs peu scrupuleux », constate l'un d'eux.

Face à cet océan de fraude, le fisc français demeure bien timide. Une trentaine de plaintes pour escroqueries à la TVA — dont une minorité seulement concerne

---

1. Voir notamment « TVA, la prime au fraudeur », 18 septembre 1997 ; « Fraudes, la délinquance en col blanc », 7 mai 1998 ; « Fraudes : les premières armes de la lutte internationale », 8 juillet 1999.

des opérations intra-communautaires — ont été déposées au parquet en 1998. Un chiffre relativement stable d'une année sur l'autre. Le zèle du fisc à poursuivre des contribuables pour quelques milliers de francs s'enlise ici dans les labyrinthes des réseaux. Les fraudeurs organisés ont encore de beaux jours devant eux.

« La montagne est là, énorme, conclut Mathieu. De véritables gangs en prennent le contrôle. Et personne ne s'en occupe sérieusement. J'ai alerté le fisc, les douanes, les policiers de la brigade financière sur ces voyous qui polluent nos secteurs. Ils m'ont expliqué que les enquêtes internationales sont compliquées, que les textes sont inadaptés, qu'ils ne peuvent pas faire grand-chose sans preuves irréfutables. Je leur ai fourni des noms, des faits. On a promis de me rappeler. J'attends toujours, et je ne vois rien venir. »

14.

Les sept plaies de Bercy

Nous avons la meilleure administration du monde ! Si l'on écoute les élus, les hauts fonctionnaires et les gouvernants de tous bords, les contribuables français ont une chance inouïe, qu'ils méconnaissent injustement : le ministère des Finances et du Budget est un des plus beaux paquebots de la planète. Les quelque 200 000 matelots qui travaillent à son service sont parmi les plus dévoués et les plus efficaces fonctionnaires que la Terre ait jamais portés. Il est vrai que l'imposante bâtisse de béton et de verre fumé qui tient lieu de poste de pilotage, arrimée sur les bords du quai de Bercy, sur la rive droite de la Seine à Paris, peut épater bien des yeux désargentés. Tous les impôts ne partent pas en fumée ! Et l'ambiance affairée qui règne sur ses pontons, souvent illuminés jusqu'à des heures avancées de la nuit, témoigne d'un activisme parfois rassurant. L'argent rentre, les budgets se préparent, les ministères dépensiers sont tenus. Citoyens, payez vos impôts et dormez en paix, la France est bien gérée...

Seulement voilà. La légende mérite d'être écornée. Car elle est en partie fausse. Le zèle de certains matelots n'a d'égal que l'impuissance des autres. Le bel ordonnancement des textes masque l'iniquité des pratiques. Pis : la visite des coulisses du paquebot, témoignages et rapports internes de Bercy en main, laisse entrevoir des brèches géantes dans la coque, un fonctionnement quasi soviétique, un équipage surdimensionné. Et une culture d'un autre monde, archaïque et fermée sur elle-même. Aux limites du complexe de supériorité. Comme ces ingénieurs britanniques du début du siècle qui affirmaient que leur paquebot *Titanic* ne pouvait pas sombrer puisqu'ils l'avaient décrété insubmersible. Bercy est peut-être la meilleure administration du monde. Mais elle souffre d'au moins sept plaies chroniques.

Une maison pléthorique

Elle est d'abord frappée d'un embonpoint maladif. Les effectifs des Finances ont bondi de 176 042 à 188 950 agents entre 1981 et 1985, avant de redescendre progressivement à 175 165 en 1999. Autrement dit, en deux décennies, la toise est restée quasiment stable. Le mammouth des Finances est toujours aussi gros. À l'intérieur de ce monstre, aux côtés des 55 000 agents de la Comptabilité publique (le Trésor public), la direction générale des Impôts représente un morceau de choix : on y dénombrait 83 742 agents fin 1998. Elle sait d'ailleurs résister aux assauts des restructurations : les effectifs n'ont diminué que de 223 postes en 1998, et de 326 en 1999, soit une baisse de 0,6 % en deux ans ! Cette insensible érosion a pourtant déclenché deux journées de grève des agents début 1999. Ce qui n'a rien d'étonnant : si l'on en croit un sondage réalisé en mars 1999 auprès des agents du ministère, 84 % d'entre eux jugent que leur travail ne pourrait être effectué avec moins de personnes, même si l'on changeait l'organisation [1].

1. Cité dans l'enquête de Corinne Lhaïk, « Voyage au cœur des Finances », *L'Express* du 22 avril 1999.

Pourtant, tous les experts reconnaissent que les marges de manœuvre sont considérables. Dans son exposé de septembre 1998, l'inspecteur général des Finances Daniel Lallier énumérait, par exemple, les allégements de charge de travail intervenues depuis 1990 dans le réseau comptable de la DGI : informatisation, transfert à la douane des contributions indirectes, développement des paiements des entreprises par virement. Tout cela sans compression systématique des postes. Résultat : les missions de l'inspection générale des Finances « portent un jugement plutôt positif sur la situation et l'efficacité du réseau comptable de la DGI ; mais elles confirment la présence de sureffectifs dans les recettes des Impôts... ».

Le haut fonctionnaire allait même plus loin en avançant pour la DGI quelques idées de reconversion : « Les grandes applications informatiques (Medoc, Iliad, Majic[1]) ont considérablement allégé les travaux de routine, dégageant d'importants gains de productivité. Cette modernisation des modes de travail a permis de pallier partiellement certaines faiblesses des services. Cependant, les gains de productivité n'ont pas été pleinement utilisés ; pour y remédier, la DGI peut, par exemple, envisager de professionnaliser la fonction d'accueil des usagers en constituant des cellules avec les effectifs excédentaires. »

Cette proposition — aux limites de l'audace ! — a été reprise par les ministres Dominique Strauss-Kahn et Christian Sautter dans leur projet de modernisation du ministère des Finances, dévoilé au printemps 1999, en cours de négociation. Mais les syndicats préféreraient qu'on embauche de nouveaux agents pour accueillir les usagers, plutôt que de transférer des postes ! Le principal d'entre eux, le SNUI, se bat farouchement pour frei-

1. Voir à ce sujet le chapitre 5, « Un Big Brother informatique ».

ner « toute nouvelle tentative de réduction des effectifs basée sur de prétendus gains de productivité ».

Du coup, l'objectif — prudent — fixé par le gouvernement est de supprimer globalement 1 500 postes à la DGI entre 2000 et 2002 (soit 1,9 % des emplois), en attendant que les départs naturels à la retraite ne dégonflent plus rapidement les rondeurs de la maison entre 2005 et 2013. *Chi va piano...*

Une ardoise trop coûteuse

La facture est à la mesure du monstre. Énorme. Comme les dépenses de personnel mangent 82 % du budget de la DGI, ses sureffectifs coûtent évidemment très cher. Elle a obtenu en 1998 une légère progression de son enveloppe, à 20,9 milliards de francs. En 1999, elle a dû afficher en supplément dans son budget les 3,3 milliards de francs de primes et indemnités versées à ses fonctionnaires, qu'elle masquait jusqu'à présent. Les coûts augmentent, alors que les « performances » financières des administrations fiscales sont de plus en plus contestées.

Dans un rapport très documenté rendu en avril 1999, l'inspection des Finances a en effet comparé les coûts de collecte des impôts dans dix pays industrialisés. Le classement est cruel pour Bercy : la France se retrouve dans le peloton de queue, avec un coût de collecte de 1,6 % des sommes encaissées, soit 26 milliards de francs, contre une moyenne de 1,1 % pour les dix pays. Le bonnet d'âne revient à l'Allemagne (1,7 %) mais la collecte fiscale ne coûte que 1,1 % au Royaume-Uni, 1 % au Canada, 0,9 % en Espagne, 0,8 % en Irlande, 0,5 % en Suède et aux États-Unis[1].

---

1. Ce rapport de Jean-Luc Lépine, inspecteur général des Finances, daté du 20 mai 1999, n'a pas été rendu public. Mais ses principaux résultats ont été publiés dans *L'Expansion*, « Bercy,

Cette affligeante productivité hexagonale a quelques racines. Le calcul et la collecte des impôts — qui occupe au total près de 100 000 agents ! — est répartie entre trois directions du ministère des Finances, selon des règles byzantines. La DGI est chargée d'établir les impôts directs et de collecter notamment les droits d'enregistrement (donations, successions, taxes sur les conventions d'assurances), l'essentiel de la TVA, l'impôt de solidarité sur la fortune, les taxes des collectivités locales et une partie de la CSG. L'autre partie de la « contribution sociale généralisée » est encaissée par la Comptabilité publique, qui ramasse de son côté les impôts sur le revenu ou sur les sociétés. Quant aux Douanes, elles se chargent de la TVA sur les importations. Comprenne qui pourra ! Les querelles de clochers ont produit ce dédale insensé, qui fait perdre des cheveux à bien des contribuables, ballottés d'un service à l'autre. À ces trois directions, il faut d'ailleurs ajouter le service de perception de la Redevance audiovisuelle (1 500 agents), resté autonome alors que de multiples rapports publics de la Cour des comptes n'ont cessé de dénoncer son inutilité.

Chacune de ces chapelles s'ignore superbement et défend l'intégrité de son réseau avec acharnement. Conséquence : là où l'administration américaine n'a besoin que d'un centre pour centraliser la TVA, le fisc français mobilise 840 bureaux pour collecter la moitié de cet impôt. La France compte 3 860 bureaux déconcentrés de ses services fiscaux, contre seulement 950 en Italie et 645 en Allemagne. Plus d'un millier de minus-

---

l'administration fiscale la plus dépensière du monde », par Patrick Coquidé et François Lenglet, 29 avril au 11 mai 1999. Dans *L'Express, op. cit.*, ainsi que dans le rapport parlementaire de Jean-Pierre Brard, 8 septembre 1999.

cules perceptions, installées en zone rurale, emploient chacune moins de trois agents, parfois désœuvrés.

En présentant son projet de réforme du ministère, mi-1999, Christian Sautter n'a pas caché qu'il faudrait à la fois clarifier les missions des différentes directions et réduire à terme ce réseau de collecte, beaucoup trop coûteux. C'est-à-dire fermer des perceptions. Mais les directeurs font de la résistance pour ne rien lâcher de leurs prérogatives. Les élus ruraux montent au créneau pour préserver ce maillage cantonal de bureaux administratifs. Et les syndicats des Impôts s'opposent avec virulence à tout ce qui s'apparente à un « démantèlement du service public ». La sous-productivité a, semble-t-il, encore de beaux jours devant elle.

Une implantation déséquilibrée

« La DGI a le système d'allocation des ressources humaines le plus rigide de toutes les administrations financières [...] les premières affectations et les mouvements de personnel sont gérés par l'administration selon des règles qui tiennent plus compte de l'intérêt des agents que de l'intérêt du service [...] l'affectation des agents selon le critère quasi unique de l'ancienneté n'est compatible ni avec la bonne exécution du service ni avec le bien-être des personnels... »

L'inspecteur des Finances Daniel Lallier ne mâchait pas ses critiques en septembre 1998. Il prônait bien entendu un assouplissement de ces règles de nomination des fonctionnaires, qui ont des effets dévastateurs. C'est humain : les agents des Impôts aiment travailler au soleil. Ils ne sont pas les seuls à préférer les mutations dans le sud de la France aux carrières dans la grisaille du Nord. Mais au sein d'une administration où la mobilité se joue immuablement à l'ancienneté, il leur suffit d'être patients pour avoir gain de cause.

Résultat : entre 1990 et 1998, le nombre d'agents des Impôts a augmenté de 5 % en Rhône-Alpes, Midi-Pyrénées, Languedoc-Roussillon et Provence-Alpes-Côte-d'Azur-Corse. À l'inverse, la Lorraine, la Champagne-Ardenne, le Nord-Pas-de-Calais ont perdu 4 % de leurs troupes durant la même période. Or, selon l'expression de l'ancien receveur principal de Paris, Guy Vidal : « Le boulot est au nord, les agents au sud [1]. »

Malgré la création volontariste de 1 000 emplois en Île-de-France depuis 1990, le déséquilibre reste colossal : la région parisienne n'accueille toujours que 20 % des effectifs de la DGI, alors qu'elle représente 40 % des recettes fiscales du pays ! « Ici, il faudrait des gens expérimentés et plus nombreux, notamment pour les quartiers difficiles ou pour traiter les grandes entreprises, se lamente un syndicaliste francilien. Or nous avons des débutants qui veulent fuir à la première occasion et des centaines de postes vacants. » Le ministre du Budget, Laurent Fabius, avait bien tenté, au début des années 1980, de fixer les agents en région parisienne en leur attribuant une prime d'inspection de vérification spécialisée. Mais la sucette n'a pas suffi. Dans les Hauts-de-Seine, en Seine-Saint-Denis, dans le Val-de-Marne, 40 % des inspecteurs des Impôts quittent leur poste chaque année...

Le suivi des dossiers et la qualité des contrôles fiscaux s'en ressentent. Aucune enquête publique ne détaille ces inégalités géographiques de traitement. La DGI n'a guère envie qu'on découvre de vrais paradis fiscaux en France ! Mais les témoignages concordent pour considérer que la banlieue parisienne est, faute d'agents, une friche peu labourée par les inspecteurs. Dans son rap-

1. *L'Express* du 22 avril 1999, *op. cit.*

port, Daniel Lallier évoquait des écarts importants de productivité au sein de la région Île-de-France : les services fiscaux parisiens, mieux dotés, auraient une charge de travail inférieure de 18 % à la moyenne régionale et les services de banlieue une charge supérieure de 7 %, les extrêmes allant du simple au double, entre la direction de Paris-Centre et celle des Hauts-de-Seine Sud !

Puisque la première région de France « ne dispose pas de moyens qui soient à la hauteur des enjeux », l'inspecteur des Finances envisageait deux solutions pour résoudre la quadrature du cercle : « Soit on alimente les services en agents, et pas seulement en agents jeunes et débutants. Ceci devrait se faire au détriment d'autres régions et il n'est pas utile de s'étendre sur les problèmes de toute nature qu'une telle orientation ne manquerait pas de poser. » Pour éviter des grèves à répétition dans les services que l'on ponctionnerait, la solution numéro un était peu recommandée. Restait la seconde piste : « Soit on réfléchit à l'utilisation de moyens technologiques modernes pour rétablir une meilleure adéquation entre les charges et les moyens : à condition d'organiser différemment — en les renforçant sans doute — les points d'accueil de proximité, le recours à la délocalisation des tâches pourrait permettre de confier des tâches de gestion et de contrôle à des services localisés ailleurs qu'en région parisienne. En outre, cette solution permettrait d'apporter une réponse aux souhaits des agents, dont beaucoup aspirent au “retour au pays”. »

L'idée est lumineuse : puisque personne ne veut venir travailler à Paris, il faut envoyer les dossiers à des agents qui les éplucheront sous le soleil du « pays ». Il suffisait d'y penser !

Une administration trop centralisée

Bercy est une armée. Pyramidale, puissante, hiérarchisée et obéissante. Mais elle est surtout jacobine jusqu'à l'excès. Bureaucratique jusqu'au surréalisme. Rigide jusqu'à la tétanie. Après les grandes grèves des agents des Impôts de 1989, le ministre des Finances Pierre Bérégovoy avait demandé à l'inspecteur des Finances Jean Choussat de lui dresser un tableau de son ministère. Dans ce rapport au vitriol de 1990, on pouvait lire notamment : « Tous les ingrédients sont réunis pour appauvrir le dialogue social [...] : une administration hypercentralisée, des structures d'une rigidité militaire, des responsables locaux sans pouvoir, des chefs de poste nommés dans des emplois dits de débouchés sans considération suffisante de leur capacité à animer et diriger une équipe, des syndicats qui, dans l'ensemble, s'accommodent fort bien du rôle qui leur est dévolu au plan national au détriment du plan local, une information inexistante, bref le prototype même d'une organisation figée, sans âme, sans dynamique propre. »

Plus loin, Jean Choussat exprimait sa « stupéfaction face au degré de subordination et l'état de soumission des services extérieurs ». Et d'ajouter, sarcastique : « La comparaison qui vient irrésistiblement à l'esprit est celle de la planification soviétique (avant Gorbatchev) » ! À cette époque, toute demande de photocopieuse d'un service local devait remonter à Paris, où l'on décidait même de l'endroit précis de l'installation de l'engin. Certains directeurs allaient jusqu'à se lever machinalement quand ils recevaient un coup de téléphone de Paris ! Dans ce paysage archaïque, la DGI faisait figure de championne, puisque tout changement de poste devait attendre une décision parisienne, prise une fois par an seulement. Sans parler de la moindre commande d'imprimés, de voitures ou le règlements des loyers ! Le rapport Choussat estimait, bien sûr, que cette situation grotesque ne pouvait rester en l'état. Il prônait une « déconcentration » des décisions, un regroupement des services locaux des Impôts et une profonde réforme de gestion.

Las ! Depuis 1990, la centralisation excessive n'a pas fait progresser le sens des responsabilités. Au contraire. Comme en témoignent les propos de Daniel Lallier en septembre 1998 devant les cadres de la DGI : « En raison d'une culture et de positionnements anciens, fortement marqués par un fonctionnement extrêmement centralisé, la dimension participative est encore peu développée, aussi bien pour la phase de diagnostic que pour celle de l'élaboration des plans d'action. Dans ces conditions, les méthodes de management n'ont pas encore permis une véritable responsabilisation des agents. Au contraire, il semble que ceux-ci disposent souvent d'une trop grande liberté dans la façon dont ils choisissent d'organiser leur travail et que la capacité de l'encadrement à imposer une vision homogène rencontre des difficultés croissantes. Dans les services de la DGI, ce jugement peut être illustré par les différences d'efficience des agents en fonction de la nature des travaux : la réalisation des travaux de masse, qui sont clairement organisés et planifiés, est jugée positive, alors que les tâches moins bien encadrées (contrôle sur pièces, contrôle fiscal externe, enquêtes et poursuites en matière de recouvrement notamment) appellent de nombreuses observations, dont certaines présentent un caractère de gravité marqué [...] en conséquence il apparaît nécessaire de trouver les moyens de faire davantage pénétrer le dialogue dans les services locaux. »

À moins d'un miracle, certains mauvais esprits parient qu'un rapport écrit en 2010 enfoncera le clou ! Voire pire. Un seul exemple permet de mesurer à quel point la DGI a du mal à passer d'un système néomilitaire à une administration moderne. Dès 1990, le rapport Choussat s'interrogeait sur les nécessaires regroupements régionaux des 140 services départementaux : « Croit-on vraiment que le patron de la DGI puisse être en prise directe sur les 140 filiales qui sont les interlocuteurs naturels et constituent le cœur de son dispositif ? À vrai dire, l'expérience a tranché : le directeur général des Impôts réunit les 140 directeurs fiscaux une fois par an et leur rend visite sur le terrain une fois tous les 15 ou 20 ans [estimation non vérifiée mais plausible et peut-être optimiste]. Sans doute peut-il s'entretenir avec eux à Paris — ce qu'il fait — mais il est aisé de calculer qu'en leur consacrant à chacun une demi-journée par an, il faudrait immobiliser trois mois de son temps. »

Le système était ingérable. Il aurait fallu le réformer. Les années passent. Rien ne bouge. En 1997, le rapport Roy, rédigé par des agents de la DGI, constatait avec effarement que ce problème restait entier : « Actuellement, au niveau central, seuls le directeur général et son adjoint embrassent la globalité des missions et, sans relais véritables, ils sont censés donner impulsion à 140 cadres territoriaux. Quand on sait que l'efficacité des organisations repose sur le calibrage des strates de commandement et que, généralement, on pose que de façon moyenne le bon rapport est de 1 pour 10, on voit le chemin qui reste à parcourir. »

D'où la suggestion de ce document : installer une dizaine d'échelons interrégionaux à la DGI. La proposition a été retenue par l'ex-directeur général des Impôts, Jean-Pascal Beaufret. Neuf nouveaux délégués interrégionaux seront tous en poste mi-2000 afin de remplacer progressivement les actuels échelons régionaux. Relais entre la direction centrale et les services locaux, ils sont censés « coordonner » l'action fiscale sur un plan géographique plus large. Mais ces délégués n'ont pas de pouvoir opérationnel... Les féodalités risquent donc de perdurer et les réunions de se multiplier.

Une forteresse méfiante

Là encore, les documents internes décrivent une administration étrange : tellement sûre d'incarner la souveraineté de l'État, tellement dévouée à sa cause que chaque direction vit comme une forteresse assiégée, fermée sur elle-même, aux limites de l'autisme, suspicieuse envers le monde extérieur. Et même envers tous les autres services. Selon Jean Choussat, cette méfiance est culturelle : « Les Finances, c'est l'argent ; l'argent commande la méfiance ; la méfiance est donc le principe d'organisation du ministère, écrivait-il en 1990. Les services centraux se méfient des services extérieurs, la hiérarchie se méfie des syndicats, les agents se méfient des administrés, chacune des directions se méfie bien entendu de toutes les autres. La méfiance empoisonne les relations, alourdit les procédures, stérilise les initiatives. »

Le rapport Choussat conseillait d'ouvrir le ministère des Finances sur l'extérieur : « Nous vivons actuellement dans un système consanguin : tout se passe à l'intérieur de la tribu. Consultants externes, échanges avec le privé et d'autres administrations, recrutement d'ingénieurs, décloisonnement interne, mobilité des agents : tout ce programme reste à écrire. »

Ces vœux sont restés pieux. Les mentalités n'évoluent guère. Le chercheur Muriel Trémeur relevait, en 1993, que la hiérarchie du ministère restait totalement hermétique à la notion d'accueil des « usagers ». Pire, il était mal vu de s'en occuper : « l'agent qui consacre trop de temps à la réception du public, au courrier ou au téléphone, se voit désapprouvé par ses supérieurs hiérarchiques. Chaque semaine, l'usage du téléphone est interdit un ou deux jours dans les centres des Impôts[1] ». Toujours en 1993, après une plongée dans plusieurs centres des Impôts, le Centre de sociologie des organisations du CNRS dressait, dans un rapport confidentiel, un tableau accablant des mentalités de l'administration fiscale : « C'est une caricature d'administration publique [...] Il y règne un climat de méfiance extraordinaire. Du sommet à la base, chacun cherche à se protéger [...] C'est quasiment un système militaire[2]... » Quelques années plus tard, en septembre 1998, Daniel Lallier expliquait que les missions de l'inspection générale des Finances ne faisaient que confirmer l'étanchéité des services de la DGI, laquelle confinait à l'absurde : « Un service peut gérer correctement ses tâches courantes, mais dégrader sa performance du fait de mauvaises liaisons avec le monde extérieur. Ceci a été constaté depuis longtemps mais, malheureusement, le plupart des missions permettent encore aujourd'hui d'en vérifier la pertinence. »

Ces murs intérieurs handicapent la productivité de Bercy, les agents chargés de l'assiette ou du contrôle ignorant ceux qui s'occupent du recouvrement. Ces mentalités renfermées tendent également les relations lors des contrôles fiscaux, puisque les inspecteurs se méfient spontanément de tous les contribuables. Et elles creusent le fossé entre l'administration et ses « usagers ». Selon un sondage SOFRES commandé par Bercy

1. Voir *La Politique publique du contrôle fiscal*, par Muriel Trémeur, Economica, 1993.

2. Cité par Olivier Milot, dans le dossier de *Challenges*, « Fisc, la machine de guerre », octobre 1998. Ces études ont nourri une recherche plus vaste sur la sociologie des différents types d'organisation, notamment bureaucratiques, dont les analyses ont été publiées sous le titre *Les Mondes sociaux de l'entreprise*, par Isabelle Francfort, Florence Osty, Renaud Sainsaulieu et Marc Uhalde, coll « Sociologie économique », Desclée de Brouwer, 1996

début 1999, 51 % des Français ont une image négative du ministère des Finances...

Des bastions syndicaux conservateurs

L'administration fiscale est un vieux fief syndical. En soi, cette tradition n'a rien de critiquable. Sauf qu'ici, les syndicats ont un pouvoir considérable. Ils cogèrent les carrières et les avancements de tout le personnel, notamment au sein des « commissions administratives paritaires » (CAP). Ils s'occupent des œuvres sociales. Ils déclenchent des grèves à la moindre occasion, pouvant aller jusqu'au freinage de la collecte des impôts durant plusieurs mois, comme en 1989. Forts de cette redoutable capacité de nuisance, ils montent au créneau à la moindre occasion.

Certains les ont même soupçonnés naguère d'orienter les contrôles fiscaux : fin 1983, des députés de l'opposition s'interrogeaient ouvertement sur des instructions que les syndicats des Impôts auraient données à leurs mandants pour contrôler les non-salariés. Ils dénonçaient un « pouvoir syndical qui constitue désormais une hiérarchie parallèle à l'intérieur de la DGI ». Leur proposition de créer une commission d'enquête a été rejetée par la Commission des lois de l'Assemblée en avril 1984. Mais celle-ci a tout de même diligenté une enquête, à la suite de laquelle le directeur général des Impôts a envoyé une lettre d'avertissement à chaque secrétaire syndical[1]. Signe qu'il y avait eu probablement quelques tentations.

Encore aujourd'hui, la première puissance maison, le syndicat national unifié des Impôts (SNUI), n'hésite pas

1. Rapporté dans *La Politique publique de contrôle fiscal, op. cit.*, p. 119.

à organiser chaque année des conférences de presse pour donner son point de vue sur les projets fiscaux du gouvernement ou sur la loi de Finances votée par l'Assemblée nationale... Parce que les fonctionnaires sont aussi des « citoyens », le SNUI se sent légitimement en droit de défendre « le service public menacé par l'idéologie libérale », de donner des bons et mauvais points aux ministres... et de vendre son *Guide pratique du contribuable* ou sa brochure des vins et fromages de France...

Avec ses 22 000 adhérents (sur 84 000 agents) à la DGI et 44,2 % des voix aux dernières élections professionnelles de mars 1997 dans cette direction, le SNUI — qui se définit comme un « syndicat vertical » et que ses opposants jugent « ultra-corporatiste » — tient solidement la forteresse DGI. Il contrôle 26 des 61 sièges des fameuses CAP. Grâce à ces postes clés, il protège ses mandants, leur prodigue conseils sur la rédaction d'une demande de mutation, assistance lors des appels de notation, information lors des concours internes. Désireux de préserver ses pouvoirs, il combat toute idée de déconcentrer — hors des CAP nationales — les décisions de mobilité des agents ou tout abandon des règles actuelles d'avancement à l'ancienneté, afin de préserver — dit-il — une « neutralité » et une « homogénéité » des décisions. Le SNUI est aussi virulent pour dénoncer « toutes les possibilités de flicage de l'activité individuelle » des agents ou les « restructurations prétextes à suppression d'emplois ». Et le principal syndicat des Impôts tirait à vue sur le directeur général, Jean-Pascal Beaufret, dont le langage abrupt et les projets réformateurs ont bousculé ses positions et ses habitudes. « Ce type ne comprend rien à la DGI », répétaient ses dirigeants syndicaux. Son départ en novembre 1999 n'a pas fait couler de larmes au sein du SNUI.

De son côté, le SNADGI-CGT, deuxième centrale de

la DGI (24 % des voix), est également très combatif. Il réclame toujours plus de « moyens et de personnel » au nom de sa conception de « l'égalité devant l'impôt ». Le syndicat FO est, quant à lui, mieux implanté dans le réseau dispersé des trésoreries qu'à la DGI où il ne représente que 14 % du personnel. Son secrétaire général Jacky Lesueur est pourtant surnommé le « vice-ministre » et il négocie en permanence les prérogatives de ses troupes, en s'opposant notamment à la réduction du réseau de la Comptabilité publique. Quant à la CFDT-Impôts (11,2 % des voix à la DGI), elle est la plus ouverte à la « modernisation » du ministère.

Des résistances au changement

Outre les effets pervers de la surenchère entre ses différentes boutiques avant les élections, ce maillage syndical a aussi l'inconvénient de bloquer les nécessaires évolutions de Bercy. Trois anecdotes, citées par *L'Express*[1], sont révélatrices de ce grippage. Le ministère installe-t-il un jour des caméras pour surveiller ses entrées, dans le cadre du plan Vigipirate ? Les syndicats hurlent au contrôle des horaires des agents. Les bureaux de la direction du personnel, en cours d'agrandissement, empiètent-ils sur le local d'une machine à café ? Chacun est persuadé que l'on veut empêcher toutes les discussions informelles. La directrice des services fiscaux de la Sarthe souhaite-t-elle organiser un séminaire pour ses agents dans une auberge ? Les syndicats dénoncent immédiatement cette « privatisation » des services de restauration. Bercy est ainsi fait. On n'y déplace pas un meuble sans que les syndicats se mobilisent.

Dans ce contexte miné, les réformateurs ont bien du

1. Rapportées dans *L'Express*, *op. cit.*

courage. À son poste de ministre de l'Économie et des finances jusqu'en novembre 1999, Dominique Strauss-Kahn, épaulé par son secrétaire d'État au Budget, Christian Sautter, a lancé un grand projet de modernisation de son ministère, auquel 89 % des agents seraient favorables, si l'on en croit un sondage commandé par Bercy au printemps 1999.

Les grandes lignes de cette réorganisation, visant à une meilleure efficacité, ont été fixées : prise en compte de l'usager qui devra pouvoir dialoguer avec un « interlocuteur fiscal unique » (à la Comptabilité publique pour les particuliers, à la DGI pour les entreprises), innovation majeure de ce plan ; recherche de l'équité fiscale ; informatisation plus poussée ; simplification de l'établissement des impôts avec des déclarations préimprimées pour l'impôt sur le revenu ; réduction des coûts de collecte par une réorganisation des réseaux et la fermeture d'une partie des trésoreries ; réaffectation des sureffectifs dégagés par les gains de productivité ; contrôle fiscal de qualité et mieux recouvré. Le programme est ambitieux. « Nous devons améliorer grandement le service public » pour éviter « une vague thatchérienne », a prévenu le secrétaire d'État au Budget, Christian Sautter, en juillet 1999[1].

Pour tenter de concrétiser ce projet, le ministère a confié une mission d'études et de concertation, baptisée « Mission 2003 », à Paul Champsaur, directeur général de l'INSEE, et à Thierry Bert, patron de l'inspection générale des Finances, afin de déblayer le terrain. Leur rapport devait être remis au ministre, en l'occurrence le successeur de DSK, Christian Sautter, fin 1999 ou début 2000. Mais, tout le long de leur tournée dans les services du ministère, les deux auteurs ont pu mesurer les obstacles qui se dressent sur la route de la modernisation.

1. Voir la *Tribune* du 30 juillet 1999.

Le 8 juillet 1999, Thierry Bert a, par exemple, rencontré les syndicats de la DGI et de la Comptabilité publique d'Île-de-France, lesquels ont mis en doute les « simplifications » envisagées et l'ensemble de la réforme « inspirée du modèle anglo-saxon » en ces termes : « Ce que vous voulez faire s'inscrit dans la métaphore du supermarché : on concentre les activités commerciales sur un lieu unique, on élimine les commerces de proximité, on déshumanise les relations, on intensifie la production et, au final, on consomme des produits sans goût et dangereux à base de dioxine, d'OGM et de vache folle. »

Les syndicats ne digèrent pas du tout les plats qu'on veut leur servir ! Même si le projet avance, ils feront tout pour défendre leur pré carré, leurs pouvoirs et leur culture de fief. Selon un autre sondage, commandé celui-là mi-1999 par la fédération des Finances FO, 94 % des agents du ministère des Finances estiment justement que « notre système fiscal est devenu trop complexe, il faut y apporter des mesures de simplification ». Mais ils sont 78 % à penser que les orientations du gouvernement vont à contresens et 58 % à juger que la réforme engagée au ministère est « une mauvaise chose [1] ». Avec humour, Thierry Bert a confié aux syndicats que certaines lourdeurs ont freiné sa mission : « J'ai parfois l'impression de faire la course à Auteuil en chevauchant un diplodocus. »

Bercy est un dinosaure. Condamné à muer, au risque de disparaître. Mais capable d'écraser tout sur son passage. Provoquant parfois des dégâts considérables.

---

1. Cité dans la *Tribune* du 19 octobre 1999.

DES SUITES TRÈS ARBITRAIRES

15.

Le ministre est au courant...

« Monsieur le Ministre, je me permets d'attirer votre attention sur la situation fiscale de M. et Mme X... » Combien de lettres les parlementaires envoient-ils chaque année au titulaire du portefeuille du Budget ? Le chiffre n'est pas connu officiellement. Mais, selon des personnalités politiques qui ont occupé ce poste, le courrier reçu, de parlementaires ou de contribuables, au cabinet du ministre chargé du Budget représente chaque année plusieurs milliers de lettres. Soit quelques dizaines par jour ! Christian Sautter, en fonction depuis juin 1997, parle de 5 000 lettres. Bien sûr, il n'a pas le temps de lire, traiter et répondre à chacune de ces demandes. C'est une des tâches ingrates et occultes que l'actuel ministre confie à quelques membres de son entourage. Une petite équipe de conseillers triés sur le volet. Ils forment ce que les initiés appellent « la cellule fiscale et douanière » de chaque ministre. Ce minuscule commando est composé d'hommes de confiance et d'experts pointus. Ils restent anonymes et sont muets comme des carpes. Officiellement, ce sont de simples conseillers techniques. Ils orientent le courrier et préparent les dossiers pour les rendez-vous. Ils servent d'interface entre le ministre et la direction des Douanes ou celle des Impôts. Ils auscultent les textes de lois, veillent à ce que la rédaction du moindre amendement fiscal préserve l'orthodoxie des textes et les prérogatives de l'administration.

Un homme très informé

Mais, au sein des cabinets ministériels, chacun sait que la mission de la « cellule » va bien au-delà du rôle de simple facteur ou de conseil. Car, le soir venu, ses membres se glissent parfois comme des ombres, avec des airs de conspirateurs mystérieux, dans le bureau du ministre, d'épais dossiers sous le bras. Dans le plus grand secret, ils transmettent alors les informations les plus sensibles de la DGI et des Douanes sur les enquêtes en cours, les saisies et perquisitions effectuées, les soupçons sur telle fortune dans le collimateur des agents, les petits secrets fiscaux de telle star des médias ou de tel élu politique, les dossiers qui vont bientôt sortir et ceux qui peuvent être enterrés. Grâce à eux, le titulaire du portefeuille du Budget est un des hommes les mieux informés de France, avec le ministre de l'Intérieur et celui de la Défense.

La puissance virtuelle tirée de ces renseignements conduit naturellement les partis au pouvoir à ne confier le maroquin du Budget qu'à des lieutenants de confiance : Laurent Fabius au début du premier septennat Mitterrand, Michel Charasse au début du second, Alain Juppé sous la première cohabitation Chirac-Mitterrand, Nicolas Sarkozy pour le règne de Balladur à Matignon de 1993 à 1995, Alain Lamassoure contrôlé par Jean Arthuis sous le tandem Chirac-Juppé de 1995 à 1997, Dominique Strauss-Kahn et Christian Sautter avec l'arrivée de Jospin à Matignon en 1997.

Le ministre est-il au courant, grâce à sa « cellule », de tous les contrôles fiscaux ? Ancien directeur général des

Impôts de 1986 à 1990, Robert Baconnier est très clair : « Pour un simple contrôle sur pièces, non. En revanche, lorsqu'il s'agit d'un examen approfondi de la situation fiscale d'une personnalité, le cabinet du ministre est informé[1]. » Michel Charasse, ministre du Budget de 1988 à 1992, est encore plus précis : « J'avais demandé que la liste des futurs contrôlés me soit soumise parce que je ne voulais pas qu'on soupçonne le fisc d'inquisitions injustifiées, ni apprendre par la presse que des personnalités très connues, comme des élus politiques ou professionnels, des responsables syndicaux, des artistes ou des grands patrons, étaient contrôlées[2]. » Tous les autres titulaires du poste ont, à une plus ou moins grande échelle, conservé ce droit de regard. Jean Arthuis ne dément pas. Christian Sautter précise toutefois qu'il n'est pas « systématiquement informé ». Un ex-membre de la « cellule fiscale » de plusieurs ministres résume bien l'état d'esprit qui prévaut en ce domaine : « S'il ne veut pas passer pour un idiot, le ministre doit être informé des principales enquêtes en cours. C'est au directeur général des Impôts de savoir ce qu'il doit signaler ou pas au cabinet. Comme il ne veut pas qu'on lui reproche de dissimuler des affaires importantes, il préfère en général transmettre le maximum d'infos. »

Plusieurs responsables des contrôles, notamment ceux opérant dans la fameuse DNVSF[3], confirment qu'ils signalent à leur direction et à la « cellule » du ministre les « contrôles délicats » touchant des personnalités ou des institutions en vue. Tous les contrôles sur des partis politiques, syndicats, organisations religieuses, médias doivent, par exemple, obtenir des feux verts venus de très haut. Mieux : selon le degré de « sensibili-

1. Interview parue dans *Le Figaro Magazine*, 9 janvier 1999.
2. Propos recueillis par l'auteur, *L'Express* du 18 février 1999.
3. Voir chapitre 10, « Riches et célèbres, gare à vous ».

té » des cas, établie de manière très subjective par l'administration, les dossiers sont enfermés dans les bureaux des directeurs locaux, ou carrément prélevés pour être traités par le bureau CF2 des « affaires particulières » de la DGI et enfermés à double tour dans ses coffres ou dans celui du ministre à Bercy ! Le souvenir de la feuille d'impôt de Jacques Calvet, le PDG de PSA, publié par *Le Canard enchaîné* en octobre 1989, en plein conflit social chez Peugeot, a conduit Bercy à mieux protéger ses secrets.

Mais la « cellule » du ministre ne se contente pas de canaliser ou de verrouiller les informations délicates. Elle est aussi chargée de traiter les « interventions », notamment les cas « signalés » au ministre, lors de rendez-vous, de visites de terrain, de tournées dans sa circonscription, ou par les courriers des parlementaires. Toutes les lettres reçues sont transmises à la DGI pour réexamen — avec un tampon TU (très urgent) ou TTU (très très urgent). « Je leur demande de réétudier le dossier sur la seule base du droit », précise Christian Sautter. « Pas question d'être pris pour Saint Louis sous son chêne, rendant la justice fiscale de manière totalement souveraine, au mépris du travail de mes services[1]. » Ce deuxième examen peut s'avérer dangereux : le vérificateur de base déteste, en effet, les retours de ces « dossiers signalés » qui lui demandent un nouvel examen de la situation du contribuable, sous l'œil attentif de ses supérieurs. Résultat : « si le fisc se rend compte qu'il a oublié des sommes ou que la mauvaise foi apparaît au grand jour, alors le redressement risque de s'alourdir », prévient un cadre de la DGI. Un ancien ministre explique qu'il lui arrivait même d'aggraver les pénalités initialement retenues : « Si l'administration me prouvait que le contribuable avait bel et bien éludé l'impôt

1. Propos recueillis par l'auteur, *L'Express* du 18 février 1999.

volontairement, je demandais à mes services quel était le maximum des pénalités dans le cas concerné, et j'appliquais la règle. Je trouvais scandaleux qu'un contribuable de mauvaise foi qui dérange son député, alerte le ministre, ne soit pas plus sévèrement puni. »

Un pouvoir arbitraire de remise gracieuse

Mais ce deuxième examen ne tourne pas toujours au cauchemar. Si l'administration se rend compte qu'elle a commis une erreur ou que la bonne foi du plaignant est finalement prouvée, elle est conduite à rectifier sa position. La DGI rédige alors une note au ministre qui confirme ou amende la solution proposée. Ultime recours politique pour le contribuable, celui-ci dispose d'une marge de manœuvre importante sur la décision finale : il peut modérer les pénalités, accorder des délais de paiement, voire, dans certains cas, accorder des remises gracieuses. Car le ministre du Budget a un pouvoir hiérarchique en ce domaine. Pas sur tous les impôts : selon l'article L. 247 du Livre des procédures fiscales, « aucune autorité publique ne peut accorder de remise totale ou partielle de droits d'enregistrement, de taxes de publicité foncière, de droits de timbre, de taxes sur le chiffre d'affaires, de contributions indirectes ou assimilées à ces droits, taxes et contributions ». Le pouvoir de remise se limite donc aux impôts directs. Et encore le ministre ne peut se montrer généreux que sur les pénalités — sauf celles dites de retard — ou sur les délais de paiement. L'impôt principal dû n'est théoriquement pas écornable, sauf cas de « gêne et indigence » ! Les demandes de remise, de modération ou de transaction sont, en général, adressées au service des Impôts dont dépendent les contribuables.

Mais la décision appartient, selon les cas, à différents

niveaux hiérarchiques de l'administration. Pour les sommes — sauf impôts indirects et taxes professionnelles — inférieures à 750 000 F, le directeur des services fiscaux chargé d'une direction départementale a tout pouvoir. Lorsque le montant est compris entre 750 000 et 1 100 000 F, le directeur régional s'en occupe. Dans les autres cas, c'est-à-dire au-dessus de 1,1 million de francs, c'est au ministre de trancher, après l'avis — purement consultatif — du Comité du contentieux fiscal, douanier et des changes. Cette instance de douze conseillers nommés par décret, venus du Conseil d'État, de la Cour de cassation et de la Cour des comptes, délibère à huis clos sur la base des documents fournis par le fisc et par le contribuable. La décision finale du ministre peut faire l'objet d'un recours devant ce même comité, si des faits nouveaux sont invoqués.

Le cadre peut paraître formel et la procédure bien encadrée. En réalité, ce pouvoir de remise ministériel est totalement secret et arbitraire. Un ancien titulaire du poste l'admet : « C'est vrai, le ministre fait ce qu'il veut en matière de remises gracieuses. » Christian Sautter, le responsable au Budget, affirme n'en user qu'avec parcimonie : « Je les réserve à quelques cas rares, principalement des entreprises, quand la situation de l'emploi est vraiment en cause. » En 1997, le Comité du contentieux fiscal, douanier et des changes n'a été saisi que de 124 dossiers. Mais ils pesaient lourd, puisque 3 milliards de francs de redressements — soit 24 millions en moyenne par dossier — étaient en jeu ! Quelles ont été les remises finalement accordées par le ministre ? Qui en a bénéficié ? Pour quels motifs ? Mystère. Bercy ne donne pas plus de détails sur ses largesses. Comme si personne ne voulait lever le voile sur des décisions forcément discrétionnaires. Dans son récent rapport sur la fraude fiscale, le député Jean-Pierre Brard prône un peu plus de transparence à tous les étages du ministère :

« Le montant des transactions, remises et modérations accordées par chacune des autorités compétentes, ministre, directeur général, directeur régional, directeur départemental, devrait faire l'objet d'une présentation détaillée » au Parlement[1]. Mais la DGI se retranche derrière le secret fiscal pour freiner une telle curiosité. Un haut fonctionnaire estime que la part d'arbitraire est limitée : « Jamais un ministre n'osera aller contre l'avis du Comité du contentieux, car ce genre d'affaire laisse des traces écrites et risquerait d'exposer un jour l'homme politique à de sérieuses questions sur les motifs réels de son désaccord. »

Cadeau à des amis, pression sur des ennemis ? « Il vaut mieux ne pas jouer à ce jeu dangereux, car la DGI veille et on risque vite d'être épinglé dans *Le Canard enchaîné* », assure un ancien ministre. Les risques de corruption seraient minimes, si l'on en croit les bonnes âmes. Des avocats laissent parfois entendre à leurs clients que leur « affaire fiscale » peut s'arranger en haut lieu moyennant finances. « Attention, prévient l'un d'entre eux, c'est souvent faux. Il s'agit surtout d'un moyen commode pour certains avocats véreux de réclamer des honoraires au noir... »

Mais ces propos rassurants n'effacent pas totalement le doute né du secret maintenu sur les heureux bénéficiaires de ces remises, qui peuvent atteindre des dizaines de millions de francs ! « Le choix repose le plus souvent sur des critères économiques, admet un ancien membre de cabinet à Bercy. Mais il arrive que le ministre demande que l'on modère un peu la note d'une grosse entreprise de sa circonscription ou que l'on accorde une faveur à une personnalité locale, pour s'en faire

1. *Rapport d'information* n° 1802, 8 septembre 1999, « La lutte contre la fraude et l'évasion fiscales : retrouver l'égalité devant l'impôt », par Jean-Pierre Brard, Assemblée nationale.

un allié électoral ou un opposant reconnaissant. » On appelle cela de la compréhension...

De l'activisme giscardien au zèle socialiste

Le pouvoir de remise n'est pas le seul attribut du ministre. Dans sa panoplie, il dispose également du « bâton » du contrôle fiscal et d'un missile meurtrier : la liberté de transmettre les dossiers de fraude en correctionnelle [1]. Certains titulaires s'en sont-ils servis politiquement ? « Pas à ma connaissance, répond Robert Baconnier, ancien directeur général des Impôts. Mais, là encore, certains dans l'histoire se sont montrés plus ou moins respectueux des règles déontologiques. En principe, le choix des dossiers est effectué au sein de chacune des directions territoriales. Le ministre, comme le directeur des Impôts, n'a pas son mot à dire. En revanche, ce sont bien des instructions hiérarchiques qui fixent la méthodologie du contrôle, c'est-à-dire par exemple les secteurs d'activité ou les procédés d'évasion qui, une année donnée, méritent une attention particulière [2]. »

Les formules prudentes de l'ancien haut fonctionnaire relèvent de l'euphémisme. Car le cabinet du ministre a, en réalité, toute latitude pour déclencher un contrôle, orienter un dossier vers le fameux bureau CF2 des « affaires particulières », ou stopper net la vérification ou la mise en recouvrement d'un ami... La DGI relaie alors ces décisions prises officiellement « pour raisons d'opportunité » que personne n'est censé devoir détailler davantage.

---

1. Sur ce dernier point, voir plus loin le chapitre 17, « Les risques de la correctionnelle ».
2. *Le Figaro Magazine* du 9 janvier 1999.

Certains hommes politiques ne sont pas gênés pour en faire un moyen de pression. Comme ce ministre de droite, qui avait la réputation de terroriser les députés d'autres courants de son parti, en brandissant devant eux leurs dossiers fiscaux qu'il avait pris le soin d'éplucher afin d'y relever comptes en banque suspects ou travaux au noir dans les résidences secondaires. En les menaçant de contrôles, il s'assurait ainsi des votes dociles... Sans s'appesantir sur cet exemple caricatural, force est de constater que, depuis trente ans, presque tous les gouvernements, de droite comme de gauche, se sont servis du contrôle fiscal comme d'une arme politique.

Fin 1970, le ministre des Finances de l'époque, Valéry Giscard d'Estaing, se fait l'ardent promoteur de la répression fiscale : « Notre objectif est l'élimination de la fraude. Il ne doit y avoir à cet égard aucun doute dans l'esprit de personne », déclare-t-il à l'Assemblée nationale[1]. Dans la foulée, le nombre des contrôles fiscaux et des plaintes pénales augmente fortement. Et le soupçon de manœuvres politiciennes s'insinue. La publication, en janvier 1972, dans *Le Canard enchaîné*, de la feuille d'impôt de Jacques Chaban-Delmas, d'où il ressort que le Premier ministre n'a pas payé un franc d'impôt entre 1967 et 1970 grâce à une astuce fiscale, affaiblit durablement la position du futur candidat gaulliste à la succession de Pompidou[2]. Certains mauvais esprits y ont vu la main discrète de l'entourage de Giscard, lui-même futur prétendant à l'Élysée. Le ministre a, bien sûr, nié toute responsabilité dans cette affaire. À la veille des élections législatives de 1973, le cabinet du même Giscard est accusé par le syndicat des impôts SNUI d'avoir ordonné des enquêtes sur les personnalités politiques et syndica-

1. *JO*, débats de l'AN, 17 novembre 1970, p. 5675.
2. *Le Canard enchaîné* du 19 janvier 1972, repris dans « L'enfer du fisc », *Les Dossiers du Canard*, octobre 1999.

les de gauche. De même, juste avant les présidentielles de 1974, Georges Séguy, le leader de la CGT, et François Mitterrand, le premier secrétaire du parti socialiste et candidat de l'Union de la gauche, auraient ainsi été « contrôlés ».

L'élection de Valéry Giscard d'Estaing à l'Élysée ne fait que renforcer l'activisme du fisc à l'encontre de certains milieux. En 1975, son ministre des Finances, Jean-Pierre Fourcade, décide de cibler les commerces de viande, les laboratoires de pharmacie et toutes les personnalités du monde des arts et du spectacle. Ces contrôles, auxquels s'ajoute la création de la taxe professionnelle, provoquent de vives réactions médiatiques. Les mouvements de protestations antifisc, rassemblant petits patrons et commerçants, resurgissent, animés notamment par le Cid-Unati de Gérard Nicoud, qui s'attaque violemment aux centres des Impôts. La rébellion est si forte en 1976-1977 que le gouvernement de Raymond Barre, pour calmer les esprits, fait voter en décembre 1977 une loi qui accorde de nouvelles garanties aux contribuables — notamment le recours possible à un interlocuteur départemental — tout en majorant fortement les pénalités en cas de fraude... Après une pause tactique précédant les élections législatives de mars 1978, les ministres giscardo-barristes repartent à l'assaut, en décidant de cibler les conseils juridiques et les experts-comptables en 1978, les boulangers-pâtissiers, les vétérinaires et les fabricants de surgelés en 1979, les maroquiniers, les clubs sportifs, les armuriers et les propriétaires de jeux automatiques en 1980[1]. Cette politique giscardienne sait parfois préserver ses proches. Maurice Papon n'a, à l'époque, pas encore défrayé la chronique judiciaire : il est ministre du Bud-

1. Liste citée dans *La Politique publique de contrôle fiscal, op. cit.*, p. 113.

get du gouvernement Barre. Il prendra soin d'accorder une remise de 2,8 millions de francs à deux de ses gendres frappés par un redressement[1]. Mais, globalement, le nombre d'entreprises contrôlées (vérifications générales de comptabilité) passe de 18 000 en 1973 à 33 654 en 1980, avec des redressements qui grimpent durant la même période de 4 milliards à plus de 9 milliards de francs. Quant aux vérifications approfondies des personnalités, elles bondissent de 5 300 en 1973 à 7 977 (record absolu !) en 1977 et encore 7 367 en 1980.

À la veille des élections présidentielles de 1981, le fisc est évidemment prié par le pouvoir giscardien de lever le pied afin de ne pas froisser un électorat susceptible. Cette clémence ne suffit pas à faire réélire le Président-candidat. L'arrivée de la gauche au pouvoir en mai 1981 rallume en revanche des craintes de surveillance accrue des « riches ». « Leurs greniers sont remplis de toiles de maîtres et ils amarrent leurs yachts dans les douves de leurs châteaux », déclare avec une sympathique naïveté le député socialiste André Laignel à l'Assemblée nationale en octobre 1981. La fuite des capitaux et l'aide de certaines banques aux fortunés qui veulent mettre leur trésor à l'abri fournissent des arguments au gouvernement Mauroy pour fustiger l'évasion fiscale. Et relancer la lutte tous azimuts contre les « fraudeurs », au point de déclencher de nouveaux excès. Deux députés de l'opposition interrogent, en janvier 1983, le ministre du Budget pour qu'il démente les rumeurs selon lesquelles les élus de droite feraient l'objet de contrôles fiscaux. Laurent Fabius répond évidemment qu'il n'en est rien, mais que chaque personnalité est soumise aux mêmes obligations fiscales que l'ensemble des contribuables et que l'administration ne fait qu'appliquer la loi. Autre-

1. Voir « L'enfer du fisc », *Les Dossiers du Canard enchaîné*, octobre 1999.

ment dit, que personne ne s'offusque si le fisc s'intéresse à qui que ce soit... ou protège les amis du pouvoir ; lorsque la DGI soumet en 1984 le sulfureux dossier de Bernard Tapie au cabinet du ministre socialiste du Budget Henri Emmanuelli, celui-ci répond : « Il est évident que M. Tapie et son look appellent des suspicions de la part d'administrations rigoureuses comme la DGI [...] Je me demande s'il est opportun d'engager à nouveau des contrôles [...] Je suis plutôt enclin à patienter jusqu'à fin 1986 pour juger des engagements de moralité fiscale que M. Tapie a pris en 1984[1]... » Voilà ce qui s'appelle botter en touche !

En revanche, juste avant les élections législatives de mars 1986, le groupe de presse de Robert Hersant, propriétaire du *Figaro*, bête noire des socialistes, aurait fait l'objet d'un contrôle fiscal. La légende veut que les redressements notifiés n'aient finalement jamais été mis en recouvrement par les ministres issus de la nouvelle majorité de droite qui reprend le pouvoir.

Il est vrai que le gouvernement de Jacques Chirac, avec Édouard Balladur au ministère des Finances, veut stopper « l'allergie fiscale ». L'heure est à la décrispation et au libéralisme. En 1987, la commission Aicardi planche sur l'amélioration des garanties apportées au contribuable : renversement de la charge de la preuve, aménagement des procédures de taxation d'office, limitation de durée des contrôles sur les personnes physiques, abandon de l'obligation de dépôt de caution sur le montant des pénalités en cas de contestation contentieuse. Plusieurs de ces mesures sont adoptées. Et si le fisc peut à nouveau s'intéresser à Bernard Tapie, Robert Baconnier, le directeur général des Impôts de l'époque,

1. Cité dans l'article « Le cas Tapie à la loupe », par Eddy Murano, *Capital*, février 1997. Note reproduite dans l'ouvrage *Le Flambeur*, par Valérie Lecasble et Airy Routier, Grasset, 1994.

donne un satisfecit au ministre du Budget Alain Juppé, qui « s'est montré d'une extrême rigueur et n'a jamais utilisé l'arme fiscale à des fins politiques ». Tout en ajoutant aussitôt : « Il est possible que d'autres ministres n'aient pas fait preuve de la même rigueur. Personnellement, je n'ai jamais été confronté à ce type de problème [...] je n'ai jamais reçu d'instructions me posant des problèmes de conscience [1]. »

Quand Charasse assume...

Pourtant, Robert Baconnier a eu à se frotter au très actif Michel Charasse à partir de 1988. L'histoire a retenu que le ministre, fidèle du président Mitterrand, a, un jour de 1990, menacé deux journalistes de la télévision d'un contrôle fiscal si ces jeunes femmes révélaient leur conversation « off ». Répétée, l'anecdote a valu à Michel Charasse une réputation peu flatteuse de régleur de comptes fiscaux. Mais l'intéressé s'est toujours défendu de tout interventionnisme vengeur. « J'ai autorisé la plupart des contrôles que l'administration me proposait. Mais je ne lui en ai jamais demandé sur quiconque », affirme-t-il [2]. Les journalistes ? Il n'a jamais mis sa menace à exécution. Bernard Tapie ? Charasse avance qu'il n'a rien retenu, ni protégé personne. Les clubs de football ? Ce sont, selon lui, les présidents de la Ligue nationale de football et la Fédération française de football qui, alarmés par les pratiques financières de certains clubs professionnels comme l'Olympique de Marseille ou les Girondins de Bordeaux, ont demandé à la fin des années 1980 au ministère de passer tous les clubs de première division au peigne fin. Le fisc a

1. *Le Figaro Magazine* du 9 janvier 1999.
2. Propos recueillis par l'auteur, *L'Express* du 18 février 1999.

redressé la plupart d'entre eux et a fini par transmettre une partie de ses conclusions à la justice, afin que les faits délictueux découverts fassent l'objet d'instructions judiciaires.

En revanche, Michel Charasse aurait donné des instructions pour que les services fiscaux cessent de harceler des contribuables pour des sommes inférieures à 1 000 F. Et il revendique une série d'initiatives personnelles dans le domaine des contrôles fiscaux. « Il m'est arrivé de convoquer des gens très connus pour leur faire la leçon ou négocier une solution », reconnaît-il. Lorsqu'il avait des « doutes » sur les dossiers de ses services, le ministre du Budget faisait, en effet, défiler dans son bureau de Bercy les stars du *show-biz* soupçonnées de fraude, afin d'obtenir des explications, dissiper des malentendus, ou les tancer pour qu'elles régularisent au plus vite leur situation.

Était-ce vraiment son rôle ? Il estime avoir ainsi évité au fisc bien des erreurs et des contentieux inutiles. Le ministre revendique même d'autres décisions : « Sauf cas d'enrichissement personnel, j'ai systématiquement classé les dossiers fiscaux comportant des financements politiques amnistiés. J'ai aussi forcé l'administration à rembourser une porte défoncée à tort pour une saisie chez un contribuable. J'ai exigé des amendes maximales pour les vrais fraudeurs. Je signais moi-même les propositions de plaintes pénales. Un ministre doit assumer ces actes, non ? » On comprend, dès lors, que Michel Charasse se soit fait davantage d'ennemis que d'amis...

Ses successeurs ont-ils eu autant de zèle ? Un membre du cabinet de Nicolas Sarkozy, ministre du Budget d'Édouard Balladur de 1993 à 1995, affirme que son ministre « sentait intuitivement qu'il ne devait pas intervenir car cela comportait trop de risques politiques ». Mais d'autres témoignages nuancent sensiblement cette version des faits, le jeune dauphin de Balladur ayant, semble-t-il, une curiosité naturelle pour les petits secrets fiscaux. Et la journaliste politique Ghislaine Ottenheimer, auteur d'un livre très critique sur *La Machine Balladur*, se souvient d'avoir soudainement vu fondre sur son foyer les foudres du contrôle fiscal. Il faudra plusieurs coups de téléphone à Matignon pour stopper ce qui s'apparentait trop visiblement à un règlement de comptes[1].

L'élection de Jacques Chirac à l'Élysée en juin 1995 apporte son lot de nouvelles énergies. Éphémère secrétaire d'État au Budget d'Alain Juppé, l'UDF François d'Aubert déclenche une série d'enquêtes fiscales sur des circuits douteux de blanchiment et de financement politique passant par l'île franco-néerlandaise de Saint-Martin, la Corse et le Var. Mais ce spécialiste de la lutte antimafia n'a pas le temps de voir les résultats de ces contrôles. Il est remplacé à l'automne 1995 par Alain Lamassoure. Le ministre délégué au Budget s'active : suite à un courrier du député-maire de Charenton, Alain Griotteray, administrateur de la société Électrolux-France, le ministre aurait allégé en 1996 le redressement qui frappait justement une filiale du groupe d'électroménager[2]. Ministre de tutelle de Lamassoure, Jean Arthuis se défend de tout interventionnisme : « Je n'ai déclenché aucun contrôle et je faisais confiance à mes services », plaide-t-il aujourd'hui. Mais une once de regret le traverse quand il évoque la situation particulière de la Corse : « Là, peut-être aurais-je dû agir plus directement », confie le sénateur...

L'équipe socialiste de Lionel Jospin, avec Dominique Strauss-Kahn et Christian Sautter à Bercy, prennent le

---

1. Rapporté dans *L'Omertà française* de Sophie Coignard et Alexandre Wickham, Albin Michel, 1999.

2. Cas rapportés par *Le Canard enchaîné*, voir notamment « L'enfer du fisc », *art. cit.*, p. 32.

relais mi-1997. À leur palmarès, l'abandon partiel d'un redressement de plusieurs milliards de francs frappant l'entreprise publique Gaz de France, soupçonnée d'avoir sous-estimé ses bénéfices[1]. Et la relance, fin 1997, des contrôles fiscaux dans l'île de Beauté, dans le cadre du retour de « l'État de droit ». Plus de 300 vérifications approfondies sont lancées en Corse en 1998, le double de l'année précédente. Et cette reconquête des îles touche même les Antilles françaises, notamment Saint-Barthélemy, où personne, depuis des lustres, ne paie d'impôt sur le revenu. Furieux d'être dérangés dans leurs habitudes, certains habitants ont même refoulé des agents vérificateurs à coups de pierre le 19 novembre 1998. Mais Bercy, soucieux d'éviter que se constituent sur place des « refuges mafieux », a renvoyé ses troupes à Saint-Barth et dans l'île voisine de Saint-Martin. Les contrôles en cours sont surveillés à la loupe par la « cellule fiscale » du ministre. Celui-ci est fier de l'action engagée, mais se défend d'intervenir arbitrairement en quoi que ce soit dans les procédures. Frontière ténue. Il se tient juste au courant. C'est la base du métier...

1. Cas rapportés par *Le Canard enchaîné*, *op. cit.*

16.

Des flots de contestations

Est-ce le début du reflux ? Ou une simple pause des vents ? La direction générale des Impôts s'enorgueillit, dans son dernier rapport d'activité — rendu public mi-1999 —, d'un léger dégonflement du nombre de cas de contentieux fiscaux. Prolongeant un retournement de tendance amorcé en 1997, les réclamations seraient en baisse de 5,5 % en 1998, les demandes de remises gracieuses de 3,9 %. Les recours devant les tribunaux administratifs tendraient à se « stabiliser » avec une hausse modérée de 2,4 %. Mieux, l'administration se congratule de répondre désormais plus rapidement aux contribuables mécontents, qui reçoivent dans 95 % des cas une réponse avant trois mois. Elle se félicite que les tribunaux lui donnent raison dans 89 % des jugements rendus... Enfin, elle promet de poursuivre ses actions d'information auprès des contribuables — Minitel, serveurs vocaux, sites Internet, centre de renseignements — visant à éviter que les malentendus ne se propagent.

Des réclamations par millions

Bravo. On ne saurait décourager les efforts visant à mieux « prévenir » ou mieux « traiter » le contentieux fiscal. Car il y a urgence. Rançon du zèle manifeste des contrôleurs ces dernières années, les protestations se sont multipliées. Elles se comptent par millions chaque année. Vous avez bien lu : par millions. Pour être précis, la DGI a enregistré 3,1 millions de réclamations contentieuses en 1998, dont 1 084 000 concernent des taxes locales d'habitation, 899 000 portent sur les impôts sur le revenu, 608 420 sur la taxe professionnelle, 329 000 sur les taxes foncières et 222 000 sur d'autres impôts. Le nombre total diminue légèrement, puisque l'administration avait reçu 3,3 millions de réclamations en 1997. Mais rappelons, à titre anecdotique, qu'elle n'en avait que 750 000 sur les bras en 1973, soit quatre fois moins !

Des erreurs de part et d'autre, et une bonne dose de marchandage final peuvent, bien sûr, justifier une partie de ces courriers. Mais, à ce niveau, il s'agit d'une production d'erreurs à échelle industrielle ! En réalité, le cercle est infernal : les quelque 2 millions de contrôles sur pièces engagés chaque année par la DGI sur les revenus des contribuables conduisent à des redressements dans environ la moitié des cas... ces rappels font ensuite quasi systématiquement l'objet d'une réclamation contentieuse... lesquelles nécessitent des nouveaux papiers et mobilisent des milliers d'agents... qui finissent par dégrever une partie des sommes notifiées initialement.

Pudique, la DGI fournit peu de données précises sur les montants ainsi déduits, comme si elle avait peur que l'on découvre ses exagérations passées. En parcourant le projet de loi de finances 2000, on apprend incidemment que les dégrèvements d'impôts directs ont bondi de 12 à 17 milliards de francs entre 1997 et 1998, pour atteindre 22 % des sommes notifiées ! Les dégrèvements semblent même augmenter plus vite que les redressements ! À croire que Bercy vide discrètement les verres qu'elle a trop remplis...

Par ailleurs, l'administration est fière d'annoncer qu'elle a amélioré la rapidité de ses réponses, grâce aux progrès de ses outils informatiques. Elle a notamment mis au point de savants logiciels de suivi du contentieux, capables d'éditer des lettres d'attente quand les délais se prolongent. Ils sont même conçus pour calculer automatiquement les dégrèvements possibles ! Magnifique machine qui occupe ses agents et ses ordinateurs à régler les contentieux qu'elle a souvent suscités. Faire et défaire, c'est toujours travailler...

Les tâches de retraitement ne s'arrêtent pas là. Une fois les sommes mises en recouvrement, les contribuables récalcitrants peuvent déposer des « demandes gracieuses » d'allégement de leur note, pour des raisons économiques ou sociales. L'administration croule sous la masse : le nombre de « demandes de remise » a quasiment doublé en dix ans, passant de 549 283 en 1989 à 1 003 000 en 1998. Dans cet afflux, les impôts locaux, dont l'inégalité est de plus en plus ouvertement critiquée, se taillent la part du lion avec 597 000 demandes. Mais les impôts d'État ne se défendent pas trop mal, avec 406 000 demandes.

Là encore, la DGI est curieusement peu bavarde sur le montant des remises accordées (totale, modération ou transaction) qui ne peuvent concerner, en tout état de cause, que certaines pénalités, mais jamais l'impôt initialement dû. Seule indication, révélée par le député Jean-Pierre Brard, qui a pu consulter le rapport annuel du Comité du contentieux fiscal, douanier et des changes, chargé de donner un avis sur les plus gros dossiers relevant du ministre[1] : 731 396 remises ou modérations

1. Cité par le prérapport parlementaire de Jean-Pierre Brard, « Fraude et évasion fiscales : une intolérable atteinte à l'impôt-citoyen », Assemblée nationale, 8 octobre 1998, p. 75. Sur les pouvoirs du Comité du contentieux, voir le chapitre 15, « Le ministre est au courant... »

de pénalités ont effectivement été décidées en 1996, soit 72 % des dossiers. Ce qui tendrait à prouver que les contribuables ont raison d'écrire : dans les trois quarts des cas, ils obtiennent un petit cadeau sur leur ardoise fiscale.

Mais tout le monde n'obtient pas satisfaction. Ultime recours de citoyens désemparés, le médiateur de la République, Bernard Stasi, le constate avec effarement : il a reçu en 1998 environ 10 000 réclamations suite à des litiges portant sur des dossiers fiscaux. Dans son rapport annuel, il note que le « nombre global de réclamations individuelles traitées par le secteur fiscal-finance est en progression constante sur une longue période ». Voilà, dit-il, un « vaste champ d'opposition entre le citoyen et l'État ». Les deux tiers de ces réclamations fiscales sont liés directement à un contrôle fiscal ou à ses suites. Bernard Stasi le reconnaît : leurs « effets constituent souvent pour le contribuable de bonne foi une épreuve plus ou moins difficile à traverser : incompréhension des mesures de contrôle et de la rigueur avec laquelle elles sont appliquées, mais aussi parfois, conséquences financières très lourdes pouvant entraîner surendettement, précarité et même exclusion sociale ou disparition d'entreprise ».

Le médiateur tente de plaider la cause des cas délicats. Comme celle de Mme B., résidant en Seine-Saint-Denis. Elle avait acquis un appartement dans une résidence touristique afin de le louer. Cet usage locatif autorisait la déduction du montant de la TVA payée lors de l'achat, soit 77 216 F, pourvu que le bien soit loué au minimum durant neuf ans. Par malchance, la société qui gérait la résidence a été mise en liquidation judiciaire, interrompant ainsi la location avant la date prévue. Aussitôt, le fisc a redressé la contribuable du total de la TVA qu'elle avait précédemment déduite. Le plus légalement du monde. Saisi de ce dossier, le médiateur a mis en avant le fait que l'interruption de la location n'était en rien le fait de la volonté de Mme B. Seule la liquidation de la société gestionnaire — un cas de force majeure — était en cause. L'administration a fini par admettre que le redressement de TVA pouvait se limiter au prorata du temps de non-location !

Cependant le médiateur ne peut sauver tous les contribuables redressés. Ses pouvoirs de conciliation sont limités : « Les textes de loi sont ce qu'ils sont, il ne nous appartient pas de nous substituer au législateur ou au juge de l'impôt », résume Jean-Michel Rougié, le chargé de mission « fiscal-finance » de la médiature.

Des tribunaux embouteillés

Reste le noyau dur des vrais mécontents. Ceux qui n'acceptent ni le redressement, ni les réponses à leur réclamation, ni le solde à payer. Et qui saisissent la justice pour régler leur différend avec l'administration fiscale. Les tribunaux de grande instance sont compétents lorsque les contentieux concernent les impôts indirects ou les droits d'enregistrement. Ces saisines des juridictions judiciaires sont peu nombreuses : la DGI n'en a comptabilisé que 1 825 en 1995, un chiffre en légère diminution depuis cinq ans. En revanche, les redressements d'impôts directs ou de taxes sur le chiffre d'affaires produisent une vague montante de recours devant les tribunaux administratifs. On en dénombrait 31 889 en 1998, contre 23 443 en 1994, soit une hausse de 36 % en cinq ans.

Les raisons de cet envahissement ? « Ce sont les contribuables qui saisissent librement la justice », explique un responsable de la DGI. Propos techniquement juste. Mais de nombreux experts estiment qu'ils réagissent avant tout au zèle de l'administration. Éminent spécialiste de droit fiscal à l'université de Bourgogne, Jean-Pierre Casimir résume ce point de vue : « Comme tout ce qui est notifié n'est pas forcément fondé, les contribuables contestent de plus en plus. » Pour Robert Baconnier, ancien directeur général des Impôts, « les contrôleurs ont perdu un peu de leur neutralité. Ils cognent fort pour faire des cartons et maintiennent leur position en sachant pertinemment qu'il y aura ensuite des dégrèvements ou que les tribunaux risquent plus tard de les désavouer ». Quant à Michel Charlier, président de la 1re section du tribunal administratif de Paris jusqu'en juillet 1999, il constate : « Les vérificateurs jettent leur filet au plus large. L'administration a pris l'habitude ces dernières années d'instruire les dossiers à charge, avec un parti pris, quitte à aller jusqu'au tribunal. » Fort de son expérience, ce haut magistrat, aujourd'hui à la retraite, va même plus loin. Il ne cache pas ses doutes sur le bien-fondé de tant de ces lourdes procédures : « La multiplication des contrôles et la complexité des textes contribuent à l'augmentation des recours. Mais dans la plupart des cas que j'ai eu à traiter, on aurait très bien pu éviter d'en arriver là. L'administration est tatillonne sur les textes. Nous sommes souvent amenés à nous prononcer, des années après les faits, sur des conditions d'abattement de pensions alimentaires, de frais de déplacement, sur des exonérations des bénéfices d'entreprises nouvelles, ou sur des indemnités de licenciement. Je trouve que cela fait beaucoup de papiers et de temps perdu pour tout le monde. »

Plus de quinze ans d'attente pour être fixé

Ce propos est d'autant plus justifié que tous ces recours viennent encombrer des juridictions déjà passablement débordées. En effet, les 35 tribunaux administratifs de l'Hexagone ont enregistré 123 834 recours en 1998, soit 67 % de plus en sept ans. Comme le nombre de jugements ne suit pas le même rythme (105 615 en 1998), le « stock » d'affaires en instance augmente mécaniquement (207 920 dossiers fin 1998) et les délais de traitement atteignent deux ans en moyenne[1].

La montée des contentieux fiscaux contribue à ce grand embouteillage, puisqu'ils représentent environ un quart de l'activité de ces tribunaux... et la moitié des affaires en attente ! Jugés moins prioritaires, ces dossiers prennent plus de poussière que les autres.

À Paris, où les requêtes fiscales ont quasiment doublé en une décennie, passant de 3 219 en 1987 à 6 200 en 1998, les magistrats espéraient achever en 1999 le traitement des affaires de... 1994. Au tribunal administratif de Nice, le nombre de dossiers fiscaux est passé d'environ 1 200 en 1995 à 1700 en 1998. « La croissance du contentieux fiscal est plus rapide que celle des autres domaines administratifs », constate M. Chanel, le président de ce tribunal, dont le bureau, qui domine la baie des Anges, est encombré d'énormes piles d'épais dossiers jaunes, modeste échantillon du travail d'une semaine. Ici, les contribuables doivent patienter quatre ans pour que leur dossier soit jugé. « Ces délais trop longs me désolent, mais nous manquons cruellement de moyens, précise le président. Et malgré nos efforts de productivité, il faut tout de même que les magistrats passent un minimum de temps sur chaque dossier pour les instruire sérieusement. »

---

1. Ces chiffres sont tirés du *Rapport public* du Conseil d'État, 1999. Le hit-parade de l'engorgement des tribunaux administratifs était le suivant : Paris comptait 48 666 dossiers en instance fin 1998, Versailles 17 120 dossiers, Marseille 14 059, Nice 11 648, Lyon 9 688.

La lenteur des procédures crée inéluctablement de nouvelles inégalités. Car, après les années d'attente du jugement du tribunal administratif, le marathon n'est pas forcément terminé. Le citoyen mécontent ou le ministère du Budget insatisfait ont la possibilité de prolonger leur bras de fer judiciaire. Les recours possibles devant les sept cours administratives d'appel — déjà engorgées — qui se prononcent au bout de trois ans, puis en cassation devant le Conseil d'État, qui traite ses dossiers en deux ans, allongent encore le délai virtuel du contentieux d'au moins cinq ans.

À l'arrivée, le contribuable qui a été contrôlé sur ses revenus de la période 1985-1987 et qui a contesté son redressement en allant jusqu'au bout des recours peut très bien ne pas être encore définitivement fixé sur son sort. Soit une longue attente d'au moins 15 ans ! « C'est absolument délirant, estime un magistrat, qui tient à préserver son anonymat. L'administration s'en fiche : elle a l'éternité devant elle. Mais le contribuable, même de bonne foi, même dans son bon droit, peut hésiter à se lancer dans pareille aventure. De plus, il doit fournir au fisc des garanties financières correspondantes aux sommes redressées, même si celles-ci sont exagérées. Ce qui signifie qu'il ne peut disposer librement de ces sommes durant toute la durée de la procédure. Qui a les nerfs assez solides et les moyens financiers de tenir avec une épée de Damoclès suspendue aussi longtemps au-dessus de la tête ? Ceux qui sont bien conseillés et qui ont les moyens de se défendre arrivent en général à s'en sortir, en exploitant tous les textes et les éventuels vices de procédure. Mais les autres sont des proies faciles. J'ai vu des gens démolis par l'incertitude, minés par un combat qu'ils jugeaient inégal. Certains voient les économies d'une vie menacées par une si longue procédure et les pénalités qui s'ajoutent au fil des ans. Sans compter que le contribuable récalcitrant et procédurier se fait en général mal voir par le fisc. Il risque d'être dans le collimateur et peut être systématiquement contrôlé tous les trois ans. »

Pourtant, ce parcours du combattant devant les tribunaux, long et rebutant, n'est pas forcément vain. La DGI insiste sur le fait que, dans 89 % des cas, les juges donnent totalement ou partiellement raison à l'administration. Ce pourcentage varie peu selon les régions. Il est, *a priori*, assez décourageant. Sa mise en avant par Bercy relève d'une évidente volonté dissuasive. Le message est simple : puisque les tribunaux confirment la position du fisc, c'est qu'il a — presque — toujours raison. Inutile de perdre des années à espérer une hypothétique rémission fiscale ordonnée par le juge de l'impôt. Mieux vaut accepter le redressement ou la transaction proposée.

Cependant, ces données officielles masquent une réalité moins tranchée. Car le calcul peut d'abord être inversé, ce qui signifie que le fisc a « totalement » tort dans 11 % des cas. On peut ensuite y agréger environ 20 % des dossiers où les juges donnent « partiellement raison » au fisc, donc partiellement raison au plaignant. Autrement dit, deux jugements sur trois sont totalement favorables au fisc. Et un sur trois en partie ou totalement favorable au contribuable. Le recours au contentieux peut parfois se révéler efficace.

Un haut magistrat, habitué des dossiers fiscaux, va même plus loin : « On peut affirmer que, contrairement aux apparences, le recours au contentieux est très souvent payant en termes financiers pour le contribuable qui a le courage de lutter. » Comment cela est-il possible ? Réponse de notre expert : « Nous ne menons ni de combat contre le fisc ni contre le contribuable. Il nous arrive de blanchir quelques fraudeurs patentés parce qu'ils ont su exploiter des failles de la procédure de l'administration, ou d'être obligés de punir des gens apparemment de bonne foi parce qu'ils ont bêtement franchi la ligne jaune. La justice fiscale ne peut être basée sur une morale. Elle est fondée sur des dossiers, avec les textes et les procédures. Il est vrai que nos jugements confortent dans la grande majorité des cas la position de l'administration. Mais il faut savoir qu'une proportion non négligeable, au moins un tiers des dossiers, ne vont pas jusqu'à l'audience. Les quelques années de l'instruction peuvent conduire les deux parties à se décourager ou à trouver un terrain d'entente, ce qui nous permet de classer le dossier. Soit le contribuable se désiste en changeant d'opinion ou parce qu'il a trouvé un arrangement avec l'administration. Soit le fisc finit par accorder un dégrèvement total des sommes dues, sur la base de nouveaux éléments ou de sa propre initiative. La DGI lâche prise, nous obligeant alors à prononcer un non-lieu. Parfois, nous sommes surpris qu'un accord financier intervienne à quelques jours d'une audience, *a priori* sans explication rationnelle. Nous ne savons pas toujours ce qui se passe directement entre le fisc et les contribuables. Mais il arrive fréquemment que, lorsque l'administration se sent faible juridiquement, elle préfère une transaction discrète au risque de créer une jurisprudence défavorable, qui sera commentée et utilisée par d'autres avocats. Elle choisit de perdre un peu d'argent en coulisse sur un seul dossier plutôt que d'ouvrir publiquement une brèche dans son dispositif de collecte des impôts. Ce sont donc autant de transactions favorables au contribuable qui échappent aux tribunaux. Le fisc ne va jusqu'au bout que lorsqu'il est à peu près sûr de gagner. »

De l'art de changer les lois pour avoir raison

Néanmoins quel que soit le jugement des tribunaux, le fisc dispose d'une astuce ultime pour imposer ses vues : changer la loi. La complicité du législateur, donc du Parlement et du gouvernement, est indispensable à la réussite de ces étranges manœuvres qui consistent à colmater les brèches et modifier les règles du jeu. Mais la méthode est quasiment infaillible.

Le ministère du Budget et des Finances dispose, en son sein, d'un service pointu, chargé précisément de veiller sur tous les textes : la direction de la Législation fiscale. Au fait des moindres subtilités du Code général des impôts, ses experts gardent un œil sur tous les interstices des articles de loi précédemment votés dont des contribuables malins ont pu tirer parti et sur toutes les failles qu'une jurisprudence trop laxiste pourrait agrandir dangereusement. Puis, forts de leur science imperméable au commun des mortels, ils suggèrent de subtiles modifications ou d'habiles réparations de l'arsenal. Ils appellent cela pudiquement des « lois d'interprétation » et des « lois de validation ». Les premières se contentent de préciser des points obscurs ou litigieux d'un texte fiscal existant. Les secondes modifient la règle du jeu, afin de blanchir l'administration d'irrégularités passées et d'éviter d'autres ennuis dans l'avenir.

Leur efficacité est d'autant plus redoutable que, contrairement à une opinion largement répandue, les lois fiscales peuvent être rétroactives. Autrement dit, elles sont appliquables à des décisions prises antérieurement à leur vote ! Ce principe peut surprendre, voire choquer certains défenseurs des libertés publiques. Mais, maintes fois saisi de cette question primordiale de droit, le Conseil constitutionnel n'a cessé, depuis 1983, de valider cette rétroactivité fiscale, à condition qu'elle soit justifiée pour « des raisons d'intérêt général ». Interrogé par exemple, en 1995, à propos de la suppression brutale des réductions de l'impôt sur le revenu au titre des contrats d'assurance-vie, le Conseil constitutionnel a, une fois de plus, débouté les requérants au motif que le principe de non-rétroactivité des lois n'a de valeur constitutionnelle qu'en matière pénale. Pour le reste, et donc la fiscalité, la liberté est quasi totale, selon les sages du Conseil : « Il est loisible au législateur d'adopter des dispositions nouvelles permettant dans certaines conditions de ne pas faire application des prescriptions qu'il avait antérieurement édictées dès lors qu'il ne prive pas de garanties légales des exigences constitutionnelles ; il s'ensuit que la détermination par le législateur des dates d'application pour les mesures qu'il a prévues en l'espèce n'est pas contraire à la Constitution[1]. »

Protection des deniers publics, changement de majorité politique, nouvelle donne fiscale : pourvu qu'il soit argumenté, peu importe l'habillage donné à « l'intérêt général » justifiant la purge ou le tête-à-queue fiscal. Le contribuable n'a guère de moyens d'en contester les effets. Aucun pouvoir n'ose se priver d'une pareille marge de manœuvre, sans lequel il serait piégé par ses prédécesseurs. Aucun agent de l'administration ne se plaint de ces coups d'éponge, qui finissent par lui donner raison. Par conséquent, Bercy use avec ferveur de ces armes fiscales rétroactives : de deux lois de ce type adoptées chaque année entre 1978 et 1984, le rythme est passé à six textes par an entre 1985 et 1993.

L'imagination du législateur est sans limites. Il lui est arrivé, en 1982, de réimposer ainsi des sociétés civiles immobilières d'un prélèvement dont le Conseil d'État les avait exonérées ; de régulariser en 1983 des redressements qui avaient été annulés précédemment pour vices de forme ; de valider en 1986 des impositions locales jugées irrégulières ; de blanchir en 1989 des procédures de vérification cassées par le Conseil d'État ; de légaliser

1. Voir « La rétroactivité en droit fiscal », chapitre 3 du *Cours de droit fiscal général*, par Jean Lamarque, professeur à l'université Panthéon-Assas, Paris-II, Éditions Litec.

en 1992 des taxations d'office contestées en matière de droits d'enregistrement...

« Il est douteux, précise le spécialiste de droit fiscal Daniel Richer, que l'intérêt supérieur de la collectivité, devant lequel doivent céder les intérêts particuliers, justifie systématiquement de tels accommodements[1]. » Ces retournements sont souvent mal perçus par des contribuables de bonne foi, piégés par une disposition dont ils pensaient bénéficier ou s'exonérer... jusqu'au vote de ces lois rétroactives.

Mais ils ont le sentiment d'une impuissance encore plus grande lorsque ces nouvelles règles vont jusqu'à contrecarrer les contentieux en cours d'appel ! Si un plaignant obtient gain de cause devant toutes les juridictions avant que tombe le couperet de la nouvelle loi, il bénéficiera bien sûr de l'autorité de la chose jugée. Mais si, pour un litige semblable, la justice traîne quelques mois de plus, un autre contribuable peut être débouté en dernière instance sur la base de la nouvelle loi. C'est injuste, mais légal. Il est même arrivé que le législateur tente de prendre de vitesse les juges durant un procès qu'il savait perdu d'avance afin de faire valider rétroactivement son interprétation inexacte de la loi ! Dans son rapport annuel de 1991, le Conseil d'État s'était ému de ce « détournement de procédure » faisant « triompher un point de vue erroné avant même qu'il y ait chose jugée ». Mais sans plus...

Avec les textes rétroactifs, nul n'est à l'abri d'une mauvaise surprise fiscale. On appelle cela la loi du plus fort...

---

1. Voir *Les Droits du contribuable dans le contentieux fiscal,* par Daniel Richer, LGDJ, p. 353-399.

17.

Les risques de la correctionnelle

Les textes sont formels. Défini par l'article 1741 du Code général des Impôts — mais pas par le Code pénal — le délit de fraude fiscale punit « quiconque s'est frauduleusement soustrait ou a tenté de se soustraire frauduleusement à l'établissement ou au paiement total ou partiel de l'impôt ». L'intention frauduleuse doit donc être constituée pour établir le délit. Pour les professeurs Jacques Grosclaude et Philippe Marchessou, de l'université Robert-Schuman de Strasbourg[1], elle peut reposer sur une vaste palette d'éléments : l'omission de dépôt de déclaration dans les délais ; la dissimulation volontaire d'une partie des sommes sujettes à l'impôt ; l'organisation de l'insolvabilité ou toute autre manœuvre tendant à empêcher le recouvrement ; ou toute forme d'agissement frauduleux. On le voit, l'opposition organisée au paiement de l'impôt peut être qualifiée pénalement de « fraude fiscale ». Le simple fait pour un contribuable d'omettre sciemment de sa déclaration de revenus de capitaux mobiliers une somme excédant 10 % de son revenu imposable ou la somme de 1 000 F peut suffire à l'exposer à des poursuites.

1. Voir leur livre *Procédures fiscales*, Dalloz, 1998, p. 174.

D'autres comportements fautifs, connexes, complètent ce dispositif dissuasif : passer des écritures fictives de comptabilité, s'entremettre pour faire échapper à l'impôt la fortune d'autrui, aider à établir de faux bilans, s'opposer à un contrôle fiscal ou au paiement d'un impôt. Tous ces actes peuvent conduire directement à la barre du tribunal correctionnel. Si des voisins ou des familiers interviennent pour empêcher un vérificateur de procéder à son contrôle, ils peuvent également être poursuivis pour « outrage à agent de la force publique ».

Les peines maximales encourues sont exposées dans l'article 1741 du Code : le fraudeur fiscal risque cinq ans d'emprisonnement et 250 000 F d'amende. La punition peut être doublée quand « les faits ont été réalisés ou facilités au moyen d'achats ou de ventes sans factures, soit de factures ne se rapportant pas à des opérations réelles, ou qu'ils ont eu pour objet d'obtenir de l'État des remboursements injustifiés ». Toute récidive dans les cinq ans expose à dix ans de prison et 700 000 F d'amende.

Cela n'est pas tout : le tribunal est également obligé d'ordonner, aux frais du contribuable, « la publication intégrale ou par extraits des jugements dans *Le Journal officiel* de la République française ainsi que dans les journaux désignés par lui et leur affichage intégral ou par extraits sur les panneaux réservés à l'affichage des publications officielles de la commune où les contribuables ont leur domicile, ainsi que sur la porte extérieure de l'immeuble du ou des établissements professionnels de ces contribuables ». Seule la porte du domicile échappe à cette contre-publicité... C'est ainsi que la cour d'appel de Paris a alourdi en juin 1999 la peine infligée en première instance à un ex-industriel du transport maritime qui avait omis de déclarer une plus-value personnelle de plus de vingt millions de francs sur des cessions de titres : le retraité a écopé de dix-huit mois de prison avec sursis (au lieu de six), de 100 000 F d'amende, ainsi que de la publication à ses frais du jugement dans *Le Journal officiel*, à sa mairie ainsi que dans *Le Monde* et *Le Figaro*...

Enfin, le tribunal est libre d'ajouter quelques peines additionnelles : interdiction pour trois ans d'exercer une profession industrielle, commerciale ou libérale, suspension du permis de conduire, exclusion des marchés publics, privation des droits civiques, civils et de famille, solidarité financière du prévenu avec la société qui a échappé aux impôts grâce à lui.

Si vous êtes toujours candidat à la fraude, aussi minime soit-elle, après la lecture attentive de ces lignes, c'est que vous êtes fou ou inconscient ! À moins que vous ne sachiez que l'écart est immense entre la théorie et la pratique : le nombre de plaintes ne dépasse pas un millier chaque année en France, soit 1,6 % seulement des 52 000 contrôles sur place effectués par la DGI. Bien que l'article 40 du Code de procédure pénale oblige théoriquement les fonctionnaires à dénoncer au parquet tout fait délictueux, le risque de correctionnalisation d'un dossier est très faible. De plus, seule une minorité des contribuables déférés devant les tribunaux sont condamnés pour fraude fiscale à des peines de prison ferme. Mais il faut se garder de tout sentiment d'immunité, car le fait, pour un fraudeur présumé, de payer son redressement et les amendes fiscales correspondantes n'empêche évidemment pas l'administration de transmettre parallèlement son dossier à la justice qui est libre d'imposer ses propres amendes. La sanction fiscale n'est pas exclusive de la sanction pénale. Elles peuvent se cumuler. Et la modestie du nombre de cas masque les travers d'une pénalisation de plus en plus critiquée.

Un double filtre ambigu

Les plaintes pénales pour fraude fiscale font l'objet d'un filtrage serré. D'abord, elles ne peuvent être transmises à la justice que par le ministre des Finances. Ce qui signifie que, contrairement aux règles du Code de procédure pénale, le parquet est dans l'impossibilité de se saisir lui-même de délits fiscaux dont il aurait connaissance ou même d'apprécier les suites à leur donner. Ensuite, les plaintes doivent être autorisées par une Commission des infractions fiscales (CIF). Créée en 1978, cette instance, composée de douze magistrats — six conseillers d'État et six conseillers maîtres à la Cour des comptes —, est chargée de se prononcer sur l'opportunité du dépôt de plainte proposé par le ministre des Finances. Elle peut entendre les remarques des contribuables visés.

Un double verrou — un ministre, la CIF — semble protéger le citoyen de l'arbitraire. Mais on peut se demander s'il ne s'agit pas en réalité d'un double piège. Car l'avis de la CIF n'a pas à être motivé. Il s'impose *de facto* au ministre. Celui-ci doit abandonner les poursuites envisagées si la CIF émet un avis défavorable. Ou déposer sa plainte au parquet s'il obtient le feu vert. Même si ses membres sont de vrais sages qui se déterminent en conscience et en toute indépendance, la CIF ressemble à une boîte noire. À moins qu'elle ne s'apparente à une chambre d'enregistrement. Car les cas sont triés et ficelés par Bercy afin de limiter les risques de veto : « Nous sélectionnons soigneusement les dossiers pour qu'il y ait peu de rejet », explique un haut responsable de la DGI. Depuis vingt ans, la CIF n'a effectivement émis d'avis négatifs que dans 6 % des cas...

Le vrai pouvoir de décision se situe en amont : dans le bureau du ministre, quand il établit la liste de ses propositions. Déjà détenteur d'un colossal pouvoir d'information et d'intervention[1], le titulaire du maroquin est en situation de force : dans la masse des 25 à 30 % des contrôles sur place où la mauvaise foi des contribuables est présumée, soit 13 à 15 000 cas par an, il a l'embarras du choix. Les dossiers sont documentés. Les proies faciles.

Dès lors, le ministre est libre de « proposer » les cas litigieux à la CIF... ou de ne pas le faire. Cette menace atomique ou cette rétention ultime constituent un formidable moyen de pression sur les contribuables visés. « Certains vérificateurs menacent les entreprises de plainte correctionnelle afin qu'elles acceptent les redressements ou renoncent au recours contentieux », raconte un avocat. Et le gouvernement peut choisir ses victimes ou protéger ses amis, comme cela l'arrange. C'est ainsi qu'il a été décidé, en juin 1999, d'épargner à l'industriel Jean-Luc Lagardère, déjà renvoyé en correctionnelle dans une autre affaire, un dépôt de plainte pour fraude fiscale, suite au redressement de 50 millions de francs qui lui a été imposé. Selon *Le Canard enchaîné* qui a révélé l'affaire[2], le gouvernement n'a pas voulu accabler davantage un entrepreneur qu'il venait de choisir comme fédérateur français de l'industrie aéronautique européenne.

Pour éviter de donner prise à ces critiques, le rapport du député Jean-Pierre Brard suggère une règle radicale : le dépôt de plainte systématique par le fisc des gros dossiers de redressement, lorsque les droits éludés sont supérieurs à 500 000 F et à 30 % du montant de l'impôt dû. Mais cette proposition — qui conduirait presque tous les dossiers de contrôles externes au tribunal — a peu de chances d'avoir l'appui de Bercy, qui perdrait ainsi toute marge de manœuvre. « On ne va pas inonder

---

1. Voir chapitre 15, « Le ministre est au courant ».
2. *Le Canard enchaîné* du 29 septembre 1999.

les tribunaux avec des dizaines de milliers d'affaires », ajoute un haut fonctionnaire.

Un savant dosage

Le ministère préfère composer lui-même son cocktail. Il n'en fabrique d'abord qu'en quantité modérée : le nombre de plaintes ne progresse que très modérément depuis quelques années — 830 poursuites engagées en 1995, 846 en 1996, 862 en 1997, 876 en 1998. La DGI veille à piocher ses cas dans différents milieux pour éviter de faire des jaloux : un gros peloton de commerçants (21 %), une cohorte de professions libérales (19 %), un paquet de professionnels des services (19 %), une nuée de dirigeants et de salariés (14 %), pour faire bonne mesure, un lot d'industriels (14 %), de dirigeants salariés (14 %) et d'entrepreneurs de BTP (11 %), une pincée d'agriculteurs (2 %). L'administration a pris soin, pour prouver sa sélectivité, de choisir des affaires plus lourdes : les montants moyens de fraude des cas soumis à la CIF sont ainsi passés de 1,7 million de francs en 1991 à 3,2 millions en 1997. Dans son prérapport, Jean-Pierre Brard approuve « cette augmentation de la sélectivité et de la qualité des dossiers[1] ». Le député oublie simplement de préciser que l'ensemble des redressements a progressé dans la même proportion durant cette période et que le montant des fraudes n'est pas le seul indicateur de leur « qualité ».

Quels sont les critères de choix ? « Il faut d'abord que l'on puisse prouver que les personnes visées ont eu un comportement clairement frauduleux », explique un

1. P. 79 du *Rapport d'information* n° 1105, « Fraude et évasion fiscales : une intolérable atteinte à l'impôt citoyen », par Jean-Pierre Brard, Assemblée nationale, 6 octobre 1998.

responsable de la DGI. « On recherche ensuite l'effet d'exemplarité et de dissuasion. » Autrement dit, la future publicité faite à une condamnation pénale, antithèse du secret fiscal, doit à la fois punir d'infamie le fautif et signaler aux éventuels candidats fraudeurs les risques de représailles auxquels ils s'exposent... La plaquette 1998 de la DGI énumère les priorités de la répression pénale qui vise d'abord à « sanctionner les atteintes graves à l'égalité devant l'impôt », mais aussi à « maintenir une concurrence économique loyale » : « L'essentiel des motifs de poursuite concerne des procédés classiques de fraude (absence de déclaration, revenus minorés, rétention de TVA) pour lesquels l'intention est manifeste et les droits fraudés importants. Un déclenchement rapide des poursuites correctionnelles à l'encontre des comportements frauduleux est également recherché, notamment en ce qui concerne la TVA intra-communautaire et l'économie souterraine. »

Les exemples mis en avant par le ministère illustrent, bien évidemment, ces priorités. Ils cumulent surtout plusieurs éléments délictuels, qui aggravent la propension de l'administration à déposer plainte.

M. J., vétérinaire, prétendait, par exemple, être basé à l'étranger et ne déclarait aucun revenu en France. Un contrôle fiscal a permis d'établir qu'il occupait une maison dans l'Hexagone, qu'il y recevait son courrier, exerçait son activité et qu'il disposait d'un véhicule et de comptes bancaires à son nom en France. Outre cette domiciliation masquée, le contribuable indélicat avait organisé son insolvabilité. Les comptes bancaires de son ex-épouse et d'un ami lui permettaient d'encaisser ses revenus professionnels, qui lui étaient reversés en espèces. La maison occupée était enregistrée au nom de sa fille, laquelle lui en avait cédé l'usage. Sa voiture était payée en crédit-bail. Il n'avait donc ni bien ni argent officiellement à son nom. Cette insolvabilité méticuleusement préparée lui a valu une poursuite pénale.

Autre exemple cité par la DGI : une entreprise de chaudronnerie et de mécanique louait illégalement de la main-d'œuvre travaillant en France et en Belgique pour de grands donneurs d'ordre. Les déclarations de TVA ne mentionnaient que les versements effectués à la société, en oubliant les factures réglées à une société d'affacturage. Sur deux ans, la TVA non payée à l'État s'élevait à 11 millions de francs. À cette fraude organisée s'ajoutait le non-paiement des charges sociales, des opérations financières fictives. Le gérant a été condamné par la cour d'appel de Douai à trois ans de prison — dont dix-huit mois avec sursis — sans oublier le paiement solidaire avec la société qu'il dirigeait des impôts dus plus les pénalités.

Ultime anecdote dans ce florilège de cas réprimés, dont la DGI est fière : un fondé de pouvoir au sein d'une banque utilisait à leur insu les comptes bancaires de clients non imposables pour y déclarer des revenus provenant de transactions sur des bons anonymes. L'opération, habile, permettait aux propriétaires de ces bons d'éviter 52 % d'impôts sur leurs opérations. Le même dispositif lui a également permis de cacher 2,7 millions de francs provenant d'une succession. Les titulaires des bons anonymes ont été condamnés à six ou huit mois de prison avec sursis et 100 à 150 000 F d'amende chacun.

Un système exorbitant et inefficace

Cette autosatisfaction de Bercy mérite examen. Car la correctionnalisation repose, on l'a vu, sur une sélection discrétionnaire. Et sur un statut bâtard : mise au jour par une enquête administrative, la fraude est soumise aux juridictions de cette catégorie tout en étant transmissible au parquet ; mais elle n'a pas le statut complet d'un délit pénal, comme l'escroquerie ou l'abus de biens sociaux, autorisant le parquet à mener ses investigations en toute indépendance. Cette ambivalence et la procédure pénale spécifique qui en découle produisent des effets pervers. Les plaintes pour fraude fiscale sont considérées comme une matière à part — peu noble et peu intéressante — par les parquets. Estimant que les faits sont présumés établis, les tribunaux se prononcent souvent en citation directe sur la base du dossier envoyé par la DGI, même quand celui-ci est partial ou partiel. Le contribuable suspect n'a pas toujours le temps de s'expliquer à la barre. La méthode a le mérite de la simplicité. Mais elle a l'inconvénient d'être de fait sous le contrôle quasi unilatéral de la DGI. « Bercy dénonce et instruit en même temps. Cette double casquette me paraît dangereuse », estime l'avocat Allain Guilloux, partisan d'une pénalisation de quelques dossiers minutieusement sélectionnés, qui s'accompagnerait de la nomination d'un juge, d'une instruction contradictoire et de meilleures garanties pour la défense. Cette hypothèse fait bondir certains responsables du ministère des Finances, attachés à leurs prérogatives. « Attention, prévient l'un d'entre eux. Si les juges s'en mêlent, ils risquent de faire du zèle comme sur l'abus de biens sociaux et les enquêtes vont prendre des années, alors que les faits sont souvent évidents. »

Au nom de l'efficacité, les officiels de la DGI défendent donc le *statu quo* actuel, qui aurait le double avantage d'avoir un effet dissuasif sans encombrer les juridictions. Mais il n'est pas certain que cette position tienne très longtemps. Un document interne de la DGI, le rapport Roy, rédigé en 1997, reconnaissait, en effet, les limites de l'approche française, comparée à celles de pays voisins : « La répression pénale de la fraude fiscale est engagée en Grande-Bretagne et en Allemagne à l'initiative des autorités judiciaires. Il en résulte un nombre plus modeste de poursuites [quelques dizaines de cas seulement] mais une répression plus ferme des cas délictueux les plus flagrants. La particularité française, qui place l'administration fiscale à l'origine de l'engagement de la procédure, encadrée ensuite par la Commission des infractions fiscales, vise à l'exemplarité par la sanction d'un nombre significatif de cas. » Aux yeux des fonctionnaires de Bercy, cette singularité hexagonale n'est plus de mise. Ils expliquent de manière précise :

« Ce système exorbitant était sans doute nécessaire il y a quelques années avant la période de crise, lorsque l'opinion publique se montrait indulgente à l'égard des fraudeurs et il a probablement contribué à l'évolution des mentalités. On peut se demander s'il a encore sa raison d'être aujourd'hui pour trois raisons :

« — Chaque année, plusieurs centaines d'affaires font l'objet d'une plainte du ministère du Budget. Précisément pour 1995, 827 plaintes ont été déposées et 993 décisions de justice sont intervenues donnant lieu à 1 117 condamnations. Ces chiffres apparaissent très élevés comparés aux affaires pénales anglaises et allemandes : surtout, les dossiers ne concernent qu'à la marge une véritable fraude organisée ou du travail clandestin et touchent le plus souvent des entreprises qui auraient pu être sanctionnées plus tôt si les services gestion-contrôle avaient pu exercer à temps leur action de prévention et de dissuasion : absence de déclaration, activités non déclarées, dissimulation de recettes. Faute d'exemplarité véritable, on aboutit à une banalisation de la poursuite pénale [...].

« — La faiblesse des peines prononcées vient confirmer le caractère relativement banal des affaires portées devant les tribunaux et réduit le caractère dissuassif du recours à la justice. »

Ces deux salves sont meurtrières. Si l'on en croit les auteurs de ce rapport, les poursuites ne touchent que marginalement la vraie fraude organisée. L'essentiel des dossiers transmis au parquet concerne des cas souvent formels de « défauts de déclaration » qui auraient pu être sanctionnés depuis longtemps si le fisc avait fait correctement son travail ! Difficile d'être plus direct. Et l'effet dissuasif s'est émoussé. Les tribunaux prononcent effectivement des relaxes dans près de 40 % des cas. Environ 60 % des autres dossiers donnent lieu à des peines symboliques de quelques mois avec sursis (moins de six mois avec sursis et 50 à 100 000 F d'amende). Contrairement aux États-Unis qui frappent fort sur quelques dossiers lourds, les peines de prison ferme (sans sursis) ne concernent en France qu'une infime part de jugements correctionnels (51 peines pour 1 163 condamnations prononcées en 1998, soit 5 % environ), souvent réservées aux récidivistes. Les auteurs du rapport vont même encore plus loin dans le scepticisme : « Par ailleurs, la sélection des dossiers par l'administration et l'examen préalable par la CIF donnent une image floue des responsabilités respectives dans ce domaine et autorisent certains magistrats à s'interroger officieusement sur la constitutionnalité du dispositif en place. »

Contrairement aux propos publics, les experts de la DGI doutent du bien-fondé juridique de la procédure. Et ils assènent le coup de grâce : « La réforme de la justice qui se profile, le besoin de transparence de plus en plus revendiqué dans le débat démocratique, la perspective européenne qui ne laisse pas entrevoir un développement des prérogatives régaliennes mais au contraire une place accrue faite aux droits de l'individu, militent certainement pour l'engagement d'une réflexion sur le dispositif français de répression de la fraude fiscale. »

Très habilement emballé, le message du rapport Roy est clair : la France ne peut pas éviter une réforme de sa politique de correctionnalisation.

18.

Maigres moissons

Les impôts n'ont jamais amusé personne. Il faut bien les collecter, pourchasser les fraudeurs et appliquer les lois. Soit. Si l'on écoute les discours officiels, nous pouvons même être rassurés. Nous avons une administration fiscale compétente. Des ministres courageux. Des directeurs pondérés. Des agents dévoués à leur tâche. Des contrôles justes. Des redressements en hausse. Des procédures qui garantissent les droits de tout citoyen. De quoi, franchement, pourrions-nous nous plaindre ? Il y a bien quelques erreurs ponctuelles, vite reconnues et corrigées, du contentieux et des procès, mais n'est-ce pas naturel quand on traite des questions d'argent ? Les rares gémissements et complaintes entendus à l'encontre du fisc ne sont, bien sûr, que des soubresauts récurrents d'ultra-libéraux hystériques, de tricheurs patentés ou d'une minorité d'agités. La cause supérieure du « service public » et de « l'équité fiscale » ne peut se laisser distraire par tous ces intérêts particuliers, souvent défendus avec hypocrisie par une petite clique d'avocats qui s'enrichissent de guérillas procédurières. L'administration n'est pas dupe de leur petit jeu. Elle a la légitimité pour elle.

Ce discours, malheureusement, relève de la langue de bois. Son vernis ne brille plus guère sur les flancs du paquebot de Bercy. Les craquèlements et les fissures apparaissent désormais au grand jour. Ils sont inquiétants. Pour la première fois sans doute depuis des années, les secousses les plus virulentes ne viennent plus seulement de contribuables récalcitrants ou d'opposants rageurs. Les critiques les plus féroces émanent, comme on l'a vu, de l'intérieur même du navire et des plus hautes sphères de pilotage de Bercy, de l'inspection générale des Finances. Est-ce le débordement des excès, la dérive trop évidente, le fossé trop profond creusé avec des « usagers » désemparés qui ont fini par ébranler les esprits des serviteurs des Impôts ? À lire leurs multiples rapports récents, étonnamment convergents, on croit le deviner. Si l'on résume leurs propos critiques, la DGI souffre de multiples maux : sous-productivité, cloisonnement, archaïsme, mauvaise gestion, bureaucratie. Du coup, il n'est guère étonnant que les lourds contrôles fiscaux qu'elle déclenche tournent souvent au piège infernal. La Maison ressemble alors à une machine surpuissante, qui prétend lutter contre la fraude fiscale en se contentant souvent d'occuper ses agents à justifier leurs emplois.

Un dernier indice du surréalisme de ce système ? On sait, grâce au rapport Lallier, que le montant de l'argent réellement encaissé trois ans après les contrôles fiscaux représente environ 30 % des sommes initialement redressées, avec un score d'environ 60 % pour les rappels de TVA, de 30 % pour l'impôt sur les sociétés et de seulement 10 à 15 % pour les impôts sur le revenu. Mais il faut ajouter que, contrairement aux annonces officielles, cette performance moyenne ne s'est pas améliorée ces dernières années : de 17,2 milliards de francs encaissés pour 54 milliards notifiés (32 %) en 1992, le rapport est passé à 22,1 milliards pour 80,3 milliards (27 %) en 1996. Plus le fisc redresse, moins il encaisse ! Les données plus récentes ? Le ministère des Finances se targue d'avoir réussi à faire remonter en 1998 de 37 % à 41 % l'encaissement des sommes mises en recouvrement, en oubliant de préciser que le montant de ces dernières est déjà largement inférieur aux redressements initialement notifiés. Aucun tableau officiel ne met d'ailleurs clairement en parallèle les redressements, les sommes mises en recouvrement et l'argent finalement encaissé. Un comble ! La DGI noie le poisson et promet de redresser la barre...

Ce grand écart n'est pas dû au hasard. Les liquidations d'entreprises et la disparition des contribuables font bien sûr tomber aux oubliettes une partie des velléités du fisc. Mais le prérapport Brard, en étudiant à la loupe ces résultats sur cinq ans, remarquait en 1998 que les « poursuites et délais en cours » expliquaient 42 % des cas de non-recouvrement et les « réclamations suspensives » 28 % des dossiers. Autrement dit, la contestation des redressements plus ou moins justifiés conduit inéluctablement à des paiements limités. La boucle est bouclée. Tout en se félicitant des « progrès du rendement » des contrôles qu'il croyait déceler dans la flambée artificielle des redressements, Jean-Pierre Brard ne pouvait s'empêcher de conclure : « Toute étude d'ensemble des résultats du contrôle fiscal ne peut que conduire à mettre l'accent sur la discordance entre la progression des droits rappelés et la difficulté du recouvrement des émissions, problème délicat auquel une solution doit être trouvée, à terme. »

Ces propos prudents renvoyaient aux calendes grecques le traitement du problème — en effet « délicat » — de l'inefficacité flagrante de la traque fiscale en France. Pourtant, une remise à plat s'impose d'urgence afin de changer complètement les pratiques et les méthodes de l'administration fiscale, tout en opérant de vraies économies : retenue à la source, réorganisation du réseau, simplification des textes, responsabilisation des agents, respect de l'usager, ciblage des vraies fraudes, contrôles plus légers, suivi du recouvrement. Les principes de cette indispensable modernisation sont connus. Les contribuables, les rapports internes et même quelques ministres semblent l'appeler de leurs vœux. Mais il ne faut, paraît-il, brusquer personne...

Restons optimistes : en attendant cette grande réforme, le directeur général des Impôts a demandé il y a quelques mois à ses troupes de frapper moins fort et d'appliquer la loi fiscale de façon « mesurée ». Gageons que cette promesse ne se transforme pas trop vite en nouveau champ d'illusions perdues.

ANNEXES

1.

Quand Bercy prône une « application mesurée de la loi fiscale »

Est-ce une vraie conversion ? Est-ce la soudaine prise de conscience du caractère artificiel des résultats du contrôle fiscal ? Ou est-ce un relâchement de la rigueur dû à l'amélioration de la conjoncture économique qui remplit mécaniquement les caisses de l'État de milliards inattendus ?

Un peu de tout cela sans doute. Et c'est à peine croyable. Le directeur général des Impôts, Jean-Pascal Beaufret, a en effet écrit à tous ses directeurs le 3 février 1999 pour leur demander — avec les formes diplomatiques d'usage, bien évidemment — de se convertir à « l'application mesurée de la loi fiscale ». Cette note, dont les grandes lignes ont été révélées par *Le Canard enchaîné* à l'automne 1999, mérite d'être publiée intégralement. Car elle rappelle des règles élementaires d'équité en dénonçant des excès, notamment des redressements imposés pour des raisons purement formelles ou totalement unilatérales, de services qui ont souvent perdu le sens de la « mesure ». Le seul fait que le patron de la DGI ait besoin de détailler en sept pages très denses tout ce qu'il entend par « application mesurée » de la loi en dit long sur l'état d'esprit répressif ayant imprégné jusqu'à présent la DGI !

Et il sera encore plus instructif de savoir, après le départ de son auteur fin 1999, si cette note est suivie d'effets sur tous les sujets qu'elle aborde. Si tel est le cas, les excès dénoncés devraient bientôt être rangés au rayon des mauvais souvenirs. Quelque chose aurait alors vraiment changé à Bercy. Dans le cas contraire, ce serait révélateur des difficultés à faire bouger ce « mammouth » et du caractère vain des bonnes intentions affichées. À ce double titre, cette note est un utile document de référence. Pour les contribuables comme pour les agents des Impôts.

Nous avons respecté autant que possible la présentation de cette note, avec les titres, sous-titres, passages en gras, soulignés, paragraphes originels.

À Paris, le 3 février 1999

NOTE pour Mesdames et Messieurs les directeurs

OBJET : L'APPLICATION MESURÉE DE LA LOI FISCALE

L'application mesurée de la loi fiscale correspond à une attente forte des contribuables.

Elle est, en effet, une condition du consentement à l'impôt et des relations apaisées entre le contribuable et l'administration.

Il ne s'agit pas, bien entendu, de faire une appréciation subjective de la loi, mais de rechercher des éléments de taxation équilibrée, ce qui n'est pas toujours aisé, notamment lorsque le contribuable supporte la charge de la preuve, adopte un comportement passif ou que la situation de fait est complexe.

Des questions peuvent aussi se poser à l'occasion de la mise en œuvre des règles de procédure ou lorsque des impositions reposent sur des conditions formelles ou des erreurs flagrantes du contribuable par exemple.

La présente note est destinée aux états-majors et aux responsables d'encadrement placés sous votre autorité. C'est en effet à vous et à eux qu'il revient de veiller à ces différents aspects.

Confronté à des situations particulières et complexes, ou à des comportements passifs, il est nécessaire de savoir faire preuve de bon sens et de réalisme pour ne pas aboutir à une taxation exagérée, de ce fait mal comprise, perçue comme injuste et difficile à recouvrer. Tel est d'ailleurs généralement le cas car cette préoccupation de crédibilité est partagée par tous. Elle contribue fortement à forger l'image de marque de notre administration. Mais à l'inverse, dans les cas minoritaires[1] où ceci est perdu de vue, les « dégâts » sont importants.

Or les marges de manœuvre existent (I) même si elles sont parfois limitées (II).

I. LES MARGES DE MANŒUVRE EXISTENT

• L'inspecteur principal (et l'inspecteur divisionnaire) peut jouer un rôle essentiel en la matière. En cours de vérification, il examine les différentes pièces de procédure (avis, notification et confirmation de redressements) et s'assure de leur régularité. Il apprécie la motivation des redressements ainsi que l'opportunité du recours à certaines procédures (pénalités de mauvaise foi, manœuvres frauduleuses...).

Du fait même de ses fonctions et du nombre de dossiers qu'il suit, il possède des éléments de comparaison lui permettant d'apprécier la pertinence des redressements envisagés. À chaque stade du contrôle, il est à même d'apporter aux vérificateurs le soutien technique approprié surtout lorsqu'il s'agit d'agents débutants.

Son rôle peut s'exercer également lors de la réception des contribuables en cours de contrôle.

Le contrôle sur pièces des IAD implique un travail de masse et n'offre pas les mêmes contraintes procédurales — et donc les mêmes garanties — que le contrôle fiscal externe. Dans ce contexte, il appartient au responsable de centre et à son équipe de donner des directives destinées à harmoniser

1. *Note du DGI* : Les exemples cités n'ont pas d'autre vocation que d'illustrer la notion d'application mesurée de la loi. Ils sont toutefois tirés de dossiers réels dont le service central a eu à connaître. Bien entendu, des circonstances particulières de contexte peuvent, dans des situations analogues, appeler des solutions plus rigoureuses que celles mentionnées ici.

les décisions prises dans le cadre de la délégation de signature.

• L'interlocuteur départemental est à l'écoute des contribuables et, dès lors qu'il n'a pas participé directement à la procédure du contrôle fiscal, a le recul nécessaire pour apprécier certaines situations. Il a pour mission de préserver le dialogue avec les contribuables et de les orienter éventuellement vers la conclusion de transactions.

• Le rôle de la division du contrôle fiscal et de la division du contentieux : il ne paraît pas nécessaire de longuement insister sur le rôle fondamental de « contrôle qualité » qui doit être pleinement assumé par ces divisions.

Ces différents acteurs peuvent tout particulièrement intervenir lorsqu'il est fait recours aux prérogatives exorbitantes du droit commun ou lorsque l'application de la loi est délicate.

A — Les travaux délicats

Les procédures d'office

L'administration est seulement tenue, en droit, de porter les bases et les éléments servant au calcul des impositions à la connaissance des contribuables un mois avant la mise en recouvrement. Mais si elles sont justifiées, les observations du contribuable doivent être prises en compte sans attendre l'ouverture d'un contentieux.

L'évaluation du chiffre d'affaires doit être réaliste et tenir compte des conditions d'exploitation et de l'environnement des entreprises.

Provoquer le dépôt des déclarations ne s'obtient pas en retenant des bases exagérées. L'expérience montre qu'une évaluation raisonnable des bases est tout aussi efficace.

En outre, des évaluations démesurées peuvent ôter toute crédibilité à l'action de l'administration (par exemple, lorsque la reconstitution ne prend en compte aucune charge) et fragiliser le dossier au contentieux.

De façon générale, une bonne appréhension des situations et la recherche d'une cohérence dans les sommes retenues contribuent à la qualité des redressements en évitant les doubles impositions ou les situations difficiles à justifier dans la suite des procédures.

Les ESFP

Pour les redressements opérés en matière de revenus d'origine indéterminée, il est souhaitable de ne pas se limiter à l'examen des crédits bancaires, l'étude des débits étant parfois susceptible de permettre, d'emblée, l'identification de virements de compte à compte.

La répression des abus de droit

Cette procédure d'exception doit être utilisée avec discernement. Une note autographiée rappellera prochainement les modalités de sa mise en œuvre.

L'utilisation de l'article 168 (taxation des signes extérieurs)

Ce dispositif de taxation peut être appliqué en cas de disproportion marquée entre le train de vie du contribuable et ses revenus. Même si le revenu net à prendre en compte est le revenu net global (après déduction des charges), l'article 168 n'a pas vocation à être utilisé pour remettre en cause des mesures d'incitation fiscale voulues par le législateur (loi Malraux, loi Pons...).

Le contrôle valeur

Dans ce domaine, la loi laisse un grand pouvoir d'appréciation dès lors qu'il s'agit de taxer une valeur par rapport aux éléments de comparaison significatifs. C'est dans le choix pertinent de ces éléments que l'administration peut être convaincante et emporter l'acceptation des contribuables.

Mener un dialogue serein, alors même que le contribuable ne dispose pas des mêmes informations que l'administration, implique de ne pas retenir systématiquement et exclusivement les éléments de référence qui lui sont les plus défavorables, en l'absence d'argument démontrant qu'ils sont plus pertinents que les autres (car relatifs à des biens plus comparables à l'immeuble en cause).

En outre, la fixation de la valeur taxable étant délicate, il n'est pas souhaitable de refuser de saisir la commission de conciliation si le contribuable en a exprimé le souhait avec seulement quelques jours de retard. Son intervention est de nature à faciliter la tâche de l'administration dans la poursuite de la procédure.

• Ne pas perdre de vue qu'au sein d'une même ville ou d'un même quartier ou arrondissement, il peut exister des micromarchés où les prix constatés ne sont pas significatifs pour évaluer les biens situés en dehors de cette zone géographique privilégiée.

• Il est souvent peu pertinent de raisonner sur la base d'un prix moyen au mètre carré, car les grands appartements se vendent proportionnellement moins cher que les studios ou les deux-pièces.

• Il est recommandé de ne pas rejeter sans discussions les observations du contribuable et d'aller visiter les lieux si le contribuable le propose par écrit, notamment pour apprécier la vétusté des locaux et l'ampleur des travaux à réaliser.

B — Les décisions qui peuvent comporter une part d'appréciation

Apprécier le comportement habituel du contribuable au regard de ses obligations fiscales

Certains dossiers peuvent être traités avec une certaine hauteur de vue, notamment lorsque le comportement habituel du contribuable au regard de ses obligations fiscales est irréprochable.

Exemples :

Même si la jurisprudence l'autorise, il apparaît excessif de refuser le bénéfice du régime réel pour la TVA à une entreprise qui dépose régulièrement des déclarations selon ce régime depuis plusieurs mois et qui paye sa TVA dans les délais, au motif de l'absence au dossier fiscal de la lettre d'option, si l'entreprise régularise.

• Lorsque le contribuable fait valoir qu'il a bien adressé par envoi postal (non recommandé) sa déclaration 2042 (dont il a fourni copie), retenir systématiquement la solution la plus pénalisante pour le contribuable (remise en cause de l'abattement de 20 % sur les salaires et pensions) paraît sévère.

• Rejeter une demande de remboursement de TVA au seul motif qu'elle mentionnait l'adresse personnelle du redevable et non celle du lieu d'activité professionnelle (tout en assurant que le remboursement est effectué sur un compte professionnel) n'est pas souhaitable. De même, il n'y a pas lieu de remettre en cause l'option pour l'assujettissement à la TVA des loyers afférents à des locaux nus à usage de bureau lorsque le service a accepté les déclarations et accordé des remboursements de crédit sans vérifier si la lettre d'option figurait au dossier.

Déjouer l'effet pervers de la mise en œuvre de certaines procédures

Dans l'examen des situations particulières, il convient de défendre les intérêts du Trésor tout en ayant à l'esprit les conséquences des décisions prises.

Dans l'hypothèse de taxations d'office établies sur des bases excessives, l'action en recouvrement menée par les comptables publics (avis à tiers détenteurs sur les clients, actions sur les cautions) apparaît, en raison du montant des bases retenues, préjudiciable à la survie de l'entreprise. Celle-ci ne pouvant plus faire face au règlement de ses dettes, l'encaissement des recettes fiscales est très vite compromis ainsi que sa survie économique.

De même, lorsque l'administration fiscale a la conviction qu'un régime de faveur n'est pas applicable (abattement réservé aux entreprises nouvelles, crédit d'impôt-recherche), il convient de ne pas laisser s'écouler un délai trop important de nature à obérer la situation financière de l'entreprise et de régulariser au plus vite la situation. Tel est tout particulièrement le cas lorsque les activités sont clairement en dehors du champ d'application.

Contrôler la cohérence des prises de position

• Pour éviter les doubles taxations : par exemple, en matière de taxe professionnelle dans des opérations de location gérance ; en cas de redressement sur minorations de recettes conduisant à taxer le dirigeant, qui s'est désigné comme bénéficiaire, au titre de la distribution : veiller, lors de l'ESFP effectué par ailleurs et qui conduit à taxer des ROI, à ce que les revenus distribués s'imputent bien sur les ROI.

• Pour éviter des inégalités de traitement, cas, par exemple, de deux associés d'une société civile relevant de deux départements différents dont l'un a vu ses BNC redressés en fonction de son nombre de parts et l'autre en fonction des recettes perçues et déclarées.

• Pour ne pas pénaliser le contribuable peu au fait des arcanes administratifs : les fournisseurs de cantines d'entreprises bénéficient du taux réduit de TVA notamment lorsqu'ils concluent un contrat écrit avec les entreprises prévoyant les conditions de fourniture des repas et adressent ce contrat au service des Impôts dont ils dépendent. Remettre en cause ce régime à raison que le contrat avait été enregistré à la recette mais pas adressé au service d'assiette paraît peu opportun.

C — Les conséquences des redressements essentiellement fondés sur des raisons formelles

• Si le contribuable est de bonne foi, il convient de ne pas remettre en cause le régime d'exonération en faveur des entreprises nouvelles, au seul motif que la déclaration a été déposée hors délai.

Certes les textes le permettent. Mais il est préférable de mettre d'abord le contribuable en demeure de déposer.

• Refuser une exonération de taxe professionnelle, subordonnée à l'obtention d'un régime particulier en matière d'IS confirmée par ailleurs par le service, à raison du fait que le contribuable n'a pas coché la bonne case sur sa déclaration 1003 P, tout en réclamant une exonération de TP, paraît contestable.

• L'option pour le crédit d'impôt-recherche ne doit pas être rejetée par exemple :

— si la déclaration spéciale, qui doit être jointe à la déclaration de résultat, a été transmise séparément peu de temps après celle-ci, déposée dans les délais ;

— si les deux déclarations sont déposées ensemble au cours du mois suivant l'expiration du délai légal.

• Le régime d'exonération des entreprises nouvelles implique l'exercice exclusif d'une activité éligible. Mais il n'y a pas lieu de remettre en cause ce régime lorsque l'activité exercée par le contribuable est très marginale (exemple : peintre en bâtiment, par ailleurs artiste « à ses heures » vendant très épisodiquement et pour une somme sans rapport avec son chiffre d'affaires).

Il est souhaitable de garder trace, dans le dossier du contribuable, des décisions prises dans l'esprit qui vient d'être décrit.

II. LES MARGES DE MANŒUVRE PEUVENT PARFOIS S'AVÉRER LIMITÉES

Si l'application mesurée de la loi fiscale est le gage de la présence efficace de l'administration sur le « terrain », les marges de manœuvre des services fiscaux sont quelquefois réduites en raison des contraintes inhérentes aux procédures et du fait du comportement passif de certains contribuables.

A — Les contraintes inhérentes aux procédures

Si l'on se réfère aux procédures d'imposition d'office, la prise en compte de certains éléments (TVA déductible par exemple) est directement liée à la présentation de documents que seule l'entreprise détient. En cas d'inertie des entreprises, le service fiscal peut se trouver privé d'éléments permettant d'évaluer le montant de TVA déductible à retenir. Il en est de même en matière d'impôt sur le revenu lorsque le contribuable ne présente pas de justificatifs à l'appui des réductions d'impôt pratiquées.

• Il arrive également que des éléments de nature à revoir l'évaluation des bases retenues dans le cadre des procédures d'office parviennent tardivement à la connaissance du service (la découverte du vol d'un salarié postérieurement à la date de la mise en recouvrement des redressements par exemple).

• Le formalisme inhérent aux procédures fiscales est une garantie pour les contribuables. Or, parfois, l'application mesurée de la loi fiscale nécessite un certain recul que les procédures enfermées dans des délais contraignants (ESFP, par exemple) ne permettent pas toujours. C'est particulièrement vrai dans l'hypothèse où les contribuables utilisent des manœuvres dilatoires.

B — Le comportement des contribuables

Le comportement du contribuable pendant la période de débat contradictoire avec le vérificateur rend parfois impossible d'adapter les redressements à la réalité des choses. L'inertie totale du contribuable vérifié (absence de réponse, refus de coopération...) peut conduire à un blocage, notamment lorsque les contribuables ne sont pas défendus par un conseil.

Dans ces cas, ce n'est souvent que tardivement, au stade du recours contentieux, que le contribuable apporte des justificatifs et tous les éléments utiles à une meilleure appréhension de l'affaire.

À cet égard il convient, quant au fond, de prendre en compte les observations fondées d'un conseil, même non titulaire d'un mandat explicite du contribuable pendant la phase de contrôle.

Au total, il apparaît que ces différentes recommandations sont généralement suivies et que leur systématisation — dans la limite qu'implique par définition l'examen au cas par cas — ne soulève pas de difficulté particulière.

Il est important d'y veiller car, loin d'entraver le bon accomplissement de nos missions, l'application mesurée de la loi fiscale en est une des conditions :

— elle renforce la légitimité des sanctions sévères qu'appellent les comportements les plus critiquables au plan fiscal ;

— elle contribue à l'acceptation de l'impôt et à la bonne tenue du système déclaratif ainsi qu'à son corollaire nécessaire, le contrôle.

Cette démarche rejoint tout particulièrement celle de l'orientation nationale visant à renforcer la qualité du contrôle.

Le Directeur général des Impôts
J.-P. BEAUFRET

2.

Les principales propositions du rapport Brard

Rendu public le 8 septembre 1999, le rapport du député — apparenté PC — Jean-Pierre Brard traite de « la lutte contre la fraude et l'évasion fiscales ». Outre une analyse pointue de la politique de contrôle fiscal et des différentes formes de fraude touchant notamment les paradis fiscaux ou la fraude à la TVA, il dresse une liste de 63 propositions visant à renforcer considérablement le dispositif français de répression. Voici les plus importantes.

Sur les contrôles fiscaux

— Organiser des campagnes d'information sur les dispositions adoptées dans le cadre de la loi de finances de l'année.

— Renforcer les procédures de médiation intervenant lors des opérations de contrôle fiscal, en instituant le principe de l'indépendance de l'interlocuteur départemental.

— Améliorer la transparence du recouvrement des rappels d'imposition en publiant les éléments relatifs à la portée réelle et à l'efficacité du contrôle fiscal.

— Réduire le taux d'intérêt de retard de 0,75 % à 0,5 % par mois.

— Supprimer le bénéfice de la tolérance légale pour les contribuables de mauvaise foi ou s'étant prêtés à des manœuvres frauduleuses.

— Permettre aux fonctionnaires des Impôts d'accéder aux clefs de décryptage des documents cryptés.

— Renforcer les obligations des sociétés de domiciliation et la surveillance des sociétés civiles immobilières.

— Abroger l'article L. 80 C du Livre des procédures fiscales qui prévoit la nullité de toute procédure de redressement fiscal et des poursuites, en cas d'intervention auprès d'un contribuable, sur le territoire national, d'un agent d'une administration fiscale étrangère.

— Systématiser le dépôt de plainte par le fisc pour les redressements fiscaux importants, c'est-à-dire lorsque les droits éludés dépassent 500 000 F et 30 % du montant de l'impôt initialement dû.

Concernant les particuliers

— Déclarer des cartes de crédit ou de paiement détenues auprès d'établissements bancaires ou financiers situés à l'étranger.

— Obliger les contribuables non assujettis à l'impôt de solidarité sur la fortune, notamment en raison de l'importance du montant de leurs biens exonérés, à déclarer les avoirs de toute nature qu'ils détiennent à l'étranger.

— Ramener de 50 000 F à 20 000 F le plafond des dépenses que les particuliers peuvent payer en espèces.

— Instituer une amende fiscale de 50 % des sommes versées ou reçues en cas de « vente sans facture ».

— Réduire de 308 510 F à 200 000 F le seuil d'évaluation forfaitaire minimale du revenu imposable d'après certains éléments du train de vie, en matière d'impôt sur le revenu.

— Limiter les possibilités d'imputation des dépenses personnelles sur les comptes des sociétés ou des entreprises individuelles.

— Obliger les particuliers à déclarer à l'administration fiscale l'ensemble des dons manuels.

— Interdire de procéder à des paiements hors la vue du notaire pour les transactions immobilières.

— Ouvrir la possibilité pour l'administration fiscale de

considérer tous les « revenus d'origine indéterminée » comme d'origine frauduleuse, jusqu'à ce que le contribuable apporte la preuve du contraire

— Supprimer la possibilité pour les contribuables de procéder à une déclaration séparée des revenus de leurs enfants mineurs non émancipés disposant de ressources propres.

Contre les paradis fiscaux

— Faire participer la France aux grandes actions de coopération internationale tendant au démantèlement des paradis fiscaux.

— Démanteler, au niveau européen, les régimes fiscaux préférentiels générateurs de concurrence fiscale dommageable.

— Mettre en place un espace judiciaire et fiscal de coopération internationale sans obstacle à la circulation de l'information nécessaire au déroulement des procédures de sanction.

— Supprimer les aides au développement pour les paradis fiscaux.

— Obliger les entreprises à déclarer l'ensemble des charges et transactions donnant lieu à versement dans les paradis fiscaux ou au profit d'une personne bénéficiant d'un régime fiscal privilégié.

— Développer l'efficacité du réseau des conventions d'entraides fiscales comportant une clause d'échanges de renseignements en faveur de la lutte contre la fraude.

Contre la fraude à la TVA

— Réprimer plus durement la fraude à la TVA intracommunautaire, en créant une infraction spécifique de fraude à la TVA en bande organisée, avec des peines de dix ans d'emprisonnement et de 50 millions de francs d'amende (contre sept ans et 5 millions actuellement).

Les principales propositions du rapport Brard

— Créer, en cas de complicité d'une enseigne commerciale, une peine complémentaire de diffusion sur l'ensemble des médias de la peine principale prononcée contre la société condamnée.

— Créer un document d'accompagnement des marchandises au plan communautaire.

— Mettre en place une « section spécialisée » disposant de compétence de police judiciaire pour la lutte contre la fraude à la TVA au ministère de l'Économie et des Finances.

— Créer auprès du Premier ministre un Observatoire de la fraude, organisme de veille chargé d'améliorer la capacité de réaction de l'administration face aux nouvelles formes de fraude fiscale.

Certaines des propositions du député Jean-Pierre Brard, bien accueillies par la Commission des Finances, ont été ou feront l'objet d'amendements qui seront discutés par l'Assemblée nationale. Mais toutes ne seront pas adoptées.

Bibliographie

Ouvrages pratiques d'accès facile

Jean-Louis LABORIE et Florence LE BRAS, *Face au contrôle fiscal 2000*, Éditions du Dauphin, 1999.
Robert MATTHIEU, *Guide pratique et juridique du contrôle fiscal*, Grancher, 1999.
Guy FONTE et Valérie de LA VARENDE, *Contrôle fiscal, comment s'y préparer*, Dunod, 1995.

Autres ouvrages

Jean-Yves MERCIER et Bernard PLAGNET, *Les Impôts en France. Traité pratique de la fiscalité des affaires*, Éditions Francis Lefebvre, 1997.
Louis TROTABAS et Jean-Marie COTTERET, *Droit fiscal*, 8e édition, Dalloz, 1997.
Livre des procédures fiscales, annotations par Jean Lamarque, Dalloz, 1997.
Jean-Pierre LOOTEN, *Guide de procédure fiscale*, Éditions Liaisons, 1997.
Jacques GROSCLAUDE et Philippe MARCHESSOU, *Procédures fiscales*, Dalloz, 1998.

Jean-Pierre CASIMIR, *Contrôle fiscal, droits, garanties, procédures*, 6e édition, Groupe Revue fiduciaire, 1998.

Thierry LAMBERT, *Contrôle fiscal, droit et pratique*, PUF, 1998.

Rapports, documents

Maurice AICARDI, *L'Amélioration des rapports entre les citoyens et les administrations fiscale et douanière*, la Documentation française, 1986.

Georges BÊCHE, député, *Rapport d'information sur le contrôle fiscal*, Assemblée nationale, 1989.

Charles de COURSON et Gérard LÉONARD, députés, *Rapport d'information « Les fraudes et les pratiques abusives »*, Assemblée nationale, 1996.

Jean-Pierre BRARD, député, *Rapport d'information n° 1105, « Fraude et évasion fiscales : une intolérable atteinte à l'impôt-citoyen »*, Assemblée nationale, 6 octobre 1998.

Jean-Pierre BRARD, député *Rapport d'information n° 1802, « La lutte contre la fraude et l'évasion fiscales : retrouver l'égalité devant l'impôt*, Assemblée nationale, 8 septembre 1999.

« La DGI au service d'elle-même », *Les dossiers de l'Ifrap* (Institut français pour la recherche sur les administrations publiques), n° 62/63, mai-août 1999.

Articles de presse

« La vérité sur la fraude fiscale », *Capital*, février 1997.

« Les nouvelles méthodes du fisc pour vous coincer », dossier réalisé par Sophie Gauvent et Étienne Gless, *L'Entreprise*, avril 1998.

« Fisc, la machine de guerre », dossier complet, *Challenges*, octobre 1998.

« Contrôle fiscal, les dirigeants en ligne de mire », par Sophie Gauvent, *L'Entreprise*, novembre 1998.

« Les pièges que nous tend le fisc », par Ghislain de Montalembert, *Le Figaro Magazine*, 9 janvier 1999.

Bibliographie

« Comment le fisc vous traque », par Vincent Nouzille, *L'Express*, 18 au 24 février 1999.

« L'enfer du fisc », *Les Dossiers du Canard enchaîné*, octobre 1999.

Le Particulier édite chaque année un « Spécial fiscal » en janvier, très complet et très pratique. Se référer également au fasicule « Contrôle fiscal » édité en 1995.

À consulter également les numéros spéciaux sur les impôts des magazines *La Vie financière*, *Le Revenu français*, le *Guide pratique du contribuable*, édité par le SNUI.

Table

DU MÊME AUTEUR

Citizen Bouygues
avec Élisabeth Campagnac
Belfond, 1988

L'Anti-drogue
avec Bernard de La Villardière
Le Seuil, 1994

L'Acrobate, Jean-Luc Lagardère
ou *les armes du pouvoir*
avec Alexandra Schwartzbrod
Le Seuil, 1998

La composition de cet ouvrage
a été réalisée par Nord Compo (Villeneuve-d'Ascq)
l'impression et le brochage ont été effectués
sur presse Cameron
dans les ateliers de **Bussière Camedan Imprimeries**
à Saint-Amand-Montrond (Cher),
pour le compte des Éditions Albin Michel.

Achevé d'imprimer en janvier 2000.
N° d'édition : 18647. N° d'impression : 000142/4.
Dépôt légal : février 2000.